医学院校大学英语形成性评价体系研究

潍坊医学院　王志强　著

科学出版社
北京

内 容 简 介

本书从医学院校大学英语教学评价的现状谈起，针对评价形式比较单一等问题，分析大学英语教学评价的影响因素，开展医学院校大学英语形成性评价体系研究。

根据目前的文献与研究成果，在形成性评价视角下，对医学院校大学英语课堂问答的现状进行了调查，开展形成性评价在大学英语写作教学中的应用研究，取得了一些研究结果，并进行了深入的讨论，指出形成性评价在大学英语教学中存在的问题，提供了一些解决的方法。

本书可供医学院校从事大学英语教学的教师及相关研究人员参考使用。

图书在版编目（CIP）数据

医学院校大学英语形成性评价体系研究 / 王志强著. —北京：科学出版社，2017.9

ISBN 978-7-03-054492-6

Ⅰ. ①医… Ⅱ. ①王… Ⅲ. ①英语–教学评估–医学院校 Ⅳ. ①H319.3

中国版本图书馆 CIP 数据核字（2017）第 224550 号

责任编辑：张天佐 胡治国 / 责任校对：郭瑞芝
责任印制：李 彤 / 封面设计：陈 敬

科学出版社 出版
北京东黄城根北街 16 号
邮政编码：100717
http://www.sciencep.com
北京凌奇印刷有限责任公司 印刷
科学出版社发行 各地新华书店经销
*
2017 年 9 月第 一 版 开本：787×1092 1/16
2022 年 1 月第三次印刷 印张：9 1/2
字数：232 000
定价：69.80 元
（如有印装质量问题，我社负责调换）

作 者 简 介

王志强　女，1972 年生。毕业于山东师范大学外国语学院外国语言学与应用语言学专业，研究生学历，硕士学位。现任潍坊医学院外语系讲师。

主要研究方向：

外国语言学与应用语言学、大学英语教学、跨文化交际、对外汉语教学、心理语言学等。

主要成果：

（1）先后在国家级优秀期刊发表论文 3 篇；在中文核心期刊《中国成人教育》《电影文学》《时代文学》等发表论文 8 篇，其中 2 篇获得山东省医学会优秀论文三等奖；以副主编、编委参编教材 2 部；以独立作者出版学术专著 1 部。

（2）作为第二位负责人承担了两项山东省社会科学规划项目，均已顺利结题，其中一项获得山东省教育科学研究优秀成果二等奖；作为项目负责人承担了两项潍坊市科学技术局项目，均获得山东省软科学优秀成果三等奖、山东省教育科学研究优秀成果三等奖；作为第一责任人，承担了一项与本书密切相关的校级教学改革项目，相关工作正在顺利进行中；作为第一责任人与主要撰稿人，关于教师反馈的课题两次被山东省教育科学规划办公室推荐审批教育部重点项目，本书包括一部分前期研究的成果。

（3）2015 年 8 月 ~ 2016 年 2 月，在澳大利亚阿德莱德大学做访问学者，在完成跨文化交际、作为第二种语言的英语教学（TESL）等课程之余，多次访问圣三一学院、圣乔治学院、圣路易斯女校、威斯敏斯特学院等当地著名学校，进行英语教学、EAL 教学、对外汉语教学等课程的课堂观察与学习，访谈授课教师与学生，实地调查当地的形成性评价实施情况，进行了非母语英语课程（ESL）教学形成性评价、教师反馈及汉语教师身份发展等研究，完成了相关论文的写作。还利用业余时间，考察当地的风土人情，深入了解澳大利亚的文化。

序

当前医学院校大学英语教学评价体系主要存在以下不足：评价指标单一；评价主体过于单一；评价方式过于单一；评价方法很少涉及对学生的评判性、创造性等思维能力的评价；几乎没有涉及情感、态度、学习策略及其他非智力因素。

为培养适应国家医学创新和国际竞争的高水平医学人才与复合应用型人才的需要，潍坊医学院的大学英语教学积极配合2015年教育部公布的《大学英语教学指南》，实现从传统的"对课程结果的终结性评价"向"促进课程发展的形成性评价"转变，开展形成性评价研究，大学英语教学是最早进行形成性评价试点的专业之一，教师们先是在卓越医师班进行应用试验，不断探索并积累经验，随着评价模式的基本成熟，逐步推广到全校所有专业的大学英语教学之中。

山东省其他一些医学院校也在同步进行相应的大学英语形成性评价改革与研究，结合医学生善于动手实践、团体合作较强等的特点，设计相应的教学活动，注重关注过程的形成性评价，结合大学英语四六级考试与期末考试等终结性评价，进一步探讨促进大学英语教学这门课程发展的评价系统，结合课程特点，尝试建立大学英语教学形成性评价体系。

研究结果表明，形成性评价体系能够调动学生学习英语的积极性，能够为高年级开设的医学英语等专业英语的教学奠定更加坚实的语言基础，增强学生综合运用英语的能力。

在深入探讨构建医学院校大学英语教学形成性评价体系的基础上，对于形成性评价体系的核心——教师反馈体系的构建，也进行了相应的研究；在目前网络发达、手机移动终端普及的情况下，结合大学英语的体验式教学法与形成性评价，探讨在大班教学的情况下，利用网络手段，及时推送一手的、权威的英语学习资料，组织学生讨论、参与英语交流活动，呈现英语学习的情景，及时给出个性化的教师反馈与过程评价，深化语言学习的亲身体验，提高了大学英语的教学效果，同时，进一步提出构建医学院校大学英语教学生态化的设想。

实际情况是不只医学生，非英语专业大学生的群体，同样需要注重过程的形成性评价促进课程、学科的发展，建议读者先从医学院校学生特点入手，阅读本书内容，以此作为出发点，结合各自研究对象特点，做出更加深入的研究。

肖龙福

山东师范大学外国语学院

2017年4月

前　言

与普通本科院校一样，医学院校大学英语教育的评价体系也比较单一，还是以传统的应试教育为主，对教与学的导向有一些不利的影响。

医学院校大学英语教学改革的新形势强调英语综合应用能力、自主学习能力和综合文化素质的培养，旨在培养学生的英语综合应用能力和国际化视野，使学生在今后的学习、工作和社会交往中，能用英语有效地进行口头和书面的信息交流；同时增强其自主学习能力，提高综合文化素养，培养适应国家医学创新和国际竞争的高水平医学人才。

医学院校积极倡导教学改革，大学英语教学改革的目的是实现学生听、说、读、写、译等综合应用能力的提升，熟悉国际文化知识，提高学习兴趣和文化素养，提高自主学习的意识和能力、团队协作能力、沟通能力及发现问题和解决问题的能力。

2015 年教育部公布《大学英语教学指南》，对于评价与测试，明确规定为：大学英语课程评价涵盖课程体系的各个环节，应综合运用各种评价方法与手段，处理好内部评价与外部评价、形成性评价与终结性评价之间的关系，实现从传统的“对课程结果的终结性评价”向“促进课程发展的形成性评价”转变。评价的主体包括大学英语教学管理者、专家及教师和学生等教学活动的直接参与者。

基于此，我们在两所医学院校开展大学英语的形成性评价与形成性教师反馈的研究，结合体验式教学方法，充分利用网络发达与移动终端普及的优势，探讨建立形成性评价体系，并进一步构建生态化教学模式。

著　者

2017 年 4 月

目　　录

序
前言
第一章　医学院校大学英语教学评价概况 ………… 1
第一节　医学院校大学英语教学评价现状 ………… 1
第二节　医学院校大学英语教学评价存在的问题 ………… 2
第三节　医学院校大学英语教学评价的影响因素 ………… 3
第二章　医学院校大学英语形成性评价的应用研究 ………… 7
第一节　形成性评价文献综述 ………… 7
第二节　形成性评价视角下大学英语课堂问答的现状调查及归因分析 ………… 14
第三节　形成性评价在大学英语写作教学中的应用研究 ………… 25
第四节　研究结果 ………… 30
第五节　讨论 ………… 34
第六节　形成性评价在大学英语教学中存在的问题与解决方法 ………… 39
第三章　医学院校大学英语形成性评价的核心——教师反馈体系研究 ………… 41
第一节　教师反馈文献综述 ………… 41
第二节　研究过程 ………… 46
第三节　研究结果 ………… 53
第四节　讨论 ………… 57
第四章　医学院校大学英语体验式教学法与形成性评价体系相结合 ………… 61
第一节　文献综述 ………… 61
第二节　医学院校大学英语实际教学中存在的问题 ………… 63
第三节　医学院校大学英语体验式教学法与形成性评价体系相结合的必要性 ………… 68
第四节　研究过程 ………… 69
第五节　初步的研究结果与分析 ………… 77
第六节　讨论 ………… 81
第七节　体验式教学的优势与写作评价系统存在的问题 ………… 91
第五章　医学院校大学英语课堂生态化设想 ………… 94
第一节　教育生态化概论 ………… 94
第二节　医学院校大学英语教育生态化 ………… 96
第三节　医学院校大学英语教育生态化教学模式的构建 ………… 101
第四节　医学院校大学英语教育生态化设想 ………… 110
参考文献 ………… 114
附录 ………… 125

第一章

医学院校大学英语教学评价概况

第一节 医学院校大学英语教学评价现状

2007 年教育部公布《大学英语课程教学要求》，对于教学评估明确规定为：教学评估是大学英语课程教学的一个重要环节。全面、客观、科学、准确的评估体系对于实现教学目标至关重要。教学评估既是教师获取教学反馈信息、改进教学管理、保证教学质量的重要依据，又是学生调整学习策略、改进学习方法、提高学习效率和取得良好学习效果的有效手段。

对学生学习的评估分为形成性评估和终结性评估两种。

形成性评估是教学过程中进行的过程性和发展性评估，即根据教学目标，采用多种评估手段和形式，跟踪教学过程，反馈教学信息，促进学生全面发展。形成性评估特别有利于对学生自主学习的过程进行有效监控，在实施基于计算机和课堂的教学模式中尤为重要。形成性评估包括学生自我评估、学生相互间的评估、教师对学生的评估、教务部门对学生的评估等。形成性评估可以采用课堂活动和课外活动记录、网上自学记录、学习档案记录、访谈和座谈等多种形式，以便对学生学习过程进行观察、评价和监督，促进学生有效地学习[据此改编使用的“学生英语能力自评/互评表”（见附录 9）。

终结性评估是在一个教学阶段结束时进行的总结性评估。终结性评估主要包括期末课程考试和水平考试。这种考试应以评价学生的英语综合应用能力为主，不仅要对学生的读写译能力进行考核，而且要加强对学生听说能力的考核。

2015 年教育部公布《大学英语教学指南》，对于评价与测试，明确规定为：大学英语课程评价涵盖课程体系的各个环节，应综合运用各种评价方法与手段，处理好内部评价与外部评价、形成性评价与终结性评价之间的关系，实现从传统的“对课程结果的终结性评价”向“促进课程发展的形成性评价”转变。评价的主体包括大学英语教学管理者、专家及教师和学生等教学活动的直接参与者。

大学生英语能力测试应包括形成性测试与终结性测试，应加强形成性反馈，处理好共同基础测试与校内测试、综合语言能力测试与单项语言技能测试、基础英语测试与专门用途英语测试等各方面的关系，实现“对学习结果的终结性测试”与“促进学生学习的形成性测试”的有机结合。

《大学英语课程教学要求》针对当时大学英语教学中的应试教学倾向，提出形成性评价和终结性评价相结合的评价模式。为帮助广大教师理解和掌握教学评价的内容，《大学英语课程教学要求》分别界定说明了形成性评价和终结性评价，倡导建立“全面、客观、科学、准确的评估体系”（教育部高等教育司，2007），这个体系既包括对学生学习的评价，也包括对教师教学的评价。《大学英语教学指南》继承了《大学英语课程教学要求》的评价理念，但内容更为丰富、具体、明确。具体而言，《大学英语教学指南》将“评估体系”细化为两个评价体系，即课程评价体系和英语能力测评体系。大学英语课程评价涵盖课程体系的各个环节，是“校本评价与其他多样化评价相结合”的综合评价体系，其任务是：依据本指南确定的教学目标和教学要求，对课程体系的各个环节开展全面、客观、公正的评价，及时、有效地为课程和教学提供反馈信息，推动课程的建设与发展。大学英语课程综合评价体系的指标包括课程设计、教学目标、教学方法和手段、教学内容、评价与测试、教学管理、教师发展等。

第二节 医学院校大学英语教学评价存在的问题

从小学到中学再到大学，不少教师与学生都非常看重分数。这可能导致两方面的不良后果：一是学生努力的目标是得高分而不是进行高水平学习，一些学生会把时间和精力用于寻找“正确答案”；二是成绩差的学生一直得低分，会得出自己学习能力不行的结论，降低对自己的期望，最后可能干脆自暴自弃，放弃努力。

不少大学英语课堂普遍存在的问题为低层次学习过多；高层次思维的训练不够；教师与学生对分数的过分看重导致一些不良后果；教师对学生的学习情况和学习需求了解不够，学生很少能从教师处获得有效的学习反馈。

当前大学英语教学评价体系主要存在以下不足。

（1）评价指标单一。目前我国大学英语教学中，教师往往根据测试的分数给学生一个简单的评价。这使教师过于关注学习成绩，忽视对学习过程的考虑。但在英语教育中还应有许多评价形式，如评价学生的参与情况，学习策略、动机、过程、效率等。只有采用这些评价模式，才有可能真正改善英语学习的现状。

（2）评价主体过于单一。目前的大学英语教学中实施评价的主要是任课教师或相关的教学行政管理部门。作为评价对象的学生则很少参与到其中，这种评价方式在很大程度上忽视了学生的学习能动性和创造性。

（3）评价方式过于单一。目前大学英语教学的主要评价方式包括期末测试和以英语四六级考试为代表的水平测试，教学仍然过多依赖终结性评价，不注重形成性评价。当课程结束的时候，学生们想采取措施改进他们的学习为时已晚。

（4）评价方法很少涉及对学生的评判性、创造性等思维能力的评价，几乎没有涉及情感、态度、学习策略及其他非智力因素。现行的评价方式忽视了学生在学习中的主体性、主动性和创造性，而且也不利于大学英语教学方法和内容的改革。

医学院校的大学英语教学同样存在以上问题，同时，不仅要求培养医学生的英语综合应用能力，更加注重培养医学生的自主学习能力，这种能力的培养难以通过单一的终结性评价实现，这就需要在教学中发挥形成性评价的作用，为学生提供多种自我表现的形式和机会，使学生的知识和技能得以更加全面的施展。

一年一次、两次的标准化考试，无法及时为教师提供做出关键教学决定所需要的学生学习进展状况，如果平时的评价太少，或者只是标准化考试的翻版，可能导致教师对学生的学习情况和学习需求了解不够。此外，教师如果不能就如何提高学习给学生提出有用的建议反馈，学生完成作业后只得到一个分数，或者即使有评语，评语也不具备针对性，那么学生也不能及时了解自己学习中存在的问题和改进的方法。

反思我们的实际教学和教学评价可以发现，传统的评价体系以考试（尤其是笔试）为唯一手段，不关心每个学生水平、兴趣、学习风格的多样性，简单地对不同学生的成绩进行比较、排队。过分看重分数，过分强调评价的选拔与淘汰作用，导致教师为考而教，学生为考而学。结果教师的课程内容受到局限，学生的自主学习能力不但得不到发展，反而受到压抑。

总之，现行评价体系已成为大学英语教学改革的瓶颈，制约了大学英语教学的进一步发展，需要对其进行反思和改进。

由于大学生心理、语言等各方面的发展都较为成熟，要激发他们的学习兴趣，帮助他们成为更好的学习者，大学英语教学应多进行高层次的学习，但多数课堂教学与测试鼓励死记硬背这种低层次的学习。课堂讨论中的事实性问题，即测试中的多项选择题和答案唯一的填空题、简短回答题，往往都强调信息的获取和记忆，很难用来培养或是评价高层次的思考能力。大学英语教师需要调整思路，在课堂讨论中多提能引发学生思考的问题，测试中也应尽量包括考查学生运用、分析、综合、评估这些高层次思维能力的试题。

培养学生的学习自主性，传授给他们相关的知识与技能，增强他们学习的内在动力，提升他们的学习自信。在新的教学模式下改革传统评价方式，强调形成性评价是大学英语教学发展的方向，如果应用得当，能够增强学生的自信心，提高他们的总体学习能力，在大学英语教学中用于培养学习者自主性，有助于系统地帮助学生更有效地学习大学英语。

第三节　医学院校大学英语教学评价的影响因素

医学院校大学英语教学评价的影响因素主要包括学习动机、教学法、教师反馈及情感因素。

一、学 习 动 机

Gardner（1985）认为学习动机或取向主要有两大类：一是“工具型”，即用语言作为工具达到某个实际目的，如找一份薪水高的工作；二是“融合型”，即了解和融入目的语文化。动机取向与智力因素一起影响学习的结果。

高一虹把英语学习动机分为七类：①内在兴趣（对目的语文化的内在兴趣）；②成绩（通过考试，获得升学资格、毕业证书）；③学习情境（课程、教师、教材、班级的影响）；④出国（出国寻找教育和工作机会、体验文化或移民）；⑤社会责任（报效父母和国家）；⑥个人发展（获得理想的职业、地位、成就）；⑦信息媒介（通过英语了解信息、学习其他专业）。

医学生是理科生，学习过程中，缺少文学及历史地理等文科知识，对于语言文化知识的兴趣不是很浓厚，英语学习以工具型动机与个人发展动机为主，以通过英语四六级考试、考研考博为主要目的，这就深深地影响大学英语的教学过程与教学效果，学生对于教师创建的文化情景与语言交际环境缺乏较深的了解，在语言体验的过程中，多是停留在表面，对于交际的技巧与语言的含义缺乏了解，导致在参与英语教学活动的过程中，多是注重形式与参与的次数，对参与质量与语言提高考虑较少。

形成性评价注重对学习过程的评价，通过对学习过程、英语教学活动的完成情况进行综合评价，促进医学生对于英语学习的步骤、层次、内容进行深度思考，努力弥补语言文化知识的欠缺，补充英语交际的技巧，尽力探究语言的艺术，增强学生用英语表达观点的信心与勇气，提高综合运用英语的能力。

二、教 学 法

1. 交际教学法　教学法是一个广义的概念，它指实现教学目标的总的手段，包括具体的教学步骤、教学活动和教学技巧，这包括有关教与学的一般性原则。理想的交际英语教学应该是借助有效的交际教学手段，实施交际教材所提供的任务，达到交际大纲所规定的目标。交际法英语教学在欧洲刚兴起时，人们比较重视大纲的设计和教材的编写，目前则偏重强调教学法。徐强（2000）提出了交际教学法应遵循的三条原则，即一切活动围绕交际；尽量重现交际过程；不要总是纠正错误。笔者认为，交际英语教学应具有布朗（Brown，2001）所述的四个特点：

（1）课堂的中心应是全部的交际能力，不应局限于语法能力或语言能力。

（2）设计语言学习方法的目的是使学生在实用、真实的情景中有意义地学习语言的实际使用。

（3）把流利性和准确性看作是以交际策略为基础的两个补充原则。

（4）在交际法课堂上，学生学习的最终目的必须是在未经排练的情景中，领悟性地使用语言，而且语言应具有能产性。

在上述的四个特点中，第三条与徐强（2000）提出的三条原则部分重合，即对学生交流中错误的容忍度。笔者认为，这一点对大学英语教学来说尤其重要，对教学实践的转变具有指导性。交际法英语教学区别于其他教学法的一个明显特征就是对学生的语言错误，特别是语法错误，采取比较宽容的态度（徐强，2000）。因为交际教学法强调意思的相互传递、语言的自由选择和交际目的的实现；传统的教学法比较强调语言形式的正确性，因而往往对学生的每个语言错误进行纠正。相反，交际教学法认为，有错必纠的做法会使学生因害怕犯错误而不敢大胆地表达自己的意思，妨碍学生的自由交际。

当然，交际教学法并非鼓励学生犯错误，或者不去纠正学生的语言错误。作为非母语的外语教师和语言工作者，我们都知道，在语言学习过程中，犯错误是一种正常现象，儿童学说母语尚且如此，何况学生学习外语。学生说外语时犯了错误，说明学生正在尝试使用语言，并不是坏事。应用语言学界的权威 Corder（1967）认为，错误对语言学习是重要的。另一位心理语言学家 Selinker（1972）提出的中介语理论对外语学习很有启发。

所谓中介语，就是外语学习者所使用的外语，它既是外语又不完全是外国人自己说的外语，而是一种介于母语和外语之间的中介语或中间阶段。例如，很多中国学生初学英语时出现的“Chinglish”（即中式英语）就是一种典型的“中介语”。它用汉语的思维习惯，将英语的单词、词组等按汉语的组句方式和表达习惯表达出来，很多外语教师对这种中式英语深恶痛绝，有时甚至对说或写这类句子的学生严加指责。实际上，每个外语学习者都会经过中介语这个阶段。学习者不可能一下子完美地掌握外语，也不可能一下子像外国人那样地道地使用外语，所以语言使用中会不可避免地出现不够规范的地方，如语音、语调、用词、句法、表达习惯、文体使用不当等。

可以说，出现中式英语这样的中介语，是中国学生学英语过程中不可避免的阶段。怕犯错误学不好外语，不犯错误不可能学好外语。语言教学的首要任务是给学生提供各种学习的机会，让学生在实践中不断认识错误，纠正错误，提高自己，以求不断接近完美。经验告诉我们，外语学习者一般只有在目标语群体中生活相当长一段时间后，才有可能达到讲外语的本族人的水平。外语教学很难在学生的母语环境中让学生达到那种水平。因此，从这个意义上讲，学生的语言错误，或者学生在语言中与讲外语的本族人语言不一致的地方总是存在的。

交际法英语教学不是对学生的语言不做纠正，而是对错误做具体分析，区别对待。根据第一语言习得的经验，孩子所犯的错误经常需要家长或教师不断地予以纠正。所以学生的语言错误肯定需要纠正，但关键在于纠正什么样的错误、何时纠正、如何纠正等。语言错误也有大有小，小的错误使语言形式或者句子结构看上去或者听起来不舒服，大的错误可以导致误解甚至无法理解。Hendrickson（1987）指出：严重影响交际的错误、冒犯听者或者读者的错误和经常犯的错误完全应该纠正。但是不管错误大小，每错必纠的做法对外语学习反而起反作用。他指出："现在的外语教师一般都认为，容忍一些口语的和书面的错误有助于学生更有信心地利用外语交际。"

2. 体验式教学法 以体验哲学和认知语言学为基础的体验式教学法弘扬"以人为本"的人文主义教育理念，以学生为中心，从学生的学习兴趣、生活经验和认知水平出发，倡导体验、实践、参与、合作与交流的方式和任务型实用性英语教学。体验式学习强调学习者亲自参与、体验教学过程，即在体验中学习，在学习中体验；强调学习者发挥主观能动性和创造性，培养自主学习、终身学习和实际运用的能力。作为一名外语学习者，须兼具异域文化和本族文化的直接或间接经验，才能在语言、文化之间转换自如，听、说、读、写、译水平才能全面提高，这正符合体验式学习的体验性、互动性和交际性特征。世界著名的语言学家 Dr.David Nunan 认为对教学理念有深远影响的变化是知识从"传授式"向"体验式"转变。倡导体验式学习的美国教育理论家 David A.Kolb 创立了体验学习模式，模式包括四个阶段：实际体验（实践）、观察与思考、形成抽象概念（理论）和运用于新的情境（再实践）。学习者通过体验真实或虚拟的情境获得感受，并在体验中观察、判断、思考和总结，习得规律或规则，而后将其运用于新的情境中，以检验知识的合理性、可行性与有效性。

从语言习得和认知规律来看，体验学习模式不仅与认知语言学的理念——现实→认知→语言相吻合：而且与唯物主义实践过程——实践→理论→再实践也相一致。诚然，语言受得只有在举一反三的体验或实践中才能卓见成效。课堂教学过程既是一个传播知识与接收知识的过程，也是师生之间对话、交流和互动的过程，即师生共为主体、精神互动的体验式教学过程。体验式教学包含两方面内容：学与教。两者互为前提，相辅相成，缺一不可。

3. 任务型教学法 任务型教学指在课堂教学中通过学生和教师共同完成某些任务，使外语学习者自然地学习语言，扩展交际词汇和促进外语学习进步。

任务型教学法描述而非规定做事的方法，是教会学生怎样在完成一系列任务时运用自己的交际能力，指引学生达到目标的方法和道路。学习主要注重探索知识体系本身的功能，特别是探索怎样学习和运用这些知识。任务教学法一方面注重教会学生如何在完成一系列任务中提高交际语言能力，指导学生达到交际目标；另一方面注重探索知识体系本身的功能，特别是探索学习及运用语言之道。

任务教学法基于苏联心理语言学家 Vygotsky 等关于语言和学习的理论。他们强调学习的社会性以及教师和同伴对促进个人学习所起的重要作用，认为文化知识的获得首先是人们相互作用的结果，然后变为自己的知识，高级思维起源于人们之间实际的相互作用，学生知识的发展经历两个过程：首先是社会层面，然后是个人层面；首先是人们之间的相互作用，然后是个人的作用。

4. 医学院校大学英语形成性评价与教学法 郭颖（2009）认为医学生的特点为追求新鲜感；缺乏社会认同感和责任感；热情与沉默并存；重形象、爱面子；医学知识丰富，能够从系统与过程的角度考虑问题；医学理论注重个体差异和临床表现，实践性强；医学生的跨文化交际能力要求比较迫切。

医学院校的大学英语教学，根据医学生的特点与教材内容，选取不同的教学方法，设计相应的教学活动。在教学活动完成的过程中，结合形成性评价与教师自身的反思与提高，给出相应的鼓励与建议，逐步提高学生综合运用英语的能力，培养复合应用型人才。

三、教 师 反 馈

形成性评价有几个必不可少的组成因素：反馈、学生自我评价、利用评价结果调整教学。

与各种形成性评价手段同样重要的是将评价结果转化为频繁的描述性、信息性（而不是不频繁的评判性）反馈，具体指导学生提高。反馈应包括三个组成部分：要达到的学习目标；说明学生现状的证据；缩小两者之间差距的方法。

形成性评价信息要对学生有帮助，学生必须能理解反馈并加以利用。不过，评价要真正有效，学生必须学会自我评价，这样他们才能理解学习的主要目标，从而清楚如何实现这些目标。有效自我评价体系的关键因素包括：评价标准清楚透明，学生更多参与学习目标与评价标准的制订，清楚易行的评价过程与记录体系有助于学生自我评价。

形成性评价的目的不只是检查学生的学习，更重要的是促进学生的学习。所以评价要成为形成性评价，评价的结果必须用来调整教学。有效的形成性评价远不止在现有教学中对学生的一点观察和小测验，而是需要认真研究教学计划的各个主要环节，不断根据评价结果调整教学，确保所有学生都有机会实现自己的潜能。

进行形成性评价，教师可以通过多种途径及时发现学生的学习需求和学习困难，调整教学。同时，对学生完成的作业等给予具体对症的反馈，能帮助学生了解自己的发展水平和提高的途径，有助于他们成为更好的自主学习者。

大学英语教学与测试的发展趋势越来越重视口语与写作这些产出技能的培养和评价，大型考试中一般都包括写作，加入口试也是大势所趋。像学生档案这一类形成性评价手段，适用于写作与口语技能的训练，而教师及时、具体的反馈对学生写作、口语的提高也能有很大帮助。

四、情感因素

美国心理学家 Horwitz 最早在 1986 年提出外语焦虑的概念，他认为外语焦虑是一种产生于外语学习过程和课堂外语学习相联系的有关自我知觉信念、情感和行为的独特的综合体。Horwitz 等（1991）对外语学习焦虑又做出如下定义：一个与课堂语言学习有关的，在这门语言学习过程中产生的显著的自我知觉、信念和情感情结。MacIntyre & Gardner（1994）对语言焦虑的定义则是：与二语语境有特殊关系的紧张和畏惧感觉。

克拉申的语言输入假说和情感过滤假说为英语焦虑问题的分析与解决提供了必要的理论依据。对语言习得而言，除了语言习得机制发挥着主导作用外，还有两个必要条件：一是学习者必须接收到足够的可理解的语言输入；二是学习者的情感过滤必须适度。Krashen（1985）认为理想的语言输入应具备四个特点：可理解、既有趣又有关联、非语法程序安排和要有足够的输入量。

“可理解的语言输入”是语言习得的必要条件。所谓“可理解的语言输入”是指学习者听到或读到的可以理解的语言材料，这些材料的难度应该稍微高于学习者目前已经掌握的语言知识。如果语言材料中仅仅包含学习者已掌握的语言知识，那么它对语言习得不具有意义；同样，如果语言材料太难，大大超过了学习者目前的语言知识，那么它对语言习得也不具有意义。

自信、焦虑等情感是限制语言习得的重要情感过滤因素。一般来讲，在输入内容及方式相同的情况下，情感过滤低的英语学习者能够学习得较为优秀，而情感过滤高的学习者学习的效果总是不尽如人意，因此教师在输入英语知识的同时应尽量采取各种方法来实施文化教学，帮助学生排除情感障碍的反作用，特别是要尽量降低焦虑的过滤作用。

通过形成性评价，促进学生关注大学英语的学习过程，主动搜集相关资料，完成各项学习任务，课堂上，乐于展示自己，乐于分享学习发现与学习成果，主动克服英语学习焦虑等负面情绪，乐于用英语表达自己的观点，增强自信心，降低情感过滤，提高英语教学的输入效果，提高综合运用英语的能力。

第二章

医学院校大学英语形成性评价的应用研究

第一节　形成性评价文献综述

教学评价是教学过程的重要组成部分，它不仅可以及时对教师的教学与学生的学习效果做出量化评估，还对课堂教学起到重要的导向作用。根据不同的教育评价目的，教学评价可分为形成性评价与终结性评价。1967 年，G.F.Sctriven 在《评价方法论》一书中指出，形成性评价是通过诊断教育方案或计划、教育过程或活动中存在的问题，为正在进行的教育活动提供反馈信息，以提高正在进行的教育活动质量的评价。

G.F.Sctriven 之后，B.S.Bloom 首先将这一评价方式引入课堂教学。他认为形成性评价的宗旨在于为教学提供频繁的反馈，从而帮助学生改进学习，却不带有任何要评价成绩的联想。这是它和终结性评价的区别所在。

形成性评价是对学生学习过程进行的评价，形成性评价强调学生间的相互作用，重视师生交流，重视学生的学习过程，其评价方式不仅从评价者的需要出发，更注重考虑被评价者的需要。形成性评价的主体不仅有教师，还有学生自己，在共同的教与学过程中，不断地对教师的教学、学生的学习过程和学习结果做出评价，为教师和学生提供尽可能多的反馈信息，旨在确认学生的学习潜力，改进学生的学习方法，达到调整教学模式和提高学习成绩的目的。

形成性评估是在教学过程中进行的，对学生的学习进展情况进行监控与评价，并将评价中收集到的信息用于调整教学以满足学生的需求（Henning，2001：3）及提高教学质量。它的目的不是对学习者分等级或鉴定，而是帮助学习者有效地调控自己的学习过程，帮助教师在制订教学计划时做到有的放矢。

一、形成性评价在国外的发展

形成性评价在 1967 年首先由美国芝加哥大学哲学家 Sctriven 提出，并由美国教育学家 Bloom 进一步运用于教育评价实践。其基本含义是对学生日常学习过程中的表现，所取得的成绩及所反映出的情感、态度、策略等方面的发展做出的评价（《英语课程标准》: 37）。也就是说，形成性评价关注的是学生知识、技能与态度的“形成”过程，它是基于对学生学习的全过程持续观察、记录、反思而做出的发展性评价。

国外不少学者对形成性评价的必要性及其对教学的作用进行了大量的探讨与研究。Black 和 Wiliam 通过对大量实证研究的回顾表明高质量的形成性评价对学生的学习提高有很大帮助，对学习成绩不佳学生的帮助更是明显，这种评价在提高学生总体水平的同时也缩小了学生间的成绩差距。Kohonen 也对形成性评价做出这样的评论：“不仅能全面评价学习者的学业成就，而且能够评价并促进学习者的情感发展。”

20 世纪 80 年代，学者们开始更多地关注终结性评价和形成性评价的区别，如 Bachman（1981）等。新西兰奥塔哥大学（the University of Auckland）的 Terence J. Crooks，在 1988

年发表文章 *The Impact of Classroom Evaluation Practices on Students*，对于课堂评价（classroom assessment）从三个方面进行详细阐述，分别是课堂评价对学生学习行为和成绩的影响，其他涉及评价的教学实践的影响，与课堂评价相关的动机方面的研究。Crooks 在这篇文章当中提出把课堂评价作为对于终结性评价的补充，课堂评价不应该是简单的考试次数的增加，而是应该注重有效、及时的教师反馈，注重促进学习，促进合作学习，注重学生深层学习策略的培养，致力于建立评价标准与选择评价任务。这实际上就是形成性评价具体的实施步骤，深层学习策略发展到今天就是自主学习的策略。

英国中等教育委员会（SEC）在 20 世纪 80 年代采用了“基于学校日常教学的评估”（school-based assessment），美、日、法等世界教育强国也早已把形成性评价作为促进教学质量的强有力手段。苏鸿（2001）认为这种评价可以测量出“某些不能轻易或充分地从（终结性）试卷所获得的学生的学业成绩”（转引自曹荣平等，2004）。《大学英语课程教学要求》中也明确指出：“形成性评价特别有利于对学生自主学习的过程进行有效监控，在实施基于计算机和课堂的教学模式中尤为重要。”

Harris & Mc Cann（1994）认为：评价的主体并不一定只是教师，学生同样也可以进行自我评价，这种自我评价不仅给教师提供关于学生的有用反馈信息，而且给予学生评价的权利。

形成性评价的主要目的是发现每个学生的学习潜能、促进学生的学习，并为教师提供反馈信息。当评价确实被用来调整教学、满足教学要求时就称为形成性评价（Black & William，1998a），尤其是在教学过程中，为了促进学习，教师对学生的学习情况进行判断、评价的过程（Cowie & Bell，1999）。

国外学术界在对形成性评价理论进行深入研究后，将其付诸实践。例如，2002 年 3 月，英国的评价改革小组公布了“为学习而进行的评价之十原则”；曼彻斯特大学设立了形成性评价中心；布里斯托大学设立了评价研究中心。

1. 形成性评价在英国的发展 参考 Crooks（1988），从 20 世纪 90 年代开始，英国学者 Black 带领他的研究团队，在牛津郡的中小学展开了一个名为“the King's-Medway-Oxfordshire Formative Assessment Project”（KMOFAP）的科研项目，对于形成性评价进行了长期、系统的研究，发表了一系列影响深远的论文与专著等成果，如 Black & Wiliam（1998a），Black & Wiliam（1998b），Black（2003），Black & Wiliam（2003），Black & Wiliam（2006），Black & Wiliam（2009）。后期的很多研究，例如，王华和富长洪（2006），王华（2007），曾用强（2008），李清华（2012），Clark（2013），大都从这些文献出发。

Black & Wiliam（1998a）对于形成性评价的研究进行了文献综述，概括了不同国家的 250 篇（册）文章和书籍。他们认为，形成性评价是教师和学生采取的可以获取反馈信息并指导教学的行为。形成性评价和终结性评价的最大区别在于它们对教学的不同影响。他们充分肯定了渐进性、为学生提供适当反馈的形成性评价可以对教学产生强有力、正面的影响，而终结性评价只会让学生注重考试结果，对于学习过程本身的影响非常微弱。

自从 Black & Wiliam（1998a）关于形成性评价的综述发表以来，形成性评价的实践在全世界的教育评价中迅速普及开来。Black & Wiliam（1998b）强调教师要具备一个理念——结合自己课程的授课方式，从自己的课堂出发。只有在这个理念得到很好的确立并执行的时候，形成性评价才会发挥更好的作用。Black（2003）的研究发现证实了 Sadler（1998）关于合作学习与同伴评价的观点：在实行形成性评价的过程中，学生有问题的时候，更愿意请教同学，更愿意接受同学的意见，更重要的是，他们可以用彼此熟悉的语言来讨论。

而对于形成性评价这一支持学生学习的评价方式，Gibbs & Simpson（2004）详细论述了它的发生条件，为教师的评价实践提供了一个框架。其中第二个条件是关于学生分配学习精力与时间的论述：经常性的作业（如简短的任务书）或考试（如基于电脑的考试）能让学生在整个课程学习期间都一直保持努力状态，并且是以周为单位的。Black & Wiliam（2009）对形成性评价给出准确的定义：形成性评价是教师、学生及其同伴收集、解释和使用关于学生学习情况的证据的过程，以便教师做出下一步如何教学的决定。这一定义强调两点：①评价的参与者，即任何人都可以成为形成性评价的执行者；②这里的教学包含教师的教和学生的学。

课堂层面评价方面，统计数据显示，教师持续使用评价来指导和引领教学，也就是形成性评价，对学生学习有非常显著的提高。Black & William（2006）等认为，评价应该被融入整个教学过程，并且贯穿于教学过程的始终，而不是只在教学过程结束后进行终结性的评价。

2. 形成性评价在美国的发展　与欧洲国家一样，美国也不再一味地追求标准化的语言测试，形成性评价的理论在美国也受到极大的重视，并且已经成为一个热点课题。例如，Darling-Hammond 等的 *Authentic Assessment in Action*（1995），O'Malley 等的 *Authentic Assessment for English Language Learners*（1996）。20 世纪末，美国掀起了一场教学评价的改革，这次改革强调评价者要与被评价者在平等合作的前提下共同协作。著名的美国心理学家 Bloom 对教学评价进行了更进一步的划分，分为诊断性评价、形成性评价和终结性评价三大类，他特别指出了终结性评价在定义、内容、目的等方面与形成性评价的不同。Black & William（1998）对 250 个学业样本进行综合分析，分析的内容涵盖了形成性评价的方方面面。他们的研究结果表明形成性评价能够有效地改善学生学习效果，尤其是提高低能力孩子的学习效果。

关于形成性评价的实施问题，很多学者提出了不同的看法，主要观点为学校在实践中缺乏高质量的形成性评价。同时，很多教师在实施形成性评价时往往受到自身知识背景和能力的限制。Bell & Cowie（2001）提出一些问题：如何在教学实践中成功应用形成性评价？如何才能使教师用形成性评价完成教学目标？怎样才能使教师合理有序地进行当前工作的同时采用形成性评价？针对这些问题，夏威夷大学课程研究与开发小组（Pottenger & Young，1992）为中学科学课程设计了一个项目，这个项目被称为“科学教学中的基础方法”（FAST）。这个学习研究项目基于结构主义哲学，与《美国国家科学教育标准》（Rogg & Kahle，1997）一致，该项目通过精心设计，使用由学生主导的调查结果来提高学生的学业水平，教师则鼓励学生把知识与实践联系起来。有不少研究结果支持 FAST 的效能（Pauls，Young & Lapitkova，1999；Tamir and Yamamoto，1977；Young，1993），美国全国教师教育认证委员会（1999）及美国教育部数学与科学教育专家组（2001）指定为教学试点项目。

英国形成性评价项目“Assessment for Learning”2002 年开始试验，2009 年早期顺利完成，此后在英国广泛推行实施。美国学者 Clark（2013）先后写了三篇文章对该项目进行详细的研究。第一篇是介绍 AIFL（assessment is for learning）学校的模型，以及学界关于高效课堂达成的一些共识；第二篇详细研究了该项目在苏格兰地区的挑战与研究成果，尤其关注 2002~2004 年这一实验关键阶段，注意到形成性的互动是 AIFL 学校的核心概念。AIFL 学校被描述成每一位同学都是一起学习的，评价与学习是通过互动的教学策略——这种策略既不是统治也不是忽视——来互相连接的；第三篇文章对于形成性评价理论进行了回顾，描述了形成性评价怎样促进学生获得自主学习的策略，其中学生的自我效能与集体效能、反馈及一些促进自主学习的条件尤其重要。这篇论文在介绍部分，建议形成性评价的策略性目的是熟练掌握、自动运用认知与社会策略，获得学术成功，以此强调了引导性问题的重要性。该建议把相关的社会文化理论与社会认知理论结合成为一个统一、适应程度高的理论框架，该框架被 Black & Wiliam（2009）称为形成性评价框架。由此把形成性评价提高到培养学生自主学习的策略与能力的高度，进一步提高到终身学习的层面，实现教育育人的目标。

3. 形成性评价在澳大利亚的发展 澳大利亚是较早实行形成性评价的国家。在昆士兰州，Butler（1995）对于科学课上学生基于学校表现的评价系统进行了 15 年的发展回顾，阐述了科学课教师怎样掌握评价标准以及采用诊断性、基于标准的评价，怎样做到让学生、学校、家长明确评价标准，怎样把学生的学校表现纳入整个评价系统，获得社会认可，成为高中升学参考的主要部分。Scriven（1967）关于形成性评价评价标准的阐述：对于特定的教学大纲设定的目标，合适的评价标准至关重要，这是形成性评价的一大特点；Crooks（1988）关于课堂评价对学生学习行为和成绩的影响进行阐述。Butler（1995）关于评价标准的掌握，实际上是形成性评价的一种手段，这篇文章从掌握评价标准的角度，探讨了形成性评价在澳大利亚昆士兰州 15 年的发展。

综上所述，学者们先是把形成性评价与终结性评价进行了对比与区分，然后展开教学实践研究，强调教师要结合自己课程的授课方式，从自己的课堂出发，更好地发挥形成性评价的作用；强调合作学习的重要性；注重学习经历与学习时间的分配；并给出形成性评价的定义；倡导建立高效课堂，注意到形成性互动的重要性；通过引导性的问题，培养学生的自主学习策略与能力，进而学会运用认知与社会策略，获得学术成功，由此把社会文化理论与社会认知理论结合成为形成性评价框架，并进一步探寻评价标准，获得社会认可。

二、形成性评价在国内的发展，尤其是英语教学中的发展

教育评价作为衡量学生学业成果的重要标准之一，历来都是备受关注的一个焦点。形成性评价是在教育活动中进行，即学生知识、技能与态度形成的过程中，对学生的学习进展情况进行监控与评价，为教师与学生提供反馈，并将评价中收集到的信息用于调整教学以满足学生需求及提高教学质量。这种评价使教师有机会随着时间的推移，在多种学习环境中监控并指导学生的表现，帮助教师在制订教学计划时做到有的放矢，同时也帮助学生监控记录自己的学习进展。形成性评价常见的形式包括教师观察学生的课堂表现；课堂讨论或是教师与小组学生对话；学生以日记、周记等方式写下自己对所学内容的理解和思考；作业与小测验；学生档案记录；等等。这些评价形式都是为了使学生有机会展示自己对教学内容逐渐具有的理解。形成性评价如果使用得当，能显著提高教师的教学效果，增加学生的学习收获，对原来学习有困难学生的帮助尤为明显。

基于以人为本、以建构主义理论为基础的形成性评估包括自我评估、学生相互间的评估、教师对学生的评估、教务部门对学生的评估等。通过课堂活动和课外活动的记录、网上自学记录、学习档案记录、访谈和座谈等形式对学生学习过程进行观察、评估和监督，促进学生有效地学习。形成性评估强调对学生的学习过程进行评价，提供反馈信息，并对学生的情感、态度和策略等方面的发展做出评价（周娉娣，秦秀白，2005）。

从 20 世纪 80 年代开始，我国陆续引进了国外教育评价文章和专著，并组织大批人员开展这方面的相关研究。1984 年，我国正式参加了国际教育成就评价协会（International

Association for the Evaluation of Education Achievement），到 80 年代末，我国的教育评价理论研究取得了很大的进展。自 90 年代中后期以来，随着西方新评价思想的引入，以及我国教育事业的不断发展，人们越来越重视教育评价的功能，随即各种具有中国特色的教育评价的论著纷纷出台，人们逐渐开始把外引的理论内化为自己的。

曹荣平等（2004）将形成性评价具体应用于外语写作、口语、翻译等课程教学，验证了形成性评价的不同促学效果；王华，富长洪（2006）等从评价目的、侧重点和参与者等方面对形成性评价和终结性评价进行了比较，认为形成性评价能够为终结性评价提供全面、具体、客观、科学、准确的评判依据，为师生提供更加详尽而持续的教学反馈信息。

周娉娣，秦秀白（2008）探索了形成性评价在大学英语网络教学中的应用，在网络教学中引入形成性评价体系，激发了学生的语言学习动机和学习兴趣；使对学生学习过程的全面、自主性监控成为可能，同时培养了学习者的自主学习和合作学习能力及交际能力。李清华，曾用强（2008）呼吁进一步探索外语形成性评价的效度验证的具体方法和程序。文秋芳（2011）对“应用语言学文献阅读与评价”课程进行形成性评价的探索，构建了符合硕士研究生特点的课程形成性评价理论框架，该框架包括确立目标、收集学习证据、给予反馈三个重要环节。实践证明，形成性评价有利于提高课程教学的有效性。王学锋（2011）探讨了形成性评价反馈循环模式对英语写作教学评价反馈原则及具体措施的深刻启示。

李清华（2012）等认为，鉴于形成性评价的促学作用，应不断创新形成性评价的路径；杨华，文秋芳（2013，2014）等聚焦外语课堂，总结了课堂形成性评价的特征，分析了形成性评价的目标和作用机制等问题，探索如何从内在机制和外在形式两方面体现课堂评价的过程性；顾卫星，陆翔（2015）通过分析共享文件夹基于校园网络交互学习平台的优势和特点，结合学生个体跟踪和改进自身学习现状、学生群体开展互动和合作学习及教师诊断和反思教学过程等途径，指出英语写作形成性评价的可行性。

综上所述，国内的学者验证了形成性评价在外语教学中的促学效果，认识到形成性评价的作用，探索效度验证的具体方法与程序，构建起基于课程的形成性评价理论框架，并具体探讨了在网络教学和英语写作中的运用，提出不断创新评价路径，探索从内在机制与外在形式两方面体现课堂评价的过程性。

三、国内外研究对比

对比国内外的发展，不难发现：国外的形成性评价经过多年的实验与发展，已经渐趋成熟，广泛应用于各门学科，结合终结性评价，形成了一个完整的评价体系，在评价的核心——标准与效度方面，有比较令人信服的做法与措施，获得了社会广泛的认可。而国内的形成性评价还刚刚引入到英语教学的领域中（其他学科的情况也比较类似），只是引入到了一些具体课程的授课过程中，还处在试验阶段，还在探索英语教学及各门学科适合形成性评价的课程标准，要想获得学生、校方甚至是社会的认可，还需要更多的研究，还有很长的路要走。国内在开展研究与实验的过程中，可以借鉴一下国外成熟的评价体系，但不可以照搬，需要结合国内各学校、各课程自己的特点，进行广泛而深入的研究。

1. 大学英语教学评价方式存在的问题 大学英语教学评价大多以终结性评价的方式为主，但是它单凭考试成绩来判断一个学生的优劣，忽视了学生个体之间的差异性。广义的课堂评价指的是任课教师在教学过程中为促进学生的学和改造教师的教而实施的评价活动；而狭义的课堂评价指的是教师在课堂互动的过程中对学生的学习过程和学习结果进行评价，包括课堂评价活动和测验在内的评价手段，因此，课堂评价能够为教师判断学生发展情况和教学效果的好坏提供依据。目前的大学英语课堂教学评价存在很多问题，主要表现在以下方面。

（1）评价的主体与客体较单一。

苏格拉底把教师比作“知识的产婆”，认为在与学生的谈话过程中，不能直截了当地把答案告诉学生，而应该通过讨论或者辩论的方式来揭露对方认识中的矛盾，逐步引导学生找到正确答案，苏格拉底的话包括：①讽刺，即不断地提出问题使对方陷入矛盾，使其承认自己无知；②助产，即启发、引导学生，使学生通过自己的思考得出结论；③归纳和定义，就是说要让学生逐步掌握明确的定义和概念。我国古代伟大的教育家孔子也主张“不愤不启，不悱不发”的启发式教学，认为不论是学习知识还是培养道德，都要建立在学生自觉需要的基础上，充分发挥学生的主动性、积极性。要善于独立思考，《论语》就是记录孔子与其弟子言行的一部书。可见，自古以来教学是教师与学生、学生与学生等的多边活动，教学活动是教师和学生共同活动的结果，形成性评价是对学生学习过程进行的评价，旨在确认学生的潜力，改进和发展学生的学习，重视学习的过程。形成性评价强调人与人之间的相互作用和评价中多种因素的交互作用，重视师生在教学过程中的交流，明确教师的职责是确定任务、收集资料、与学生共同讨论、共同评价。然而，现在的大学英语课堂中，评价活动仅仅局限于教师对学生的评价，学生自主性不强，缺少自我评价和同学间互评等。

（2）评价方式较单一。

形成性评价具有科学性、导向性、多元化、激励性、情感和可行性等原则，根据这几个原则，形成性评价的方式和途径有。第一，课堂内外结合，即语言的课外延伸，激励学生学英语的兴趣。第二，评价包括评学生的学习态度与学习习惯，可以他评和师评相结合。第三，听说入手，落脚综合。这种方式是要从学习态度、积极性、创造性、习惯、兴趣和方法等对学生进行综合等级评价，不以分数的高低来评价优劣。而目前大学英语课堂中，对学生的评价主要是通过课堂问答、期末考试等传统的考试评价方式进行的，这种评价方式中，教师所关心的是是否按计划完成了教学任务，而忽略了学生的参与情况、学习过程、效果与方法。

（3）评价内容浅显。

经过调查研究发现，目前大学英语课堂中教师对学生的评价，主要内容依旧是语言基本知识的掌握，在课堂教学的过程中，教师对学生的评价集中在课堂提问后对学生所做出的反馈评价，评价内容主要针对学生问题回答的情况，大学英语教师普遍采用简单的短语来评价学生回答，如 very good，that’s right！等，这种过于简单的评价使教师们忽视了学生的实际运用语言的能力，不利于调动学生学习的积极性和培养学生独立、创造性思考问题的能力。结合调查研究和以上分析可以看出，传统的课堂评价模式已经不能适应教育发展的需要，评价主客体单一、评价方式单一和评价内容的浅显致使目前课堂评价作用甚微，教师通过问答、笔试等进行的评价不能充分地调动学生的学习兴趣和学习积极性，很难激起学生自主学习的兴趣，由此，学生的英语运用能力是很难提高的。

（4）学生对大学英语学习的兴趣不高。

兴趣是学习的最好动机，动机则是激励人们采取行动的心理动因。人的各种活动都源于一定的动机。大量已有研究表明：良好的动机是语言学习的关键，学习动机越强，语言学习就越成功；学习效果是否良好也主要取决于学习者的学习动机是否明确持久。因此，激发和维持学习者的英语学习动机、保持英语学习的兴趣，非常重要。调查研究发现，多数学生学习英语的动机是为了获得课程学分和通过等级考试，还有同学表示对英语感到苦恼，完全没有兴趣，只因为学校课程中硬性要求才被动学习。同时，也有不少学生表示要与国际接轨，英语是个不可或缺的工具，应该好好学习，以便为将来的工作或者出国做准备。还有少数同学觉得英语是个很有意思的语言，学起来很好玩。经过访谈发现，这些学习动机强的学生往往学习成绩也比较好，而动机弱的学生则成绩比较差，这里排除了动机强却因为学习方法不正确而学不好英语的情况。

大学英语四级考试较难通过，此时，学习好的学生就会越来越好，而学习差的就会越来越差，此时教师的引导和指向作用是极其重要的。学习动机也分为综合性动机和工具性动机两种，综合性动机的学生在课堂上比较积极主动，参与性强，学习由始而终，很少出现半途而废的状况；而带有工具性动机的学生往往只是抱有比较明确且强烈的目的来学习英语，如大学英语四六级考试、考研、出国或找工作等，当这些学生的工具性动机失去的时候，那么他们学习英语的热情也将会随之停止。一方面，我国高校改革以来，大多数学校已经不将学位证书和英语四六级证书联系在一起了，学生只需修满规定学分、完成毕业论文或者毕业设计就可以顺利毕业。这样就给予学生更多的自由；但另一方面，使得具有工具性动机的学生失去了学习英语的目的或者学习的动力，因此，在经过高考压力过后的学生对英语已经失去了学习兴趣，不再重视大学英语的学习。

2. 对大学英语教学评价的新要求　随着新一轮课程改革的推行，终结性评价受到众人的质疑，形成性评价，即过程性评价，越来越被重视。它关注的不是学生最后的学习结果，而是学生日常的学习过程，即通过过程进行评价。大学英语教学中应积极实行形成性评估，补充和完善现行的大学英语评估体系。

鉴于高校评价体系存在的问题，2004 年教育部颁发的《大学英语课程教学要求（试行）》对评价做出了新的要求：形成性评价与终结性评价相结合，即对学生大学英语课程的评价不能只限于终结性评价，还应加大形成性评价的比重。

（1）形成性评价的目的是形成性的：即教师在教学过程中对学生的学习能力、学习态度、合作精神等进行持续性的评价，以确认学生的学习潜力，发展学生的学习能力，激励学生学习。Bloom 曾经指出：形成性评价的目的不是对学习者分等或鉴定，而是帮助学生和教师把注意力集中到为进一步提高所必需的特殊的学习上。

（2）多方参与实现评价方式多元化：在这个评价体系中，除学校对评价进行宏观调控和倾力协助外，学生参与的评估、教师的评估及合作评估构成了评估体系的重要部分。我们按形成性评价主体的不同来进行我们评价的安排，以下是笔者建议性的几种评价模式。

1）自我评价（self-involved assessment）：为了更好地激发学生的内在学习动机，积极地构建适合自己的学习目标和学习方向，学生在教师的指导下，针对自己的语言能力掌握一套自评方法，以便更好地了解自己的学习状态，不断调整自己的学习进度和学习方法，最终成长为一个负责任的自主学习者。

2）学生互评（peer assessment）：培养学生的合作意识与创新能力，是大学英语教学的一项重要任务。在英语教学过程中采取小组合作学习法能培养学生的探索创新精神，使教学过程真正建立在学生自主活动、主动探索的基础上。

3）教师评价（teacher assessment）：在课堂进行形成性评价时，教师的作用是多层面的，教师既是管理者、评价者，又是指导者和支持者。教师可以随时对学生的成绩进行有效评价，如课堂讨论中、学生作业中及课堂教学的各个环节中。对于所有的评价活动教师都应有记录，从记录可以看出学生的学习过程，让学生有自己的发展目标。作为教师，也能够根据不同的评价情况对自己的教学进行调整，从而使课堂教学的效率得到提高，使评价活动真正为教学服务，起到激励作用。

4）师生合作评价（collaborative assessment）：在形成性评价的过程中，学生的成长是教师和学生所共同面对的问题。学生通过个人反馈信息来确定自己的努力方向，教师通过得到的学生反馈信息来改进教学设计，以便教师能够结合实际调整教学。

（3）评价手段多元化：形成性评价的手段有教师观察、访谈/座谈、学生自评/互评、问卷调查、读书笔记、学习档案等。教师观察学生的日常学习情况，如阅读、写作、听说等情况，并把观察到的情况如实记录下来，然后提供给学生以帮助他们了解自己的成长状况。学生建立自己的学习档案，将自己平时的各项作业、读书笔记等分门别类地存放在自己的学习档案中，以便随时拿出来反思和确立新的学习目标。同时，教师还可以采取座谈或讨论的形式检查学生学习档案的记录情况，及时调整教学方案。

（4）注重过程：终结性评价与形成性评价相结合，实现评价重心的转移，从而保证形成性评价体系的完整性和权威性，使得形成性评价体系的结果可靠，这既有利于学生学习，又有利于教师教学。关注结果的终结性评价是面向过去的评价；关注过程的形成性评价是面向未来重在发展的评价。

本章拟关注两个方面，形成性评价视角下大学英语课堂问答的现状调查与形成性评价在大学英语写作教学中应用的实验研究，通过前者的研究，根据形成性评价的特点，设计课堂回答环节，探索课堂问答环节的形成性评价策略与步骤；通过后者的研究，对写作过程进行形成性评价，提高写作教学的效果。

第二节　形成性评价视角下大学英语课堂问答的现状调查及归因分析

一、形成性评价视角下大学英语课堂问答现状调查

调查方案及实施　本研究主要采用文献法、调查法和访谈法对所选取的调查对象进行详细的调查、访谈和分析，以便获得现实依据。

（1）调查对象：调查采用随机抽样的方法，分别选取山东省两所医学院校，A 医学院和 B 医学院的大二年级的两名外语教师及其所带班级作为主要的调查研究和访谈对象。所选取的学校具有不同区域和不同层次的特点。

本研究将设定 A 医学院的英语教师为 T_a 及该教师所带的班级为 C_a，该班共有 45 人；另一位英语教师为 T_b，该教师所带班级为 C_b 且该班共有学生 48 人。B 医学院的英语教师为 T_c，该教师所带班级为 C_c，且该班共有学生 64 人；另一位英语教师为 T_d，该教师所带班级为 C_d，该班共有学生 82 人。为保证调查结果更具有客观真实性，在进行课堂观察的时期，以上教师皆不了解笔者所要调查的内容与目的。

（2）调查工具：笔者采用随机抽样的方法在大二年级随机抽取部分学生，对其进行访谈、录音，并做详细记录及发放调查问卷，同时对选定的教师做访谈与问卷调查，并对课堂进行详细观察，并做观察记录笔记。

（3）调查实施：在自然状态下进行的课堂观察记录是较为客观的，因此，本项研究在未告知任课外语教师的情况下对大学英语课堂进行了观摩和分析，以此来达到研究的目的，即通过形成性评价的视角，考察教师课堂问答行为，最终为提高教师与学生的形成性评价

意识，提高大学英语课堂教学质量提出一定的策略。

1）课堂录音与记录：在事先未告知被选定教师研究的目的与内容的情况下，笔者对 T_a、T_b、T_c、T_d 四位教师进行课堂观察，并进行了完整录音与记录。

2）课堂观察：笔者本着客观公正的原则对所选定教师的外语课堂进行了实际观察，并详细记录教师课上提问次数、提问的类型、提问时间、提问后等待时间、学生回答、教师对回答的评价、学生的反应等。

3）研究主要采用问卷调查（见附录 1 问卷）的方式，以便了解教师与学生的形成性评价意识、教师形成性评价过程、学生课后自主学习情况等。其中对四位教师四个班级的学生共 239 人进行了问卷调查，对四名大学英语教师进行了访谈，共发放问卷 239 份，收回有效问卷 231 份，有效率为 96.7%。

二、调查结果分析

笔者在对调查对象、调查工具和具体实施方案进行预先的规划后，在 A 医学院和 B 医学院分别进行课堂观察、问卷调查，对教师课堂提问情况和学生学习英语的情况进行调查，具体调查结果如下。

1. 教师课堂提问情况调查分析 教师课堂所提问题的类型依据其标准的不同而有不同的划分。例如，Barnes 依据内容将问题分为封闭式问题（close-ended questions）和开放式问题（open-ended questions）。Kathleen 从认知的角度将问题划分为高认知问题（high-cognitive questions）和低认知问题（low-cognitive questions）；Long、Sato 和 Brock 依据学生对答案的理解程度，将问题分为展示性问题（display questions）和参考性问题（referential questions）。Richards 等依据问题在课堂中所起作用的不同，将问题划分为程序性问题（procedural questions）、聚合性问题（convergent questions）和发散性问题（divergent questions）。聚合性问题的目的是引导学生做出主题相同且语句较短的回答，如 Yes、No 等回答。这些问题的目的是引导已呈现信息的回顾；发散性问题是为了鼓励学生进行高层次的思考（higher level thinking）后给出有自己见解、话语较长的回答。

还有的学者将问题分为已知性问题和未知性问题，虽然问题的分类不同，但这些问题对学生的语言学习都具有一定的影响，Long 等更加注重学生在课堂中对教师所提问题的理解，因此本书将采用 Long、Sato 和 Brock 的分类，将教师课堂所提问题的类型分为展示性问题和参考性问题对调查目标进行课堂观察。其中，展示性问题就指需要向学生展示所知道的知识，问题的答案是已知且唯一的，这类问题可给予学生简单的反馈以节省时间。而参考性问题是指没有现成答案且学生可自行发挥的问题类型。

表 2-1 是对 A 医学院的两位大学英语教师进行课堂观察后得出的数据，对教师（T_a）和教师（T_b）分别观察并记录了四个课时。

表 2-1 教师课堂提问分类统计

教师 T=Teacher	课时 L=Lesson	展示性问题		参考性问题		问题总数 n
		n	%	n	%	
T_a	L_1	26	87.2	5	14.8	31
	L_2	40	94.3	1	3.7	41
	L_3	46	96.7	2	4.3	48
	L_4	45	96.9	1	2.1	46

续表

教师 T=Teacher	课时 L=Lesson	展示性问题		参考性问题		问题总数 *n*
		n	%	*n*	%	
总计 T_a		157	93.6	9	5.4	166
T_b	L_1	37	86.7	7	16.3	44
	L_2	26	68.2	11	28.8	37
	L_3	46	100	0	0	46
	L_4	54	96.8	3	5.2	57
总计 T_b		163	89.6	21	11.4	184
总平均值		40	90.4	3.75	9.6	43.75

从表 2-1 可以看出，A 医学院的这两位大学英语教师的课堂提问的问题类型偏向于展示性问题，这一类问题的平均比例达到 90.4%，而有利于培养学生发散思维和调动学生积极性的参考性问题，其平均比例仅占 9.6%，这一类问题的提问和回答都是比较单一的，说明教师把重点过多的放在了检查学生对已知信息的呈现上，学生用英语发表自己见解和用目的语进行交流的机会较少，这不利于学生用英语进行发散性思考和增强语言能力。但是，从另一个方面来讲，对于学生来说，教师反复提到的内容学生会较容易记住。

A 医学院所用的英语教材是《全新版大学英语（第二版）》（*New College English*, Second Edition）。例如，笔者观察的教师 T_a 对 Unit 1 的讲解，首先教师 T_a 会使用 PPT 等教学工具先对单元的单词进行详尽的讲解，每个单词也会进行一些扩展性讲解，包括词性、短语等，然后进行例句的展示，教师在讲解的过程中会不断地问学生：

What is "agony"? What is "face up to"? Do you know "spaghetti"?

教师在提问过程中过多使用 what 和 do 开头的问句，这一类考察学生词汇记忆的问题，教师不会单独指定学生回答，问得过多学生会产生疲劳感，只有固定的几个学生愿意回答，到最后就变成教师自问自答。

表 2-2 是对 B 医学院的两位大学英语教师的课堂进行观察后记录分析出的数据，同样，也对教师（T_c）和教师（T_d）分别观察并记录了四个课时（所用教材与 A 医学院相同）。

表 2-2 教师课堂提问分类统计

教师 T=Teacher	课时 L=Lesson	展示性问题		参考性问题		问题总数 *n*
		n	%	*n*	%	
T_c	L_1	19	57.2	13	42.8	32
	L_2	20	76.8	7	23.2	27
	L_3	26	70.4	10	29.6	26
	L_4	22	64.7	13	35.3	35
总计 T_c		87	67.0	43	33.0	130

续表

教师 T=Teacher	课时 L=Lesson	展示性问题		参考性问题		问题总数 n
		n	%	n	%	
T_d	L_1	28	76.0	7	26	35
	L_2	26	68.2	11	29.5	37
	L_3	29	62.9	18	37.1	47
	L_4	23	89	2	11	25
总计 T_d		163	89.6	38	27.9	147
总平均值		24.1	69.7	10.1	30.3	34.6

从表 2-2 的数据可以看出 B 医学院的两位英语教师在课堂提问中同样偏向于展示性问题，其平均比例为 69.7%，而参考性问题的平均比例为 30.3%。对比 A 医学院和 B 医学院的四位教师可以发现，B 医学院的教师在提问的数量上明显要少于 A 医学院的两位教师，根据笔者的课堂观察，造成这种现象的原因是 A 医学院的教师过于注重单词的讲解，不厌其烦地使用 what 等特殊疑问词开头的问题，对学生进行展示性发问。而 B 医学院的教师则相对来说较注重于参考性问题，更偏向于照顾学生在课堂中的参与积极性，有利于拓展学生加强发散性思维，从而用目的语展现自己的思想。

Thompson（1997）、Ellis（1997）、Pica 和 Long（1986）等早已指出，参考性问题能更多地达到确认核实和澄清请求的目的，因此也能更多地让学生参与到课堂交互的过程中。这样，学生不但能从教师那里得到更多的输入，也能加大自己的输出量，从而更有助于语言习得。

（1）教师提问的形式：在 ESL 课堂中，提问的形式不仅反映了教师需要获得的信息反馈，也直接关系到学生的语言输出。在郭宝菊（2003）的研究与总结的基础上结合笔者的实际观察，提出目前最常见的几种提问形式如下。

1）yes/no 形式的问题：这是比较典型的展示性问题，学生只需要回答 yes 或 no。

2）wh 形式：教师提出以 what、who、where、when、which 等特殊疑问词开头的问题。

3）or 形式：教师会提出一些问题，要求学生选择其所提问题的一个或者几个问题进行回答。

4）互译形式：这一类形式的提问常见于词汇或者句型的学习中，教师会要求学生进行英汉或者汉英互译，还有课文习题中通常也会出现此类问题。

5）引导式提问：教师对所提问题的前半部分或以给出暗示的形式引导学生进行回答。

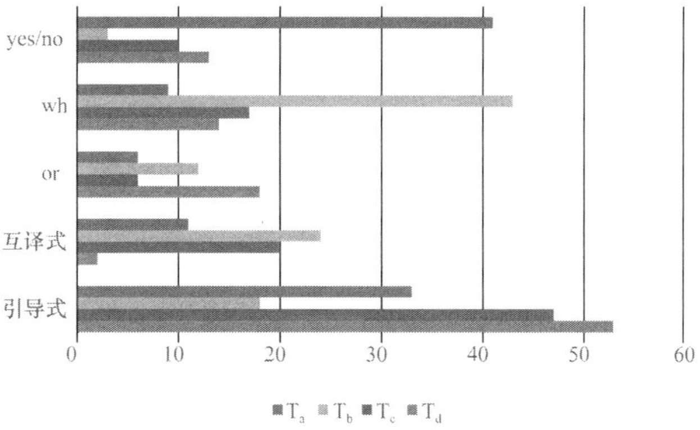

图 2-1　四位教师的课堂提问形式所占比重

图 2-1 可以明显地看出教师 T_a 与教师 T_b 提问的形式主要集中在 yes/no 或 wh 形式，二者皆超过 40%，尤其是教师 T_b，其课堂提问中 wh 形式的问题比例达到 40%以上。而教师 T_c 与教师 T_d 的总体提问数量虽然少于教师 T_a 与教师 T_b，但是教师 T_c 与教师 T_d 的提问形式主要集中在引导式的提问形式，尤其是教师 T_d，其课堂提问中引导式提问大于 50%。

可以看出教师 T_a 单纯就课文已知的事实进行简单判断正误式的提问虽不多，占提问总数的 10%以内，可是以 what is 和 Do you know 开头的考察学生对单词、短语等记忆情况的提问过多，这不利于学生在课堂宝贵的时间里进行发散式思考，也不利于师生之间在课堂上进行对话与沟通。因此，教师 T_a 应该更多地使用 what 类的事实性问题，“how”类的推理性问题，或其他参考性、开放性问题，即没有现成答案，需要回答者积极思考才能回答的问题。这样可以促使学生参与交流，使英语课堂更具交际性。而教师 T_c 却很好地做到了引导学生开启学生思维，让学生自己思考，与学生进行交流与对话，这样的课堂才更加具有交际性。虽然引导式、对话式的提问形式更有利于外语的学习，可是这也并不表明质问式问答可以忽略，质问式问答也有其价值。这是因为质问式问答有助于引导学生对教材内容的掌握，把学生的注意力组织在与学业内容有关的问题上。

（2）教师叫答的方式：已有的对大学英语教师课堂问答的研究与调查显示，教师的叫答方式主要有学生自愿回答（volunteering）、指定学生回答（nomination）、学生集体回答（chorus-answering）和教师自己回答（teacher self-answering）四种。不同的叫答方式在课堂中起到的作用也不尽相同。

从表 2-3 中所显示的数据可以看出，自愿回答占回答总量的比例非常小，如最少的教师 T_d 没有人自愿回答，就算是课堂问答方式最偏向于引导式的教师 T_a，其课堂自愿回答所占百分比也比较低，仅占 25.9%。由此可见，这四位教师的课堂存在一个共同的问题，那就是“课堂沉默”现象。谢元花（2006）在研究外语课堂学生沉默与教师的教学风格中分析道，学生课堂保持沉默共有五个因素：学生缺乏自信、学生谦虚、学生的个性、沉闷的课堂气氛和无吸引力的提问。提问是和教师密切相关的一个因素，根据谢元花的调查，学生说有时候教师的提问太难，学生对相关的话题知之甚少。而有时教师的提问又太简单无趣，学生就没有兴趣回答。不难看出，教师的提问直接影响学生的回应。

表 2-3 教师叫答方式统计

学校	教师	提问总数	自愿回答		指定回答		集体回答		自己回答	
			问题数 *n*	%	问题数 *n*	%	问题数 *n*	%	问题数 *n*	%
B 医学院	T_c	27	7	25.9	6	22.2	14	51.9	0	0
	T_d	39	4	10.2	14	35.9	18	46.1	3	7.8
A 医学院	T_a	43	1	2.3	10	23.2	29	67.4	3	9.8
	T_b	39	0	0	13	33.3	25	64.1	1	2.6
总计		148	12	8.1	42	28.4	86	58.1	7	5.4

课堂观察发现，教师 T_a 偏向问以 what 开头的考察学生记忆的问题，当教师 T_a 在问这些问题时，并不指向某个学生来提问，而是默认为学生集体回答，而回答问题的学生也多集中在少数几个学生中，接着，学生中会出现边回答边打哈欠的现象，可见学生对这些问题的反应是十分乏味而无趣。根据对学生的访谈发现，多数不回答问题的学生是因为没有

背单词、词汇根本不知道教师上课问的这些词的意思，而单词陌生更加导致学生对语句、段落及文章主题的不理解，而回答问题的学生大都觉得这些问题过于简单，教师频繁考察他们记忆的问题过于枯燥，上课就变得很没有意思。教师 T_c 在指定学生回答问题时，会指定 3～5 名学生回答问题，并在名单上当堂对学生的回答给出分数，课堂回答评分将算入平时成绩里。

教师 T_a 的课堂是偏向于对话式的开放课堂，虽然自愿回答问题的学生数量大于其他几位教师，可是自愿回答问题的学生也只集中于几位比较活跃的学生，其他学生则无任何参与感。所以优秀教师一般会根据具体的教学内容和学生情况，有机地结合自愿回答与指定，教师应尽量避免自问自答，把更多的话语机会留给学生。

（3）教师候答时间：候答时间是教师发问后，等待学生回答问题的时间。教师在提问以后等待学生回答问题时间的长短，对教学也有着重要的意义。研究者发现，在实验条件下教师的候答时间增加至 3～5 秒时，便有更多的学生参与到课堂活动中来，课堂教学效果明显提高。

结合表 2-1、表 2-2 和图 2-2 可以明显看出，教师 T_a、T_b、T_c、T_d 都是比较耐心地等待学生的回答，注重给学生提供更多的思考机会，以创造出有利于学生思考问题且更为宽松的课堂气氛，从而取得良好的教学效果。其中教师 T_a 的问题总数虽然比较多，可是其候答时间却相对来说较短，而教师 T_c 的平均问题总数虽然比其他教师的少，但是教师 T_c 对待学生极具耐心，会引导与启发学生的思维，有利于学生的二语习得，所以，教师给予学生的候答时间不应该过长也不应该过短，教师在提出问题后，应该给学生一段思考的时间，不难发现教师和学生对课堂里的沉默，即使是短暂的或瞬时的沉默也会感到紧张，短短几秒钟的时间似乎像几分钟一样长，有些学生需要思考的时间或许要长于其他学生。但是教师往往不能忍受这种思考时的沉默，而往往催促学生回答或自问自答，这样不利于调动学生参与课堂活动的积极性。必要的沉默是应该有的，思考的时间不会白白浪费，停顿时间要视问题的情况而定。

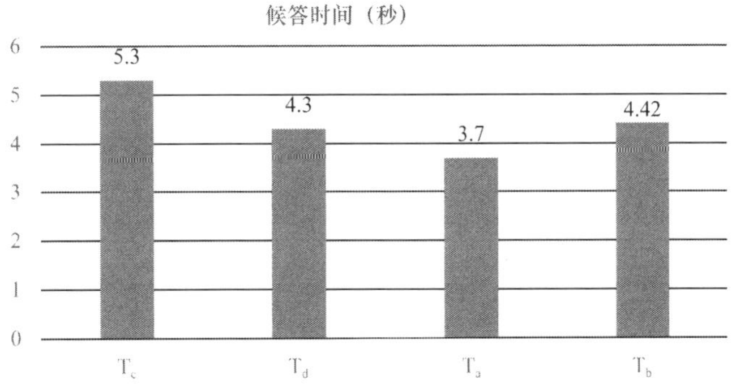

图 2-2　教师候答时间

教育心理学的研究表明：教师提问后，需要等待 35 秒或更长的时间之后，才可重复或重新表述问题，这样既可以保证学生有时间充分理解问题，也可以保证学生有时间思考并努力正确回答问题，增加语言输出量及提高交流水平。学生有时一时回答不出教师的问题，是因为他们对问题本身没有完全理解。

（4）教师给予学生的反馈：课堂教学的大部分时间与大部分内容都表现为教师与学生

之间的互动，尤其课堂提问是教师与学生互动最重要的方式，教师的课堂提问是教师话语的重要形式，对学习者的输入与交际能力会产生积极或消极的影响。

巴洛克在课堂语言的研究中发现，教师们将近 1/3 的课堂行为都是在评价学生。从教师教的角度看，提问是教师输出信息、传递信息和获得教与学的反馈信息的重要渠道。对于教师的反馈，学者们因其关注的角度不同，因而给反馈下的定义也不同。有的学者从外语学习的角度出发，认为反馈是对学习者完成学习任务的表现给予的评价性信息，通常是为了鼓励学习者取得更大的进步。而 Ellis 则从交际的角度给反馈下了定义：反馈是交流中的一种回应，具有多种功能，如纠错、感谢、提出需要或者仅仅表示感叹。

Wiseman & Hunt 则认为，教师反馈是教师给予学生的口头或者书面形式的信息，以此让学生了解他们的学习过程水平。在这个过程中，教师需要运用有效的评价形式对学生进行反馈，否则就会出现教师主导课堂、学生被动参与、课堂气氛死气沉沉的局面。目前，公认的课堂交流模式被称为“IRE 模式”：I（initiation）为教师提出问题；R（response）为学生们回答教师的问题；E（evaluation）为教师对学生的回答进行评价。

表 2-4～表 2-7 将四位教师一节课（45 分钟）内所使用的反馈语分别进行归类与汇总，本研究对教师反馈语的归类和汇总建立在姜旭、江燕令（2010）的基础之上，并根据我国大学英语英语教学的现状加以修改。反馈的类型从效度的角度来说分为有效、低效和无效三种。其中启发式、补充式、纠错式和循环式反馈评价是有效的。启发式反馈评价是指学生不会回答时，教师应给予一定的引导，帮助学生思考；补充式反馈评价是指教师对学生回答中所缺失的信息加以补充；纠错式反馈评价是教师以委婉的方式纠正学生的错误；循环式反馈评价是指教师在学生回答问题后，对问题加以引申，并提出新的问题。固定短语、直接否定、重复型和非语言型反馈评价是低效的，教师较常用的固定短语有 very good、yeah、surely、I see、exactly、good job、excellent 等；直接否定的反馈评价有：“no, sorry, not really, I don’t think so…”；重复型是指教师重复学生的回答；非语言型是指教师对学生回答的反应如微笑、点头、眨眼睛等。而没有反馈和错误反馈则是无效的，因为教师对学生的回答没有任何语言或非语言的反馈。

表 2-4　教师 T_c 反馈评价类型

效度	评价类型	T_c		
		问题数 *n*	%	总%
有效	启发式	8	29.6	66.6
	补充式	2	7.4	
	纠错式	2	7.4	
	循环式	6	22.2	
低效	固定短语	4	14.8	33.4
	直接否定	0	0	
	重复型	0	0	
	非语言型	5	18.6	
无效	无效	0	0	0
	错误反馈	0	0	
总数		27	100	100

表 2-5 教师 T_d 反馈评价类型

效度	评价类型	T_d		
		问题数 *n*	%	总%
有效	启发式	4	10.3	43.6
	补充式	3	7.7	
	纠错式	5	12.8	
	循环式	5	12.8	
低效	固定短语	14	35.8	48.6
	直接否定	0	0	
	重复型	3	7.7	
	非语言型	2	5.1	
无效	无效	2	5.1	7.8
	错误反馈	1	2.7	
总数		39	100	100

表 2-6 教师 T_a 反馈评价类型

效度	评价类型	T_a		
		问题数 *n*	%	总%
有效	启发式	4	9.3	30.1
	补充式	3	6.9	
	纠错式	5	11.6	
	循环式	1	2.3	
低效	固定短语	16	37.2	60.3
	直接否定	3	6.9	
	重复型	4	9.3	
	非语言型	3	6.9	
无效	无效	4	9.6	9.6
	错误反馈	0	0	
总数		43	100	100

表 2-7 教师 T_b 反馈评价类型

效度	评价类型	T_b		
		问题数 *n*	%	总%
有效	启发式	7	17.9	41
	补充式	3	7.7	
	纠错式	5	12.8	
	循环式	1	2.6	
低效	固定短语	18	46.2	59
	直接否定	1	2.6	
	重复型	2	5.1	
	非语言型	2	5.1	

续表

效度	评价类型	T_d		
		问题数 *n*	%	总%
无效	无效	0	0	0
	错误反馈	0	0	
总数		39	100	100

问卷（见附录 12）调查结果表明，75%的学生希望教师能够给予一个具体的评价。教师给予积极反馈可以让学生知道他们完成任务的情况，同时通过表扬增强他们的学习动机。

从表 2-4～表 2-7 可以看出，教师 T_c、T_d、T_a、T_b 提问次数是分别是 27、39、43、39，四位教师的平均课堂提问数量是 37，由此可见，在大学英语课堂教学中，教师提问是师生互动的主要形式，也是最普遍的教学手段。

在教师 T_c 提出的 27 个问题中，教师 T_c 同样对 27 个问题（100%）全部进行了评价反馈；在教师 T_d 所提出的 39 个问题中，教师 T_d 对 37 个问题（94.9%）做了评价反馈，仅有 2 个问题没有给予评价，一个问题给予了错误的反馈；在教师 T_a 的 43 个提问中，教师 T_a 对 39 个问题（90.4%）做出了评价，仅有 4 个问题（9.6%）没有评价；在教师 T_b 的 39 个提问中，教师 T_b 对 39 个问题（100%）全部给出了评价反馈；由此鲜明的对比表明教师对于学生的回答是非常重视的，能够给予相应的评价或反馈。

在这种反馈中，教师使用较多的是“固定短语”类评价反馈，这类反馈语可以分为表扬鼓励的，如 very good、excellent、great、good job 等；模糊类的如 yeah、I see 等。虽然教师多以固定短语来表扬鼓励学生，但是，学生对于此类表扬式的固定短语却没有什么高兴或者愉悦的面部表情，说明学生对教师的表扬固定短语已经产生了“疲劳感”，因此对此表现很平淡，进而表明此类评价对于学生来说是低效的。从教师这方面来说，本意是保护学生的面子，提高他们回答问题的积极性，但由于长期的模式化，已经没有任何实际的意义。图 2-3 将四位教师反馈评价的效度进行了比较。

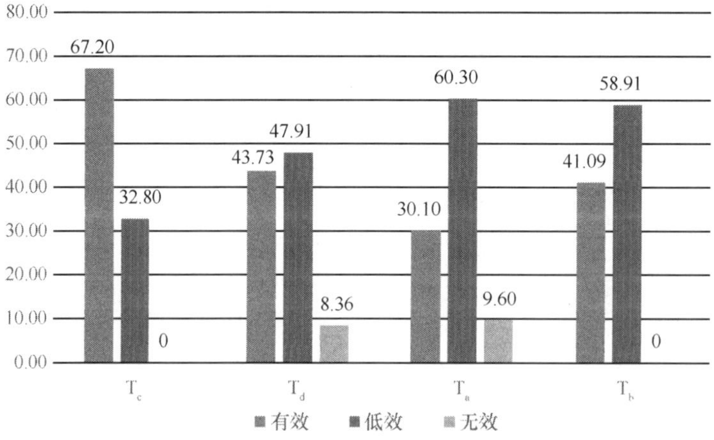

图 2-3 教师 A、B、C、D 反馈评价效度比较

经过计算得出结论，有效的反馈总平均数为 45.53%，低效的反馈总平均数为 49.98%。因此从整体的教师反馈来看，有效的反馈少于低效的反馈。传统的大学英语课堂，对于教

师的反馈往往是忽略的，也很少研究其效度。但实际上，有效的反馈如同润滑剂，能加强师生间的互动，提高学生的参与热情；更重要的是，有效的反馈能够提高学生课堂语言输出的质量，最终达到理解和掌握目标语的目的。

2. 学生大学英语学习情况调查分析 课堂教学是围绕学生来进行的，在课堂教学中，师生互动主要是由教师话语尤其是教师提问来引发与维持的。从学生学的角度来说，提问使学习者兴趣得以保持和提高、创造性思维得以发展、新旧知识得以连接与巩固的重要手段。已有研究发现，在目前的教师评价类型中，最有效的模式还是循环式。

（1）学生的学习动机调查：学习动机是指引起学生学习活动、维持学习活动，并指引学习活动趋向教师所设定的目标的心理倾向。动机具有加强学习的作用，Uguroglu & Wallberg 考察了大量的关于动机与成就关系的研究报告，分析了其中 232 项动机测量和学业成就之间的关系系数，发现其中 98%是正相关（估计平均相关系数是+0.34）。该项目覆盖面为 1～12 年级的学生共 63.7 万，具有代表性。这表明，高动机水平的学生，其成就也高；反之，高成就水平也能导致高的动机水平。同时，学习动机与学习效率并不完全成正比。

调查问卷（见附录 3）的调查结果显示有 2.7%的学生不很喜欢大学英语课，17.6%的大学生很不喜欢大学英语课，这两类学生的比例占总数的 19.6%，可见其本身对学习英语没有兴趣，学习本身没有使其得到满足，对于这一类学生教师则应该对其施以外部的报酬、奖励以诱发和刺激学生的内在学习动机。有 25%的学生认为学习英语的目的就是课程学分，而超过 37%的学生则认为学习英语的目的就是通过大学英语四六级考试，可见学生在大学英语学习的过程中过于重视考试和考级，从而忽略了学习英语本身所具有的魅力，还有一些同学在其他选项中写道"为了找工作方便"，可见学生对于大学英语的学习带有很明显的功利性。

（2）学生对英语教师课堂满意度调查：问卷调查（见附录 1）结果显示，在大学英语课堂的实际情况是用英语交流比较少，课堂互动比较少，有 72%的学生认为大学和高中英语的区别是自主学习时间多，B 医学院自 2006 年开始采用先进的多媒体网络自主学习系统，配备专门的语音教室，供学生们自主学习英语口语、听力，同时还能记忆更多单词并增加语感。自主学习课程每周一节大课，单独记学分，学校为保障学生自主学习的时间更多，机房每天对全体学生开放，让学生可以利用课余时间来学习英语。

A 医学院也有比较系统和全面的校园网络学习系统，学生可以在自己的电脑上登录学校网，在这个网络学习系统上利用已有的资源学习英语。有 24.4%的学生喜欢英语教师提问，35.2%的学生比较喜欢英语教师上课提问，45.2%的学生认为英语教师的提问"关于文章理解的问题"比较多，而"没有确定答案的对话式问题"仅占总数的 1.7%。

经过对学生的访谈（见附录 2 访谈提纲）发现，很多学生其实是希望英语教师上课提问的，这样可以多增加学生在课堂上用英语交流的时间，而统计显示 87%的学生认为他们在课堂上说英语的时间 $t \leqslant 5$ 分钟，还有的学生说，总是教师在说，学生在听，时常觉得很没有意思，因此学习英语的兴趣就没有了。有 61.3%的学生表示，当自己不会回答时，教师会让他人回答，只有 12.5%的学生表示教师会鼓励自己，引导自己把问题回答出来。有 57.4%的学生认为，教师只是在听完回答后给予一些简单的表扬，而有 4.3%的学生认为，教师对他们的回答没有什么反应，69%的学生认为，教师只是偶尔对他们的回答给予反馈，课堂教学过程中，教师要注意对学生回答的及时反馈或评价，这些都对教学的过程起到监控的作用，能够有效地激励学生学习，同时对改进教学也具有重要的作用。

有 22.7%的学生表示完全听不懂教师在问什么，并希望教师在课上多用英语提问，可是同时也有 28.4%的学生表示教师的提问比较清楚，较容易听懂问题。可见大学生英语学习情况两极分化明显，基础好的学生学得很好，基础差的学生学得很差。综上所述，也许正是这些因素导致 69.8%的学生是不太满意大学英语教学的。

（3）对学生课后英语学习情况的调查：大学里学生是学习的主体，学生应该具有极高的自主学习意识，只有 9.5%的学生认为，教师会在课下与自己交流，而有 73.8%的学生认为，教师偶尔会在课下与他们交流，从结果看来学生和教师之间的关系普遍比较生疏，是比较典型的传统型课堂教学模式，教师在讲台上教，学生在下面听，下课后教师和学生沟通比较少，在对学生们进行访谈的时候发现，当教师主动和学生开口说话的时候，多数学生都比较愿意和教师课下沟通交流，而现实情况是教师上完课就走了。调查显示有 42%的学生课下学习英语的时间在 30 分钟$\leqslant t \leqslant$1 小时，37%的学生课下学习英语的时间 $t \leqslant$30 分钟。在对学生进行访谈的时候发现，多数大学生比较偏向于听英语歌曲和看美剧来学习英语，也有过半的学生参加了学校的英语社团。

3. 传统大学英语课堂教学模式的影响 传统的大学英语课堂教学模式是“以教师为中心”，传统的终结性评价模式对课堂教学效率的提高具有阻碍作用，表现为教师占用课堂的大部分时间进行讲述，而学生只是机械的听讲，在课堂设计上教师没有留出足够的时间与学生进行交流。现代教学手段虽然已经逐渐进入课堂，但教师们的观念普遍没有更新，还是习惯用“填鸭式”的教学方法，在课堂有限的时间里，将备好的知识一字不落地讲述出来，这种灌输式的传授知识，直接导致了学生懒惰，被动接受知识的习惯，造成学生缺乏主动思考问题和解决问题的能力。问卷调查（见附录 1）结果也验证了这一点，85%的教师未采用形成性评价。主要原因是班级过大，工作负担较重。

2013 年高校毕业生首次突破 700 万，之后虽然略有减少，但是变化不大，这决定了我国高校大学英语课不得不采用大班授课模式，大班授课人数多，课堂时间有限，且学生学习水平层次不齐，因此给课堂互动、师生之间的交流与沟通都带来了极大的挑战。

4. 拟对课堂教学实施形成性评价，以期解决当前存在的问题

（1）口语教学的形成性评价。

1）每次授课都要结合学习内容，设计引导性的口头任务，提前布置给学生，要求课下查找相关资料，准备答案，课堂上设计“抢话筒”的环节，请同学分享自己的答案，为了增强学生对于各自答案的彼此理解，再把答案分享到班级 QQ 群里，方便同学阅读；教师及时记录同学的答案，在“抢话筒”环节结束的时候，逐一点评，及时反馈，对于典型的词汇与短语，给予肯定与表扬，对于所犯的错误，展示正确的说法，避免批评与打击，肯定同学的积极参与，加强互动教学，增强自信心，鼓励分享口头任务；点评之后，提供教师对于口头任务的补充，启发学生深度思考，尽可能多地提供可以思考的方面，提供相关的四、六级词汇以及需要注意的语法知识，要求学生结合自己的答案、同学的分享、教师的提示，在专门的笔记本上，进一步整理口头任务的答案，以备教师的检查以及期末考试的复习。

2）每册教材选取一个单元作为剧本，要求学生自己组织小组，扮演不同的角色，在课堂上表演英语情景剧，剧本可以根据需要改编，对于小组表演情况进行评价。

3）每册选取一个话题，要求学生以小组为单位制作 PPT，在课堂上根据 PPT 进行英语演讲，根据演讲情况进行评价。

4）对于每堂课参与口头任务分享的同学，由课代表与教师，做好分享次数的记录与存档；在完成口头任务的过程中，教师做到给出形成性的教师反馈。

（2）写作教学的形成性评价。要求学生完成每册前五个单元的写作任务，课后完成。利用一周的时间写完初稿上交，教师在课堂上进行集体反馈，抽出几篇作文对相应错误进行划线标记，通过网络发送到班级 QQ 群里，让同学在第二周的时间里，对照修改自己的作文，并且在英语作文修改网站进行网上提交，进行网络修改，再次在原稿上进行标记与修改，修改完成以后，重写一遍作为修改稿上交。第三周给学生一个新题目，要求写一篇新作文。如此循环，每次都对完成情况进行统计与记录。第五单元是课堂限时作文，要求学生在 30 分钟内完成一篇 120～150 词的四级作文，教师统一批阅，进行错误类型统计，进行准确性、复杂性、流利性分析，并采取十分制，给出分数。

（3）翻译教学的形成性评价。在完成课后练习的基础上，根据每单元的主题与四、六级关于中国文化的汉译英部分，结合教材对于中国文化的缺失，给学生布置中国文化的段落翻译练习，指出关键词、重点句及相关语法知识，讲解可能用到的翻译技巧，要求学生课后完成翻译任务，并结合英语作文修改网站对于段落翻译的建议，进行深度整理，在下次课上提供参考答案，就关键词与重点句的技巧处理给出相应的教师反馈，引导学生进行翻译过程的思考，增加中国文化的翻译经验积累。

（4）语法与词汇教学的形成性评价已经贯穿到了口头任务、写作任务及翻译练习之中，给出了相关的教师反馈，计入以上三项任务的评价过程。其中，因口头任务教学、翻译教学的形成性评价研究材料收集有难度，评价标准还需要进一步商榷，还处在探索优化的过程中，暂缓进行具体实验，只做现状讨论与研究设想，对于写作教学的形成性评价实验详见下节。

第三节　形成性评价在大学英语写作教学中的应用研究

写作教学是大学英语教学不可或缺的一部分，但长期以来教学成果不尽如人意。如今，大学英语教学正经历着深刻变革，作为教学实践的重要组成部分的评价方式也成为研究的主要领域之一。国外对形成性评价的研究已取得显著成果，但较多地集中在理论研究层面，应用研究也主要集中于中小学课堂教学，在外语教学课堂，尤其是大学英语教学中的应用研究还有所欠缺。基于目前大学英语写作教学的状况，本节尝试将形成性评价应用于写作课堂以探索其对学生英语写作能力的影响。

相比较传统的终结性评价，形成性评价更注重学习过程，通过多种评价手段和方法向教师和学生提供及时有效的学习反馈以达到促进教学的目的。写作档案袋将学生自评、同伴互评和教师评价相结合，是在写作课堂中实施形成性评价的最佳工具。本研究采用了基于档案袋的形成性评价方式，以 A 医学院的两个条件相当的非英语专业班级为对象实施了为期 16 周的教学实验。实验之前对两个班进行了前测，结果显示两个班的学生写作水平无明显差异。将一个班级作为实验班，另一个班级作为对照班，在实验过程中，对实验班的实施形成性评价，控制班实施传统的终结性评价，实验结束后，对两个班级进行后测，测试结果通过软件统计分析，发现两个班的写作水平均有提高，但实验班更明显，两个班级的成绩出现了显著差异。同时，实验结束后对实验班的学生进行了问卷调查和访谈，基于问卷、访谈及档案袋呈现的数据，发现形成性评价在对学生的学习策略、学习态度和学习自主性方面都产生了积极的影响。

一、实验目的

这个实验的宗旨是利用形成性评价对学生的英语写作进行衡量，帮助他们熟练地掌握各种写作技巧和素材，进而锻炼他们的语言组织能力和技巧，为终身学习打基础、做准备。另外形成性评价在大学英语写作教学中应用的实验研究也可以全面了解学生英语学习的历程，该评价能够很好地促进学生的进步和健康全面的发展，同时倡导的理念是给与学生更多的机会来展示自己的个性和特质的发展，允许学生在学校管理和学习行为的评价中积极地参与进来。在明确学生在英语写作方面遇到的困难之后，促使教师有目的地转变教学方式及调节进程，激励学生的英语学习，增强英语写作的教学效果（鲁子问，2002）。

二、实验假设

针对本次的实验研究，笔者提出了以下两个假设：形成性评价比传统的终结性评价更能促进学生英语写作能力的提高；形成性评价比传统的终结性评价更能激发学生进行英语写作的内在动机。

三、实验设计

1. 实验研究对象 本实验对象为 A 医学院 2015 级临床医学的两个班，其中 A 班 62 人，作为实验班，B 班有 60 人，为对照班，均是 2015 年通过高考入学的，英语成绩在录取时并没有作为录取的筛选条件，总体英语水平无差异。所选取的这两个班是同一位英语教师执教，在此命名为 A、B 班。在进行实验之前，笔者与两个班级的辅导员、英语教师进行了良好的沟通，努力促使此项形成性评价在大学英语写作教学中应用的实验研究不影响到教师正常教学计划的实施，在实验期间学生的英语写作学习秩序正常（束定芳，1996）。

研究采用了准实验设计的方法，实验持续一个学期，前后一共有 16 周的教学周期，实验过程中，A 班和 B 班除了英语写作课的评价方法不一致外，其他各个教学内容的安排和教学环节的设计都一样。A 班采用的是形成性评价的方法，而 B 班采用的是终结性评价的方法，采取前测和后测的方法来查看学生的成绩变化，其中前测是指摸底考试，后测是结束阶段的期末考试。

2. 实验的工具 本研究采用的工具如有以下几个。

（1）两份英语写作试卷（前测和后测用到的问卷，见附录13），里面包含了两篇作文题目。笔者遵循如下的原则来设计这些试卷：测试要侧重于对学生知识能力操作技能的培养，强化学习能力是创建形成性测试需要考虑的目标。笔者使用李静纯关于形成性评价测试试卷设计的方法对两份英语写作试卷进行设计。

（2）同伴互评评价表（见附录 9）：学生在一定的时间内在某项活动上的进步程度和积极性可以通过评价表来反映，通过这个评价表，教师可以对学生在平常学习过程中的态度、创新能力、知识、技巧等多个方面有个全面的衡量。在诚实守信、公平待人的氛围里，利用相互评价机制，学生们可以充分地认识到同伴对自己的重要性及团队协作的好处（英语课程标准研制组，2002）。笔者根据罗少茜关于评价的研究结论设计此表。

（3）英语写作记录档案（见附录 10）：学习档案里面包含学生在一个学期里的学习成绩及变化趋势、学生的奖惩，以及他们的学习态度和努力程度，还包括教师们的一些日常评价，同时还展示出学生们在学习上的进步和成就，体现出其个性风格。根据对学习档案价值的总结，作者发明了这个档案记录，把学生们平时尽心挑选，需要认真阅读的英文素材都放到这个档案袋里面，引导他们培养自身的审美观点，让他们发现作品的优点，展现自己的长处，展示出自己的进步情况。在准备学习档案的过程中不断反思自己的成长历程。

（4）课堂观察评价表（见表 2-11）：课堂观察是平时教学不可或缺的重要环节，课堂是学校里同学们学习的主要环境，监督和观察学生们在课堂里的一举一动、一言一行，可以帮助我们更加客观地评价学生的综合表现，同时也可以辅助我们收集教学信息，进一步改善教学方案。

（5）学生英语写作状况的调查问卷（见附录 13）：调查问卷主要在前测和后测中调查学生写作现状，主要是学生的自我评价。在做调查问卷的同时，利用这个方式，学生可以自我评价自己的学习方法、方式及过程，培养自主学习能力，发现和弥补自己学习中的缺陷。笔者根据问卷统计学生前测后测写作现状的变化。

3. 实验的实施

（1）实验的前测：为了了解两个班级学生的英语写作水平，笔者在开学初期的英语摸底考试中，对 A 班（实验班）和 B 班（对照班）学生的英语成绩和英语写作水平进行了前测，试卷的满分为 100 分，写作分值占了 15 分，其中 A 班（实验班）和 B 班（对照班）的英语成绩和写作水平如表 2-8 所示。

表 2-8 英语摸底考试成绩

	人数/人	英语平均成绩/分	写作平均成绩/分
A 班（实验班）	62	73.81	7.81
B 班（对照班）	60	74.80	7.89

从表 2-8 可以看出，两个班级英语写作部分的得分并不理想。

1）档案袋评价表：学生档案是指学生在平常学习过程中积累的关于自己的最终成就，是为了学生能更好地鼓励自己的学业，指向性地收集自己的成果。展示自己在某些方面通过努力所取得的进步和成就等，这种学习档案的收集展示的对象非常多样化，如教师、家长或者学生自己，而学习档案的内容也没有特别的限制，可以是优秀作文、读书笔记、作业成绩、奖状等，学生在学校里面的表现、是否全身心的投入及所获得的成就都是通过这些档案来体现的，通过对学生的学习档案进行深入的分析，可以充分地了解学生的学习情况、趋势及稳定情况等，有针对性地对学习开展谈话工作，虽然学习档案能直接地反映学生的学习状况，但是教师还是要了解形成性评价的标准是什么，为了最后能够客观地分析评价学生的学习策略，我们要对学习档案中的资料，利用评价标准这个指标进行科学合理的筛分（唐晓杰等，2002）。

在档案袋评价中还要有学习报告。学习报告是指学生用书面形式向教师汇报自己近来的学习情况，这种学习报告主要是让学生以日记或者周记的方式来记录自己每天或者每周的学习情况，如学习中遇到的困难、进展、学习方法的探讨等，并在最后对自己的学习过程和学习方法实施的效果进行评价，学生学习报告是形成性评价中的重要的评价方式，充分体现了学生的自主学习能力，同时也能对教师的课堂教学进行很好的补充，让教师从学生的角度来思考课堂教学内容的讲授方式和技巧的适合性，同时了解学生的学习态度、兴趣和方法等，能在充分了解学生近来的学习情况后，针对每个学生的学习困难、学习方法和遇到的特殊问题进行有效的指导，让学生能够及时地解决学习中的难题，更快地投入到新的学习中去，教师的教学效率也能得到很好的提高（吴钢，1996）。在英语写作中常用英语写作记录档案来进行学生平时的英语写作记录，如表 2-9 所示。

表 2-9 学生英语写作记录本

班级：	时间：	姓名：
号召语		
目录	写作兴趣等情况调查表	
	写作水平现状分析	
	本学期写作目标卡	
	本学期作文（含本学期写作评价记录）	
	英语写作典型案例自我分析	
教师寄语		

2）学生互评表：学生的自评和学生之间的互评，这种评价方式主要用在课堂的口语和写作技能训练上，在进行这类活动时，先让学生独立完成自己的任务，然后将学生的作业收集起来分发给不同的学生，让学生采用相应的评价标准和工具对其他同学的作业进行评价，不能只是口头评价好与坏，要写明自己的原因，通过这种互评的方式，学生在了解别人优势的同时，也能对自己的优劣势有更加深入的了解，能吸收其他同学的好的写作方式和用词等，同时教师也可以引导学生对自己的作品进行评价，让学生充分了解自己的作品，这样还可以弥补教师在评价时的片面性和缺陷等，鼓励学生进行自主学习和协作学习等，这种评价方式需要注意的是要训练学生对于评价标准的了解，这种标准可以和学生一起商量，这样更加贴近实际，也能激励学生的学习动机和责任感等，其中以英语写作书信为例，在其他小组成员轮流阅读一个同学的英语写作书信的草稿后，进行同伴评价表的填写，同伴评价表如表 2-10 所示。

表 2-10 同伴评价表

重点：书件草稿的内容与组织结构 请确保在纸上填写任何评价前仔细阅读			
内容	这封信是否有正确的格式	是	否
	这封信是否含有书信的要点	是	否
	此项得分（共 7 分）		
语言	拼写是否正确	是	否
	语法是否正确	是	否
	标点符号，大小写是否正确	是	否
	其他		
	此项得分（共 8 分）		

续表

重点：书件草稿的内容与组织结构 请确保在纸上填写任何评价前仔细阅读			
组织结构	内容是否充实，没有废话	是	否
	词汇和句式是否恰当	是	否
	此项得分（共 3 分）		
总分			
评价小组成员			

3）教师评价表：在终结性评价中的教师评价仅指教师对学生学习成绩的评价；而形成性评价中的教师评价有别于传统的终结性评价，这里的教师评价是一种非正式的评价方式，它是指教师与学生一起就某课程学习的方法策略进行讨论，然后根据每位学生的个性特点和学习风格等，帮助学生制订符合自身发展趋势和学习情况的学习计划，教师在这个过程中，除了协助计划的产生外，还需要对学生学习计划的实施情况和进度进行监督，在学生的作业本上写下一些建议和评语，让学生在获得描述性和指导性的反馈信息的同时，也能随时看到教师对自己学习和生活的关心，让学生了解到教师并不仅仅是关心学业成绩的分数，更加关心自己的学习方法和生活状况等，值得注意的是教师的评语要简明扼要、针对性强，评语不能只说好的方面，也要涉及学生学习计划中出现的缺陷，同时给予一定的合理建议（徐芬，赵德成，2001），主要可以采用学生课堂行为观察表来进行评价的记录，如表 2-11 所示。

表 2-11　学生课堂行为观察

观察内容	对符合情况的选项打勾	
1. 上英语写作课是否精神饱满	是	否
2. 对本次英语写作是否抱有跃跃欲试的心态	是	否
3. 知道写作要求后，是否积极进行准备	是	否
4. 是否能主动与其他同学形成合作小组	是	否
5. 是否能大胆表达自己的观点	是	否
6. 是否能迅速进入写作状态	是	否
7. 是否写写停停	是	否
8. 是否能按时完成写作任务	是	否
9. 是否中途查阅英语字典	是	否
10. 书写是否工整、清晰	是	否

（2）实验后测：经过一个学期的实验，笔者将学期末的英语考试成绩和写作成绩作为后测的成绩，期末的英语考试试卷的满分为 100 分，写作分值同样占 15 分。并对 A 班和 B 班的英语考试成绩和英语写作成绩进行对比，以此来查看形成性评价的实施是否对 A 班的英语写作起到了一定的效果。

第四节 研究结果

一、形成性评价问卷的调查结果

选用丁琼（2010）的形成性评价在小班教学中的应用、郑宇（2008）的测试型形成性评价研究、张丽（2013）基于形成性评价的课堂回答策略等的形成性评价问卷，结合A医学院的具体情况，进行了相应的改编，对学生分别在学期初和学期末进行了两次问卷调查（见附录4、5、6、7），对教师在学期末进行了一次问卷调查（见附录8）。

学期初对学生进行的两份问卷调查结果显示：大多数学生根本就不了解什么是形成性评价；对自己的英语学习情况不是很清楚，学习存在困难，但又不清楚难在哪里；跟任课教师联系较少、很少甚至没有交流；课堂上不愿意参加教学活动，更不愿意回答教师的提问；不会做学习计划，学习英语的动机与目的单纯地集中在提高考试成绩上，不喜欢上英语课，迫于考试压力，又不得不上；对于教师的授课也不太满意，有问题也不愿意请教教师；课后很少学习英语；但是希望能有更多的机会用英语交流。

学期末对学生进行的两份问卷调查结果显示：大多数学生喜欢形成性评价；对于自己的英语学习情况比较清楚，知道学习的困难在哪里；喜欢跟任课教师交流；课堂上踊跃参加教学活动，积极回答教师的提问，充分利用各种机会用英语进行交流；能够制订适合自己的短期及长期学习计划；学习英语的动机与目的不再单纯地集中在提高考试成绩上；喜欢上英语课，喜欢英语这种语言；虽然还有考试压力，但是能够积极应对；对于教师的授课比较满意，有问题愿意请教教师，喜欢教师的鼓励性反馈；课后花费更多的时间学习英语。

对于教师的问卷调查结果显示：参加项目改革的教师都比较了解形成性评价，采用形成性评价，教师能够比较清楚地了解学生学习英语的动态过程，能够找出具体的问题，采取相应的措施；教师更喜欢在学习过程中综合评价学生的能力；更喜欢组织课堂活动，引导并观看同学们的精彩展示；更乐于充当教学活动的组织者、帮助者、评价者；更喜欢由此形成的活跃的课堂气氛；更关注学生的全面发展；大多数教师都同意：形成性评价更适合小班教学。

二、动机调查结果

1. 问卷调查结果 选用北京大学高一虹教授的动机问卷（见附录3），该问卷包括七种类型动机：兴趣动机、信息媒介动机、个人发展动机、情景动机、社会责任动机、成绩动机和出国动机，采用李克特五级量表形式，包括从“很不同意”到“很同意”五个选项，分别赋予1～5分。在学期开始和结束的时候各进行了一次问卷调查，对比分析两次问卷的结果显示：形成性评价能够较大地激发并提高学生的英语学习动机，显著提高了对英语本身的内在兴趣动机，提高值达到了13%；形成性评价注重互动交流的教学形式，能够明显提高学生的情景动机，提高值达到了9%；同时，社会责任动机的提高值达到了7%；信息媒介动机和个人发展动机的提高值都达到了5%；出国动机提高了2%，而单纯的成绩动机则相应的有所下降，说明学生不再是单独地为考试而学习。

2. 动机变化饼形图 采用形成性评价前，学生的动机构成见图2-4。

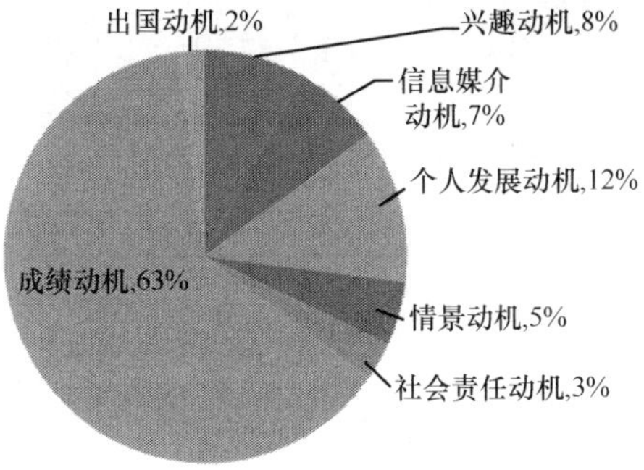

图 2-4　采用形成性评价前学生的动机构成图

采用形成性评价一学期以后，学生的动机构成见图 2-5。

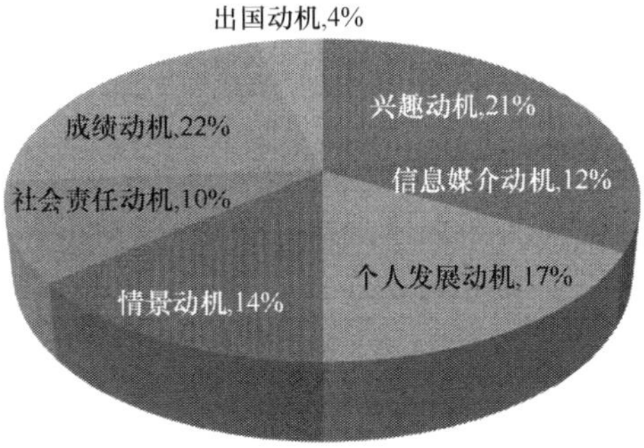

图 2-5　采用形成性评价一学期后学生的动机构成图

三、形成性评价在大学英语写作教学中应用的实验结果及分析

1. 实验班与对照班前测、后测实验结果与分析

表 2-12　期末考试成绩

	人数/人	英语平均成绩/分	写作平均成绩/分
A 班（实验班）	62	81.81	9.47
B 班（对照班）	60	82.14	8.31

表 2-13　两班两次考试写作成绩对照

项目		摸底考试				期末考试			
		A 班（实验班）		B 班（对照班）		A 班（实验班）		B 班（对照班）	
		平均数	标准差	平均数	标准差	平均数	标准差	平均数	标准差
		7.82	4.11	7.88	4.28	9.48	5.22	8.32	4.67
t 检验	t 值	−0.0033				2.309			
	P（双尾）	0.987				0.024			

从表 2-12、表 2-13 可以看出，实验前 A 班的成绩和英语写作水平相比，没有显著的差异。在学生期末考试中，两个班的英语总成绩差异虽然不大，但是由表 2-13 可以看出 A 班

学生英语写作项目的水平有明显的提高，B 班的写作成绩有所进步，但是提高的幅度不大。

同时笔者对在本实验中使用的同伴互评评价表、课堂观察评价表、学生英语写作状况的调查问卷数据进行整合，分析实验班与对照班的同期测试影响因子。同伴互评评价表记为互评项目，课堂观察评价表及期末成绩记为师评项目，学生英语写作状况的调查问卷则记为自评项目。相关分析如表 2-14 所示。

表 2-14 同时期期末成绩和写作成绩的双相关分析

项目	A 班（实验班）62 人		B 班（对照班）60 人	
	自评	互评	师评	师评
写作成绩相关系数	0.479**	0.521**	0.432**	0.328**
显著水平	0.000	0.000	0.000	0.002

**表示显著水平为 0.001。

通过对受试者同时期的期末课程测试成绩和写作成绩的双相关分析发现：表中所有的相关分析都达到了显著水平，表明变量之不相关的概率几乎为零，系数上的符号表明两个变量的相关性都达到了的显著水平。由此，可以初步认定形成性评价手段提高了学生英语写作的能力，比终结性评价测试结果更能提高学生的英语写作水平。

2. 实验班的调查结果 笔者除了对实验班的学生进行相关的实验外，还结合学生英语教学的实际，设计了一份关于学生英语写作状况的调查问卷，其中涉及三个方面：其一是学生对于英语写作的兴趣和基本的写作态度；其二是学生对于英语写作教学的基本看法；其三是学生对于英语作文评价方式的看法和观点，这种学生英语写作的现状在实验前后都进行了调查，主要目的在于查看形成性评价除了影响学生的英语学习成绩和写作水平，对于英语写作的兴趣和态度是否也有所改变。具体的结果如表 2-15 所示。

表 2-15 A 班英语写作现状问卷调查前后对比统计表

项目	前测		后测	
	A 班（实验班）人数/人	A 班（实验班）/%	A 班（实验班）人数/人	A 班（实验班）/%
我认为英语写作很重要	55	88.71	60	96.77
我对英语写作很感兴趣	26	41.94	54	87.10
我觉得英语写作很困难	49	79.03	15	24.19
我非常喜欢英语写作	26	41.94	58	93.55
我相信自己的英语写作能力	26	41.94	59	95.16
我完成英语写作的态度是积极的	27	43.55	60	96.77
我对英语写作上教师的教学方法很满意	25	40.32	57	91.94
我对教师的英语作文指导方法表示满意	27	43.55	58	93.55
我能够当堂完成英语作文	28	45.16	61	98.39
我愿意让教师当堂点评我的英语作文	15	24.19	45	72.58

续表

项目	前测		后测	
	A 班（实验班）人数/人	A 班（实验班）/%	A 班（实验班）人数/人	A 班（实验班）/%
我觉得教师对我英语作文的评分是正确的	24	38.71	57	91.94
我喜欢给自己的英语作文评分	14	22.58	60	96.77
我愿意让同学评阅我的英语作文	22	35.48	50	80.65
我觉得同学对于我的英语作文评分可以信赖	30	48.39	31	50.00
我更喜欢教师评阅我的作文	54	87.10	28	45.16

从表中可以明显发现，采用形成性评价模式班里的学生，在整个学习过程中，对英语写作的学习热情、学习兴趣都明显提高。在实验结束期间笔者进行了问卷调查，很多学生表示在这一个实验的学期中，对英语写作学习的自信心明显增强，从被动的填鸭式学习转变为乐学模式，大大提高了对英语学习的兴趣和积极性。另外，通过学生之间的交流与协助，学生交际能力增强，很多学生都是在英语写作课的互评期间了解对方，之后变为挚友，互相鼓励，促进英语写作的同步提高。通过各项评价活动，学生各方面的能力都得到了不同程度的发展和提升。

3. 对照班的调查结果 从实验前后的两次问卷调查结果来看，B 班的学生在英语写作方面的兴趣和动力方面没有显著的变化（见表 2-16）。尽管有大部分同学认为英语写作很重要，但是只有少部分同学对英语写作感兴趣，愿意努力去提高英语写作水平。与表 2-15 中 A 班数据对比，可以发现与 A 班的前测数据相比，A 班的后测数据提高了 10%～30%，而 B 班后测数据较前测数据并没有显著提高。就后测单项数据来看，A 班有半数以上学生对英语写作很感兴趣，而 B 班只有 35%的同学表示对英语写作有兴趣；同样，A 班有一半以上学生表示对英语写作课上教师的教学方法很满意，而 B 班的人数却只有 45%。

表 2-16 B 班英语写作现状问卷调查前后对比统计表

项目	前测		后测	
	B 班（实验班）人人数/人	B 班（实验班）/%	B 班（实验班）人数/人	B 班（实验班）/%
我认为英语写作很重要	54	90.00	55	91.67
我对英语写作很感兴趣	23	38.33	21	35.00
我觉得英语写作很困难	45	75.00	43	71.67
我非常喜欢英语写作	24	40.00	25	41.67
我相信自己的英语写作能力	25	41.67	27	45.00
我完成英语写作的态度是积极的	20	33.33	22	36.67
我对英语写作上教师的教学方法很满意	25	41.67	27	45.00
我对教师的英语作文指导方法表示满意	24	40.00	25	41.67

续表

项目	前测		后测	
	B 班（实验班）人人数/人	B 班（实验班）/%	B 班（实验班）人数/人	B 班（实验班）/%
我能够当堂完成英语作文	26	43.33	28	46.67
我愿意让教师当堂点评我的英语作文	13	21.67	10	16.67
我觉得教师对我的英语作文的评分是正确的	55	91.67	58	96.67
我喜欢给自己的英语作文评分	12	20.00	14	23.33
我愿意让同学评阅我的英语作文	23	38.33	24	40.00
我觉得同学对于我的英语作文评分可以信赖	28	46.67	28	46.67
我更喜欢教师评阅我的作文	58	96.67	58	96.67

由表 2-15 和表 2-16 中数据对比可得出形成性评价对于学生英语写作水平的提高有明显影响，能激发学习热情和兴趣，提高英语总体成绩。

第五节　讨　　论

一、基于形成性评价的大学英语课堂问答策略

在课堂结构中，教师与学生一方面是教学活动的参与者，另一方面，也是教与学的评价人员。从这个角度来说，要发挥形成性评价在大学英语课堂教学中的作用，构建课堂教学和评价活动主体是前提条件。而课堂主体的构建，就其本质来说，是在形成性评价视角下，重视和加强课堂教学评价的诊断、导向、激励、教学等功能，树立新的课堂教学评价观，把课堂教学的重心从教师完成教学任务转移到正视学生的发展上来，是对人本质的重新解读和重新定位。基于现状调查的结果和前期的研究发现，讨论如下：

（1）英语教学的目的和本质就是要提高学生对英语课本身的学习兴趣，带动学生参与到教学活动中去，主动地听并且要独立思考，积极地表达，能以口头和笔头的形式输出英语语言。课堂提问便是教师达到这一目的最常用手段，可直接影响学生的思维及学习态度和成绩。因此，在外语课堂教学中，课堂提问对学生的学习效果影响尤为突出，因为外语课堂互动不只是教学过程，也是学生学习和掌握语言的机会（杨雪燕，2003），而教师提问作为课堂互动的启动步骤，不仅给学生带来语言输入而且决定了其语言输出。巴西著名教育家保罗·弗莱雷（王明超，2003）在其代表作《被压迫者教育学》中提出了闻名于世的“解放教育思想”，他主张“对话式教学”。在他看来，教学就应该是对话式的，对话是一种创造活动，而对话的关键就是提问。

（2）形成性评价较终结性评价更适用于课堂教学中的评价，因为形成性评价是分析性的、过程性的，能够有效地协调教师和学生的反馈，以便及时对教学活动和学习活动进行必要的调节，其目的旨在培养学生的能力。由此提出基于形成性评价的课堂问答策略与建议。

20 世纪 90 年代起，在建构主义理论的影响下，形成性评价与自我评价的结合将是其

发展的新趋势。由此，本章节从学校、教师和学生方面来详细讨论形成性评价在大学英语课堂问答中的应用及其改进策略与前景展望。

1. 形成性评价对大学英语教师的要求　笔者经过调查与访谈发现大学英语教师对形成性评价的概念理解不够深入，甚至有些大学英语教师并不知道形成性评价是什么，可见教师在对形成性评价理解上的偏差比较大，建构主义教学模式强调以学生为中心，充分发挥学生的积极性、主动性和首创精神，教师则是学习过程中的组织者、领导者和促进者，社会建构主义强调课堂评价的动态性，着重评价教师、学习者和学习任务三者之间相互作用的过程（侯祥瑞等，2007），形成性评价使测试更好地与教学相结合，对教学的过程起调节作用，使学生真正成为学习的主体，同时也发挥教师的主导作用，因此，形成性评价对于教师的要求比较高。

（1）教师应树立形成性评价意识观念：近几十年来，建构主义、人本主义等理论的迅速发展，对教学的各个方面都提出了很多新的要求，在评价方式上，除使用传统的终结性评价外，还要求教师使用形成性评价来指导教学。第一，教师应该摒弃老旧的教学观念，不断更新自身的知识结构意识，积极转变在教学中的角色。第二，我国传统的教师权威观念是阻碍大学英语课堂教学的因素之一，教学活动中，学生不能总是处于被动的地位，建构主义强调学生是信息加工的主体和知识意义的主动建构者，因此，教师应该与学生树立平等的关系，在关注学生的知识掌握情况的同时也要关注学生的情感、态度和学习策略等，创造一个轻松愉快的学习氛围。第三，教师在形成性评价的过程中不仅仅是知识的传递者，还是信息的交换者和建构知识的同伴。教师应该开展丰富的教学活动引导学生投入活动，并做出自我评价和相互评价，在这个过程中，教师应具备与学生合作的意识。第四，教师应公平地对待每一个学生，Krashen 提出的“情感过滤假说”认为在第二语言学习的过程中，学习者内部的“情感因素”对语言输入有过滤的作用，从而制约着学习者接收输入的多少。

我国教师重知识传授而忽略学生情感的现象非常普遍，形成性评价中教师对学生的课堂活动所做出的反馈会带有一定的主观因素，可能因学生的相貌、家庭、人际关系等因素而有所差异，使得评价带有个人的价值判断或者偏见，这种偏见势必会影响学生的学习动机、态度和自信心。

（2）教师应开展各种形式的课堂教学评价活动：学生自我评价、相互评价及教师评价始终贯穿教学活动过程中，教师应大量应用除考试外的评价活动，如课堂贯穿、分组讨论、课堂提问、角色扮演等各种课堂活动，终结性评价与形成性评价相结合的多元化评价方式才能提高课堂教学的质量和有效性，在进行形成性评价的过程中，教师要注意与学生的沟通交流，引导学生进行自我反思，不断更新自己的学习计划。教师也要通过学生对课堂教学的反馈意见进行策略调整，修改教学计划，调整教学方案，不断优化课堂教学。形成性评价与建构主义教学观有异曲同工之妙，建构主义教学观认为学生是知识的建构者，教师是学生建构知识的帮助者，学习过程是学生积极建构知识的过程。建构主义因此强调学习的主动性、建构性、目标性、探究性、情境性、社会性等。学生是外语学习的主体，学生在外语学习方面的可持续发展能力，不仅指他们从学校毕业后的外语发展能力，而且包括他们在校学习的过程。重视形成性评价就是帮助学生自觉地掌握自己的发展方向和速度，帮助他们在外语学习中开发和利用自己的学习潜能。外语学习的形成性评价可为学生提供一个自我完善和不断提高的空间。它强调学生的自我评价与相互评价，让学生在自我学习评价和相互学习评价中不断反思，总结经验和规划外语学习，从而在实现自主学习的基础上取得外语学习的进步。

（3）教师应具备良好的能力素质：首先教师应该具备较强的科研能力，随着教育理论的迅速发展，在实际教学领域中，教师应该根据自身教学实际情况采取具体方法进行教学。形成性评价中学生是评价的主体，所以要以学生为中心，教师要从传授者转变为学生主动建构意义的帮助者、促进者。这就要求教师科学合理地设计多种评价方式。同时，教师还应该具有较强的控制课堂教学进度的能力，既能又快又好地进行教学，还能在过程中设计与进行适合课堂的活动，引导学生们参与。形成性评价要求教师对学生的回答和表现等进行经常、迅速和有效的反馈评价，使学生明确自己与学习目标的差距，及时调整学习方法及重点。因此，教师应具有过硬的英语语言基本功，特别是口头表达能力。

（4）教师课堂提问应注意提问技巧：教师课堂提问是课堂教学中最常用的手段之一，经过课堂观察研究发现，现阶段我国大学英语课堂提问问题以词汇记忆、文章理解为主，这些多为展示性问题，而有利于学生发散性思维思考的参考性问题或者启发式问题较少。首先，教师应该立足于学生，提有针对性的问题，学生既然是不同的个体，那么他们的学习水平必然具有差异，教师应该针对学生的现有学习水平进行提问。例如，成绩比较差的学生可以提问浅层的理解性问题，或者短时记忆的单词词汇等，而那些成绩比较好的学生则可以更多地用参考性问题发问，如对文章进行总结或者用自己语言重新阐述文章段落等。其次，根据 Vygotsky 最近发展区理论，也可以针对学生现有发展水平与可能发展水平之间的差距，为学生提供带有适当难度的内容，调动学生的积极性，帮助其发挥潜能。已有研究证明启发式问题更能够提高学生的思辨能力，因此大学英语教师的课堂提问应该在逻辑上紧密联系，不断启发学生的思维。

2. 注重多元智能理论的课堂评价 多元智能理论注重发展学生的个别差异性，提出个别化教育，强调在范围内针对不同智力类型的学生，采用不同的方式进行教育。因此，第一，多元智能理论下教师在提问的过程中更注重学生学习类型及智力类型的个体差异性，掌握不同学生的优势，给予教育、鼓励和引导，增强其优势智力的自信心，同时也能带动较弱智力的同步发展。第二，多元智能理论下的评价目的。传统评价模式受泰勒的行为目标评价模式影响极大，传统评价模式是以预期的教育教学目标为中心开展和实施的，采用终结性评价的方式来判断学生的学业水平并进行优劣筛选，目的性强烈，反而忽视了评价的本质是促进个人的发展。所以，目的不应该成为评价本身，评价应该以学生各方面智力的发展为宗旨，是一个发展的过程。为了发挥评价的优势，必须在评价的过程中为学生提供有效的反馈，才能弥补劣势，提高学生的智力发展水平。第三，从形成性评价的方式来说，传统的以考试为主要手段的终结性评价方式过于单一、狭隘，长此以往会磨灭学生的个性、创造性和天赋，不利于学生的个体发展，多元智能理论下的评价强调展示性和情境化，评价的主体不只是教师，还有学生等，评价主体多元化，这样才能更好地针对每个学生的智力发展特点。

多元智力理论指导下的外语教学改革充分尊重了学生的个体差异，帮助学生形成与自己智力、学习风格相适应的学习策略；发挥学生的智力优势，使学生获得语言学习的成就感；调动了他们自主学习、合作学习的潜能。多元智力理论具有多元性、差异性、实践性和发展性等特征，为学生评价提供了新的理念，对我国外语教学改革有重要的指导意义。

3. 注重课堂教学情感因素 情感是人对客观事物是否符合自己的需要而产生的态度体验，是影响教学质量的一个重要因素。爱因斯坦曾经说过“兴趣是最好的老师”，孔子也认为“知之者不如好知者，好之者不如乐之者”。只有重视对学生的情感教育，才能调动学生学习兴趣，激发学习热情，才能促使其良好学习动机的形成。教学过程不仅是教师知识信息双向传递交流的过程，也是思想和情感双向交流的过程。教师作为施教者，处于主导地位，其作用不可忽视，教师在教学的过程中应注重启发诱导学生，课堂教学过程中，注重运用师生思维同步及情感共鸣的策略。

（1）启发诱导策略：我国古代伟大的教育家孔子认为，启发诱导处于重要的位置，“举一反三”，课堂教学应该实行启发诱导式教学。对于学生，先使他经过苦思冥想，如果想不明白，心中有疑惑的时候再去启发他；当学生经过深入思考，心中有所体会，想说却说不出来的时候，再去开导他。这样，他所学习的知识才能巩固。同时，孔子对于如何保持和激发学生的学习兴趣也提出了比较行之有效的方法，“能近取譬”，即善于运用学生比较熟悉能被理解的浅近事物阐发较为深刻的原理。对于启发式教学我国现代课堂教学过程中存在以下问题：

1）为了“启发”而启发，启发问题过于简单。很多教师在课堂教学过程中会为了体现自己使用了“启发式”教学而提问一些特别简单、容易集体回答的问题，根本没有起到启发学生思维的作用。

2）没有留下足够的候答时间。课堂上，教师提出问题让学生思考，可是往往刚过 1 分钟或者不到 1 分钟就匆匆鸣金收兵，抓紧时间进行讲解，因此，这样的启发式是没有实际意义的。

3）没有创设相应的问题情境，达不到启发诱导的效果。实际教学过程中，许多教师经常没有任何铺垫，让学生毫无心理和情感上的准备就提出一个干瘪的问题，教师没有精心创设相应的问题情境，就很难激起学生的积极性，也就很难进入思考的状态。

4）过度“启发”。教师在备课的过程中进行充分的课堂预设，即对在课堂中学生可能出现的情况都一一列举出对策，在对策中订出标准答案，力图让教学过程步步相接，环环相扣。可是教师们却忽略了学生往往喜欢跟着教师“启发诱导”的思维行走，他们往往没有进行独立思考。

针对以上问题，可以组织各级各类教师学习启发诱导教育思想的起源和内涵，在理解启发诱导教育思想的基础之上，分清楚适合运用启发诱导教学方法的前提，最重要的是要激发学生的创造性思维等。

（2）思维同步策略：在现实的课堂教学中，师生之间存在着诸多格格不入的现象。例如，在授课过程中，教师对本该讲解的难点轻描淡写、一带而过，而对学生容易听懂的内容却喋喋不休，教师讲得口干舌燥、面红耳赤，学生则无动于衷、昏昏欲睡。由于教师对难点把握不准，因此造成了教师所讲知识和学生学习需要之间有不一致的现象；在课堂提问中，由于教师设计的问题不适合学生的实际水平和思维品质，造成了让教师感到非常尴尬的“启而不发，问而不答”的现象……产生这种师生之间格格不入现象的根源就是他们之间的思维不同步，即师生之间的思维活动不能形成一个相互关照、协调一致的整体，教师往往以自己的思维代替学生的思维。因此，在教学中要达到教与学相互协调、提高课堂教学效率，就必须通过各种策略使师生之间思维同步。

那么，如何使师生之间思维同步？第一，关注学生思维过程，让学生的思维看得见，可以从课堂提问、察言观色和做事方面了解学生的思维过程。第二，教师稚化思维，向学生展示思维过程。第三，可调控师生的思维过程，实现师生思维同步。

（3）情感共鸣策略：情感共鸣原理是指在教学过程中建立的师生之间的真诚、理解、民主、平等的心理氛围，即师生情感共鸣是以教学过程中共同的心理指向为基础，以教学各因素的同步为前提，以认知规律为线索而展开的一种特殊的认识过程。在这种“乐教”和“乐学”的和谐氛围下，师生在情感上得到美的熏陶：学生主动学知识、自觉练技能，形成健康人格；教师努力学习、积极思考、精心施教。学生的认知需要上升为情感需要，教师由教学职业需要上升为职责情感。

教学过程中最基本最活跃的因素是人与人之间的关系，即教师和学生的关系以及学生与学生之间的关系，而其中的核心是师生关系。在课堂教学过程中，教师和学生是相互影响的，只有在民主、平等和和谐的课堂氛围中，才能发挥教师的主导作用，体现学生的主体性，才能使学生在知、情、意、行协调发展的基础上，发展共性并彰显个性，因此，情感共鸣教学结构出发点是建立在密切师生关系基础之上的。

情感共鸣原理充分反映了人际关系是教学过程中最活跃的因素，力图把教学设计的基础放在密切关注师生关系的行为中，放在保证学生最大限度参与教学过程的基点上。情感共鸣具有认知协调、角色互换和方法互补三个原则，其落实在课堂教学，之后随时间的推移而产生的序列结构，即构成了教学过程的五个环节：创设任务情境、架设学习支架、学会操作使用、强化技能训练和技术应用创新。

在大学英语课堂教学中形成性评价的作用是极其重要的，课堂问答是教师与学生之间沟通的最直接方式，在课堂提问的过程中，教师要考虑到学生的情感因素，不同的学生其性别、性格、兴趣等有所差异，根据差异对学生有针对性地提出问题，引导学生回答问题，以提高课堂教学的效率。构建新型的师生关系，既是师生，也是朋友。在课堂上，要以学生为中心，学生是评价的主体，同时加强师生互动环节，让学生在课堂上有时间多说英语，充分扮演好一个协助者、合作者和促进者的角色。并且，教师在课下应当经常与学生沟通和交流。

课堂提问对外语教学有着重大的意义，对学生学习的好坏也有着直接的影响。有学者提出：问题更少、更好，提问要有深度和广度。善于提问的教师绝不仅仅是上课时提问频率高而是善于将学生置于问题情境，产生问题的会话，将学生带入由高到低的思维参与。同时，教师应将问题与学生的生活经历相衔接，给学生以更多的情感、心理方面的关注，让学生自由、自主地发挥创造性思维能力，给学生开阔的空间去发展自己的语言能力，调动他们的学习积极性和主动性。同时，学生应该增强自主学习能力，形成性评价中学生是评价的主体，教师应该根据学生的兴趣而有意识的投其所好，以提高学生学习英语的动机，学生应学会应用不同的语言学习策略和多媒体网络资源，在参与课堂活动中才能更有效地提高学习效率，只有学习效率提高了，师生之间才能更好地进行交流与沟通，共同进步。

二、写作实验结果讨论

从调查结果和分析中，可以看出，形成性评价与终结性评价相比，形成性评价对学生英语写作水平的提高有一定的影响，可以激发学生的学习热情和兴趣并改善学生的学习习惯，从而树立英语写作的信心。

由于高校评价体系中存在的问题较为突出，2007年教育部门就评价性的问题出台了《大学英语课程教学要求》，在这项方案中对于评价做出新的要求，即将形成性评价与终结性评价相结合的方式。

形成性评价的目的是形成性的，即教师对于学生的学习行为的一种持续性评价，包括学习能力、态度和合作学习精神等内容（张玉田，1998）。本实验中设有学生的自我评价，即学生在教师的指导下掌握的一套自评方法；学生之间的互评，即学生就某项问题或者某篇作文来进行学生之间的评价；教师评价，这种评价方式最好建立在学习档案的资料收集上，教师在深入了解学生的学习成绩后，来对学生的现状学习进行评价。

根据本实验结果可以发现形成性评价明显优于终结性评价，主要表现在以下几个方面。

第一，形成性评价内容的优越性，其内容较终结性评价更全面。实验中，我们可以看出同一位教师教授下，A 班的写作成绩有了明显的提升，而 B 班写作成绩依然与之前一样没有大幅度的提升。其原因是 A 班采取的形成性评价体系能够使学生更全面地了解自己英语写作学习方面的优缺点，并能及时改善自己的学习方法，同时可以与教师更好的交流。

第二，形成性评价在评价学生学习情况方面的优越性。实验调查中我们发现有部分教师主要采用评论的方式来对学生的学习行为进行评价，还有的教师采用的是结果性的反馈，就是将期中考试和期末考试的成绩进行张贴。而这样没有调动学生的学习积极性，反馈的方式有结果性的和过程性的。而如果采用的是过程性的反馈，即使用本实验中所采用的形成性评价体系，正如本实验中的同伴互评评价表、英语写作记录档案、课堂观察评价表、学生英语写作状况的调查问卷等形式，学生就能在学习的过程中及时了解自己的学习水平和其中的不足之处，改善和合理规划自己的学习计划，这样学生的主动学习技能及探究能力便能得到很好的提高（赵树武，2000）。

第三，在锻炼学生的创新能力和动手能力方面，形成性评价有着得天独厚的优势。一般来说，自主学习的意识和适合自己的学习方法的培养，决定着学生的动手能力及思维的发散能力。大规模的终结性考试只能注重学生的分数，不能真正地反映出学生的创新意识及自主学习的特点，相比之下，形成性评价更加关注学生的学习过程，为学生的创新和主见培养提供了有利的帮助，让学习变得有趣。我们把重点放在学生学习的主动性、创新能力、应用能力上，利用这种理念的评价办法能够真切地体现出语言教学的精髓。同时在这个思想的引导下，利用形成性评价可以使学生的自我积极性产生突破性的进展。

第六节　形成性评价在大学英语教学中存在的问题与解决方法

一、存在的问题

形成性评价帮助教师了解学生的学习进展，调整教学，满足学生不断变化的需求，提高教学质量。Angelo & Cross（1993）认为，既然形成性评价的主要目的是改进教学而不是提供评价依据，所以评价可以匿名进行，不记成绩。但既然是评价，效度与信度的问题就不可避免。

Simpson（1999）认为，形成性评价的效度，取决于评价结果在多大程度上能使教师清楚了解该如何帮助学生克服评价中反映出来的学习困难。Wood（1993）也指出，形成性评价加强了教学活动与评价内容之间的一致性，因此提高了评价效度。从这两方面来看，形成性评价是一种效度较好的评价方式。

形成性评价效度虽好，信度却引起了比较大的争议。与传统的评价方式相比，形成性评价的优越性已经日益受到人们的重视。然而，形成性评价在实践中存在的问题不容忽视。

1. 评价信度有待提高　信度是语言测试与评价的一个重要指标，是指测试与评价结果的可靠程度。语言测试与评价信度的高低，主要说明的是测试与评价结果在多大程度上反映了受试者真实的语言能力。形成性评价在信度方面一直存在着较大的争议。

首先，不同教师评价及学生自评与互评时掌握的标准可能不一致。其次，同一位教师评价可能受到一些非评价性因素的影响，如学生的外貌、性别、交际能力、与教师的关系等。再次，教师过分看重学生固有的能力，或是过分看重学生付出的努力和取得的进步，评价不是以学生学习上取得的进步为依据的。最后，在评价方式和手段上需要结合课堂的情况和学生的实际情况选择合适的方式，要能激发学生的学习热情。正确处理教学与评价的关系，设计出有效的形成性评价方案是高校英语教师需要掌握的技能。

2. 反馈利用不够有效 形成性评价如果运用得当，能够增强学生的自信心，提高他们的自主学习能力。然而有时教师以评论形式给出的评价，却得不到学生的重视。一旦到了学期末，形成性评价最终以总体分数表现出来的时候，学生真正关心的不是评价是否真实地反馈了自己的学习情况，而是自己的分数和等级。

最难以操作的部分是教学反馈，主要原因在于教学任务繁重，而教学时间有限，要赶教学进度，从一个教学环节过渡到下一个环节速度非常快，需要迅速地做出判断，没有太多的时间给学生充分的分析和解释反馈意见。此外，教学反馈还需要教师具备深厚的学科知识和丰富的教学经验，需要教师的教育教学机智，要做到这些比较难。最后，形成性评价的主体应该既包括教师也包括学生，但是在研究过程中很难做到两者兼顾，所以也会存在这样的质问：教师认为的形成性评价是否和学生所理解的相一致?

3. 形成性评价并非唯一的评价形式 在教学实践中还需要与其他评价形式如诊断性评价、终结性评价相结合，构成一个完整的全面评价体系。另外，形成性评价是教师的专业技能之一，教师专业培训和学校的校本教研都应将其纳入培训框架，使形成性的思想、专业知识、策略和技能在教师中普及。

二、改进的方法

杨桂兰（2008）指出：虽然种种因素都有可能影响形成性评价的信度，但就像很多大型测试并没有因为写作、口语的评分信度较低就放弃这些题型，而是通过设计更好的评分方法以努力提高其信度，同样也不应轻易放弃形成性评价这一效度不错的评价方式。教师与研究人员可以做的是，一方面进行一些形成性评价信度的研究，如研究学生在形成性评价中的得分与在大型外部测试中的得分的相关性；另一方面致力于设计清楚、一致的评价标准，努力提高形成性评价的信度。对于实践当中反映出来问题，可以从以下方面改进。

第一，利用专业技术机构或服务单位为形成性评价提供便于付诸实施的教育技术评价软件或工具，使教师和学生在评价操作中尽可能减少差别。

第二，对教师进行相关评价知识的培训，加强他们对形成性评价这一教育理念的认识，减少评价时的随意性。同时让学生更多地参与学习目标与评价标准的制订，清楚易行的评价过程和记录体系有助于学生进行自我评价，从而提高评价的信度。

第三，形成性评价要对学生有帮助，学生必须能理解反馈并加以利用，因此应该让学生更多地参与评价过程，尤其是自我评价和学生互评。

第四，医学院校大学英语的形成性评价可以从听、说、读、写、译五个方面进行深入研究，分别制订合适的评价标准，遵循引导性、启发性、形成性的原则，构建形成性评价体系，提高专业课繁重的医学生的英语学习兴趣，培养他们的英语综合应用能力。

综上所述，大学英语学习中教师所用的传统评价手段实际是对学习成果的评价，这样的评价无法给学习者提供有效的实践指导，难以对大学英语学习起到实质性作用。采用形成性评价打破以四六级考试为中心的应试学习局面，使大学英语学习者能真正自如地运用这门语言。因此，大学英语教学运用形成性评价的作用和意义是深远的，而它所面临的问题也值得我们在实践中逐步去探讨、总结和解决。

第三章

医学院校大学英语形成性评价的核心——教师反馈体系研究

第一节　教师反馈文献综述

Nicol & Macfarlane-Dick（2006）强调：有大量的证据证明学生经常不明白教师的反馈，不能够采取行动减少目标与现状之间的差别。教学过程当中也发现，教师花费大量的时间与精力，就所学的内容，给学生口头反馈和书面反馈，但很多时候，学生并不能完全理解教师的反馈甚至忽视教师的反馈，置之不理。那么教师的反馈与学生的理解之间是怎样的关系呢？怎样优化这种关系呢？Nicol（2007）强调：在高等教育里，有效的反馈是促进师生对话必不可少的。但怎样才能给出有效的教师反馈，一直是困扰大学英语教学的一大难题。

一、国外对教师反馈的研究

一方面，国外的学者们从整个教学的角度出发，对于教师反馈的定义、作用、重要性、形式、条件、原则、模型及具体的反馈方式等方面进行了详细的论述，注意到了学生与教师反馈的关系，目的都是在寻找有效的教师反馈，探索解决这一困扰教学的难题；另一方面，澳大利亚 ESL 教师反馈体系的研究是结合项目负责人访学期间的研究发现，对于这一体系的特点、优点及具体的任务反馈进行了描述，为国内的相关研究提供了可借鉴之处。

1. 教师反馈的涵义　Ur（1996）给出反馈的定义：在教学环境中，反馈通常指为了改进、提高学生的学习而对某一学习任务完成情况返回的信息。Crooks（1988）认为：如果学习内容较难，学生会自动选择教师反馈强调的那些部分来学习。Hattie（1987）通过综合回顾对学生成绩影响较大的一些多元分析研究，发现对教学最强有力、单独的影响就是教师反馈。Black & Wiliam（1998）强调：跟教学的其他方面相比，反馈对学习具有非凡、持续、积极的影响。

Crooks（1988）认为：反馈对于学习策略有非常积极的影响，小孩子的学习策略如果得到明显的反馈，会产生极高的价值；成年人倾向使用几种策略，并且在学习当中进行试验，如果得到明确的关于学习策略的反馈，就更容易找到最有效的学习策略；但是，如果评价侧重终结性考试，学生就倾向于忽视教师的反馈，从反馈中学到的东西就很少。他同意 Schunk（1984）的观点，给作业打分应该强调作业的质量，而不仅仅是交上而已；他还同意 Schunk（1985）所强调的：反馈应该能够体现学生正在进一步的掌握知识，而不是做社会性的对比。

关于教师反馈的形式，Crooks 指出：如果学生不确定回答是否正确，教师的反馈会有作用，但如果学生知道回答是正确的，教师反馈就不起任何作用；教师对学生不正确答案的反馈最有效，因为学生可能自己认为很正确，被否定后很惊奇，这时候的反馈是最有效的；不同的回答类型对应不同的反馈：①如果回答是正确的，确认一下就可以；②如果是事实性的问题并且回答是错的，给出正确答案就可以；③如果是需要理解的问题，或者是需要高级认知的技巧，就需要详细的反馈，例如，学生很自信，但是答案是错的，就要确定一下是什么原因导致的错误；学生不自信并且答案是错的，就需要给与概念性的帮助，并且建议重新学习材料。

2. 教师反馈的条件与原则 Gibbs & Simpson（2004）描述了支持学生学习的评价发生的十个条件，为教师回顾自己的评价实践提供了一个框架。其中有七个条件是关于教师反馈的。Shute（2008）提出提高学习应该做的九条形成性反馈原则。综合两位学者关于教师反馈的原则与条件，其中共同关注的方面：学生需要教师经常给出详细且简要的反馈；反馈需要注重学生的接受能力，提高他们的参与程度，增加师生之间、生生之间的互动活动；缩小学生学习现状与期望之间的差距；反馈能够根据学生理解的情况调整教学；关注学习活动，阐明学习目标与准则，促进自我评价、自我修正与自我发展；反馈需要注重学生的情感与反应，并且要在学生努力之后及时提供，能够让他们付诸行动；分数的给出要谨慎，避免做对比；表扬的运用要谨慎。

3. 教师反馈的模型 Hattie & Timperley（2007）指出，有效的教学反馈必须回答学生或教师提出的以下三个问题：我需要做什么（本次学习的目标是什么）；我怎样做（达到这个目标的过程是怎样的）；接下来我应该做什么（为了取得更好的进步，我还需要做哪些活动）。这些问题与讲授、反馈、前馈相呼应。Hattie & Timperley（2007）还提出影响反馈有效性的四个层次：任务反馈、过程反馈、自主学习反馈、关注学生自我的反馈，即任务层、过程层、管理层及自我层。模型如图 3-1 所示。

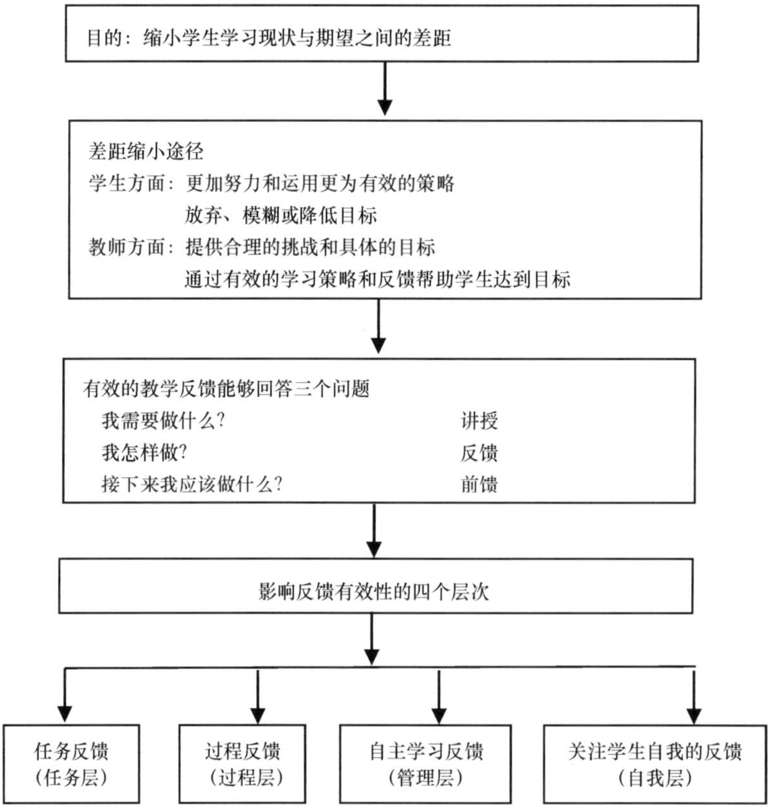

图 3-1　教师反馈模型图

第一是任务反馈，是关于任务本身的反馈，如正确还是不正确。第二是过程反馈，指向完成任务的过程。这一层的反馈更直接地指向收集信息、要求理解或完成一项任务的学习过程。第三，给学生的反馈可以聚焦在自主学习的水平，包括进一步完成任务的自我评价与自信心。第四，反馈可以是在自我名义上的、个人的，这经常与任务的表现无关。有效的反馈在任务层、过程层及自主层是互相交叉的。

这个反馈模型强调：反馈的主要目的是缩短现状与目标之间的差距。师生为缩短这个差距而采取的策略，其有效性是有差异的，重要的是理解产生这种差异的环境。有些反馈在缩短差距方面是有效的，而有些是无效的，关键是确定学生需要四个层次中哪个层次的反馈。随着探索该模型的每一个方面，这些问题被更深入的探讨。

4. 针对不同任务的反馈 首先是关于 ESL 写作的具体教师反馈，Saito（1994）总结到：教师纠正、写评语、标明错误、同伴纠正、自我纠正、师生面谈、即时反馈。该研究具体到了写作反馈，在三个班级里进行了实验。他的研究结果表明，学生更喜欢教师纠正、写评语、标明错误、师生面谈，以及即时反馈，对于自我纠正，则会根据教师的反馈类型而变化。Nicol（2010）建议写作反馈的评语应该是可理解的、有选择性的、特殊的、及时的、有参考的、非判断的、平衡的、前瞻的、可传递的、个人的。

其次是教师对于学生口头任务的反馈，对于学生口头任务的反馈，Lyster & Saito（2010）总结的纠正性反馈具体包括反馈话步、明确纠错、诱导、重复、换说法、详述请求等，并且通过多元分析的研究发现纠正性反馈对于目的语的发展具有明显、持久的作用，其中诱导策略的效果比较明显。

但是学生对教师反馈的理解与执行是有难度的。例如，本研究开头提到的文献中的观点，以及 Ene & Upton（2014）的研究发现：对于语法、词汇等的反馈，学生能够较好的理解与执行，但是随着学习任务难度的增加，学生不太理解关于任务内容的教师反馈，经常忽视这部分的反馈。Lee（2008）建议教师反馈应该注意学生对反馈的认识、反映与期待，从学生的角度关注教师反馈的作用。

5. 澳大利亚 ESL 教师反馈 笔者在澳大利亚访学期间，对澳大利亚 ESL 教师反馈进行了为期半年的专门研究，综合分析收集到的课堂观察与访谈等教学资料发现：澳大利亚 ESL 教师反馈重视深层次学习，重在培养学生的自主学习能力，是当地形成性评价体系的重要组成部分。近年来，赴澳大利亚的留学生越来越多，并且低龄化现象非常突出，这些学生面临的首要问题就是语言问题，要突破语言障碍，在短时间内进入当地以英语为授课语言的主流课堂进行各科的正常学习，ESL 教学的重要性就不言而喻，学校与教师投入了大量的时间与精力，通过多年的探索，积累了一些行之有效的做法与经验，结合形成性评价体系形成了独特的教师反馈体系。

（1）澳大利亚 ESL 教师反馈体系的特点：与当地的形成性评价体系密切结合；关注并尊重学生的个性特点，了解学生的学习现状与目标，对于二者之间的差距比较清楚；能够针对学生的现状与目标之间的差距，给出比较有效的教师反馈，引导学生逐步缩小这种差距；注重学生对教师反馈的理解，注重鼓励、表扬等反馈策略，注重学生自尊心的保护；关注学习任务本身，关注学生的努力程度与学习表现，不做社会性比较。

（2）澳大利亚 ESL 教师反馈的优缺点：优点是能够引导学生理解英语的学习任务与目标，学生很少犯理解方面的错误；能够在较短的时间内，有效地提高学生的英语水平，能够让来自中国等国家的留学生，尽快克服语言障碍，在较短的时间内，进入当地以英语为授课语言的主流课堂进行各科的正常学习；缺点是每位教师负责授课的学生数目虽然较少，但教师反馈因为要做到非常细致而导致工作量较大，如果学生数目增加太快的话，教师反馈的难度会相应增加。

（3）对于口头任务的反馈：教师采用搭建脚手架的方式，给出任务层面的反馈，引导学生逐步深入展开口头任务，帮助学生比较全面的理解、思考、完成；逐步引导学生用英文进行具体的描述，给出过程层面的反馈；让学生努力自己组织英文表达，给出管理层面的反馈；询问学生的个人感受与肯定，完成整个任务的英文表达，给出自我层面的反馈，学生对待教师反馈的态度，就是个人层面的反馈。反馈模型的三个问题都得到清晰的回答，较好地遵守了教师反馈的原则与条件，教师就任务给出学生详细且简要的反馈；注重学生的接受能力，利用提问，加强互动；缩小学生学习现状与期望之间的差距；注重学生的情感与反应，并且在学生努力之后及时提供反馈，没有做任何对比；在学生完成之后给予简短的表扬。

（4）对于研究报告等写作任务的反馈：教师先在课堂上详细讲解写作任务，给予提示，结合学生的思考与提问，给予肯定与鼓励，给出启发性、鼓励性的反馈，教师要强调学生的写作思路是否富有创新性，写作的角度是否新颖，多是给予积极的反馈；在写作之前，师生还有一个关于写作任务的面谈，主要针对学生的写作思路进行辅导与反馈，肯定正确的，纠正偏离的，注重学生对于写作任务的理解；教师对学生的作文也会纠正语言方面的错误，但标记的较少，大多数书面反馈也是纠正性的，偏重纠正拼写与语法错误；教师会把自己的评语发给学生，让学生结合自我评价进行参考；之后由几位教师共同批阅，得出学生的最后成绩级别；教师的反馈重在学习任务的本身，无偏见、客观地肯定学生的努力；在学生努力之后给出及时的反馈；随时给出表扬等关注学生自我的反馈。

（5）课堂反馈：任务层的教师反馈在任务讲解、学生分组讨论的时候，对学生所理解的任务内容、评价标准等进行及时的纠正与指引，结合详细、形象的口头反馈，引导学生找准方向，寻找相关资料来完成任务。课堂上过程层的反馈是在学生上网搜集资料的时候，教师巡视教室，查看学生的进展情况，对于学生的问题，教师也是给予及时的指导与帮助。自主学习层面的反馈包括对于学生自主完成任务的管理和教师的课堂管理。对任务完成的管理，教师能够充分注意到学生对于学习任务的理解与深入。在学生做任务的时候，发现好的做法及时表扬，有问题的同学随时指出。经常有学生在课堂上做不完教师布置的任务，教师都会给出一个最后上交的期限。课堂回答问题环节，教师根据学生回答问题的积极性给予适当反馈与调整。对自我层面的反馈，澳大利亚的教师以安慰和表扬为主，教师经常以说“don’t worry”来安慰学生，并且教师基本上都是表扬，只是表扬的层次不一样，对于特别好的回答，教师会要求全班都注意，大家一起鼓掌，鼓励学生继续努力。

二、国内对于大学英语教师反馈的研究

国内学者借鉴国外学者的论述，结合国内学生的具体情况，进行了具体的反馈策略的探讨，其中关于大学英语教学反馈的研究比较引人注目。例如，张雪梅和戴炜栋（2001）引入 Ur（1996）反馈的定义，同时也同意反馈可以分为书面或口头的，认为反馈主要由两个可辨别的成分组成：评估和改正。考试的分数，课堂上对学生回答的简短评论如“好”“对”等，都是不同形式的评估。改正则是对学生表现更加具体的指导，其形式可以是教师解释，教师提供不同或较好的答案，或教师从其他学生中诱导、列举出正确的答案。这与本研究的思路一致。

关于书面反馈，王俊菊（2006）使用问卷和量性分析等方法对大学英语教师的书面反馈进行了探讨性研究。结果表明，多数受试教师的书面反馈属于纠正型；纠错种类主要是针对语言形式尤其是语法问题进行的纠正和改动；这些教师对待学生作文的总体态度是否定性的。

关于其他反馈策略，姜琳和陈锦（2014）研究了元语言反馈（针对语言错误提供书面正确形式及其用法的元语言解释）和直接反馈（针对语言错误提供书面正确形式）对于冠词习得的影响，结果显示二者都能有效促进英语冠词显性知识的发展，且效果相当；对于隐性知识，元语言反馈比直接反馈更具促学优势。在现有显性、隐性知识的学习理论基础上，提出了书面反馈促学路径。

赵晓红（1998）、周星和周韵（2002）对大学英语教师话语进行了研究，其中反馈只是教师话语的一部分，没有进行明显的区分；赵晨（2005）研究表明，教师针对学生词汇和语音错误的反馈语不受语言水平影响，即采用形式协商法；教师针对语法错误选用的反馈语根据学生水平不同而变化；形式协商法比其他反馈语更利于引导学生产生修正后的输出。这里的形式协商法与 Saito（1994）关于 ESL 写作的教师反馈类型中的师生面谈是一致的。谢晓燕（2011）研究发现教师在反馈话步大量使用重复、换说法和扩展等策略；很少使用详述请求；有些教师使用反馈话步来纠正学生的错误，有些教师虽然给学生自我纠错的机会，但却不能给予其有效的引导。由此可见，国内对于教师反馈的研究主要关注一些具体的策略。

王颖和刘振前（2012）采用定性和定量相结合的方法，以英语专业大学二年级学生为研究对象，研究了教师反馈对写作的准确性、流利性、复杂性和写作水平的作用。结果表明，接受反馈并及时进行修改的实验组学生其语言准确性和作文得分，比对照组学生有显著提高。两组学生的作文内容和组织方面都有显著进步。访谈结果亦发现，大多数学生重视教师反馈，认为教师反馈有助于英语写作水平的提高。

2016 年，笔者在 A 医学院的大学英语教学中进行了两个学期的教师反馈研究，运用 Hattie & Timperley（2007）的教师反馈模型，借鉴澳大利亚 ESL 教师反馈的经验，设计相应的教师反馈，结合批改网等网络平台，让学生及时获得个性化的教师反馈，抽取实验班与对照班进行试验，结果发现实验班的作文在准确性、流利性方面有显著提高，在复杂性方面，学生也尝试使用更多的从句，尽管从句的准确性还不高，但是句式的复杂性有了较大提高；学生比较需要过程层与管理层的教师反馈，在任务层、过程层、管理层互相交叉的教师反馈比较有效。

综上所述，国内学者从口头反馈、书面反馈、教师话语、写作反馈等方面对英语教学进行了详细具体的实验研究，通过分析研究数据，得出一些有效的反馈方式。但是由于实验条件的限制、大班授课的现状，研究的内容还不够丰富，研究的深度与广度还有待于加强，研究结果的推广实施也有一些限制，还没有形成一个相对比较完整的体系，需要借鉴国外有效的教师反馈经验，结合自己学生的特点与国内的优势，进行更多的探索与研究。

三、国内外研究的对比

中外学者们对于有效反馈的探寻是一致的，所探讨的反馈策略也是一致的，但是具体的研究方式与研究现状有所差异。相比于国外的研究，理论方面，国内对于教师反馈的研究还缺乏系统的理论框架的支撑，缺乏系统化的研究，迫切需要运用较成熟的理论框架进行系统的研究，借鉴成功的经验，探索给出有效反馈的途径与策略，切实采取行动缩短学生的学习目标与现状之间的差距，结合形成性评价改革，提高评价过程与评价结果的可信度。

学习内容方面，澳大利亚高中的ESL学习内容与国内医学院校大学英语的学习内容难度相当，根据国内医学生的整体认知特点，结合大学英语教学的实际情况与教学难度，可以把澳大利亚ESL教师反馈与大学英语教师反馈进行比较研究，借鉴有效措施，发挥国内互联网发达的优势，进行优化改编，在大学英语教学中进行试验与推广应用。

医学院校大学英语教学现状方面，授课班级班额较大、人数较多是普遍存在的情况，教师的工作量普遍较大，较难给出个性化的教师反馈，但是，国内的互联网比较发达，优势非常明显，功能齐全的网络平台发展较快，移动终端比较普及，无线网络也非常发达，大学英语教学可以充分利用网络手段与网络平台，结合教师课堂上的集体反馈与引导，以及教师的监督与鼓励，学生可以通过批改网等网络平台及时获得比较有效的、建设性的、个性化的写作反馈，通过配音、词汇学习等APP，进行发音、听力、口语、词汇等方面的训练，学生及时获得过程层面与管理层面的具体反馈，这是在语言习得过程中非常需要的，而目前教师因为班额较大却较难做到，这种课下的、移动终端的网络练习，较好地解决了这一难题，结合教师给出的关于网络平台与APP使用的反馈，增加了学习英语的趣味性，极大地提高了学习英语的积极性，引导学生探索有效的自主学习策略，积累自我管理的经验，结合教师的指导，最大可能地实现教师反馈在任务层、过程层、管理层的互相交叉。

四、本研究相对已有研究的独到学术价值和应用价值

学术价值方面，本研究正是运用Hattie & Timperley（2007）的教师反馈模型理论，对澳大利亚的三所私立学院的高中ESL教师反馈进行实地、系统的研究，总结当地的先进经验与行之有效的反馈途径与策略，研究学生对于教师反馈的理解程度以及教师反馈与学生理解之间的关系；同时，与国内医学院校的大学英语教师反馈现状进行比较研究，从研究分析中借鉴先进之处，根据国内医学生的特点与兴趣，充分发挥互联网发达的优势，进行相应的整合与完善，设计实验，进行系统化的研究，对于理论上的研究发现进行验证与提高。

应用价值方面，目前，国内正在广泛开展形成性评价改革，其中的核心一条就是形成性的教师反馈，怎样根据学生的情况与教学现状给出有效的教师反馈，提高学生对于教师反馈的理解程度，提高评价过程与评价结果的可信度，都是研究与改革的核心所在，通过形成性教师反馈强调将语言学习、教学、评价，以及教师专业发展相联系，综合提高大学英语教学水平；结合形成性评价改革，预计该研究结果可以广泛运用到大学英语甚至其他学科教学中，大力推进形成性评价的深入改革，促进评价结果的广度与深度，切实提高大学英语的教学效果。

第二节 研究过程

一、研究设计

1. 研究对象 澳大利亚三所私立学校的ESL教师与学生，以及A医学院、B医学院2015级非英语专业大学生与相关英语教师。

2. 总体框架

（1）澳大利亚 ESL 教师反馈重视深层次学习，重在培养学生的自主学习能力，是当地形成性评价体系的重要组成部分。近年来，赴澳大利亚的低龄留学生越来越多，这些学生要在短时间内突破语言障碍，进入当地以英语为授课语言的主流课堂进行各科正常的学习，ESL 教学的重要性就不言而喻，学校与教师投入了大量的时间与精力，通过多方面的探索与实践，积累了一些行之有效的做法与经验，结合形成性评价体系形成了独特的教师反馈体系。

本研究运用文献法、课堂观察法、访谈法、比较法、对照法、个案分析法等方法，在两年的时间内，继续以澳大利亚三所私立学校的 ESL 教师与学生为研究对象，深度整理访学期间收集到的数据资料，与澳大利亚校方和师生通过微信、邮件、电话等方式保持联系，以及尽量利用国内假期再到澳大利亚，获取更多的研究资料，分析研究澳大利亚 ESL 教师反馈体系，深入探索这个体系的框架、结构、作用机制、特点及优缺点，探索教师反馈有效性的获得与运用，整理分析可以参考借鉴的经验，根据学习内容相当的原则，与国内医学院校的大学英语教师反馈进行比较研究。

（2）运用 Hattie & Timperley（2007）的教师反馈模型分析

1）澳大利亚 ESL 教师反馈体系的框架、结构：四个层次（任务反馈、过程反馈、自主学习反馈、关注学生自我的反馈，即任务层、过程层、管理层、自我层）的构成，四个层次之间的关系与作用；两个可辨别成分（评估和改正）的具体内容。

2）澳大利亚 ESL 教师反馈体系的作用机制：针对口头、写作等语言产出性任务，教师反馈的给出策略与层次；策略与层次之间的关系与作用；根据相应层次选择教师反馈的时间、措施，把握反馈层面的交叉点，做好反馈成分的分工；如何缩短学生的学习现状与目标之间的差距，接近教师反馈的目的。

3）澳大利亚 ESL 教师反馈体系具备的特点。例如，与当地形成性评价体系的关系；教师反馈的目的；评估反馈和改正反馈的关系；反馈策略的运用；侧重的层次，各层次之间的关系；对于学生的学习现状与目标之间的差距的认识；与这个差距的关系；关注学生学习的方面；学生的理解与教师反馈的关系；等等。

4）总结归纳澳大利亚 ESL 教师反馈的优点。例如，在引导学生理解学习任务与目标方面；在选择反馈策略方面；在运用表扬、鼓励为主的积极反馈策略方面；尤其需要关注在教学效果方面的优点，因为初步的调查发现来自中国等国家的留学生能够较快地克服语言障碍，进入当地以英语为授课语言的主流课堂进行各科正常的学习；但是对于澳大利亚 ESL 教师反馈的缺点也有所辨别，如因为教师反馈要做到评估与改正相结合，而导致工作量较大，效率方面还需要提高，反馈时间的选择也可以进一步斟酌，在借鉴运用的时候要注意进行合适的改编。

5）澳大利亚高中的 ESL 学习内容与国内大学英语的学习内容难度相当，根据国内医学生的整体认知特点，结合大学英语教学的实际情况与教学难度，与大学英语教师反馈进行比较研究。

6）据国内医学生的特点与兴趣，充分发挥互联网发达的优势，结合网络平台与移动终端给学生及时提供个性化的教师反馈，并进行相应的整合与完善，设计实验，进行系统化的研究，对于理论上的研究发现进行验证与提高。

3. 研究重点难点

（1）比较医学院校大学英语教师反馈与澳大利亚 ESL 教师反馈侧重的层次与反馈有效性的获得。

（2）比较中国和澳大利亚学生对于教师反馈的理解，以及教师的反馈与学生的理解之间的关系。

（3）借鉴澳大利亚 ESL 教师反馈的经验，利用集体反馈，克服网络平台本身的缺点，引导学生获得个性化的、个体的大学英语教师反馈，并进行试验应用。

4. 主要目标

（1）把已经发现的澳大利亚 ESL 教师反馈体系的框架、结构、作用机制、特点、优缺点及教师反馈有效性的获得与运用应用到医学院校大学英语教学中。

（2）结合国内医学生的特点、大学英语教师反馈的现状与国内的优势，对澳大利亚 ESL 教师反馈的研究结果进行适当的调整，克服存在的问题，取长补短，设计进行试验，获得具有推广价值的研究结果。

（3）结合大学英语教学形成性评价改革，试验推广研究结果，提高形成性教师反馈的应用，进一步提高形成性评价过程与评价结果的可信度，提高大学英语教学效果。

5. 基本思路

（1）运用 Hattie & Timperley（2007）的教师反馈模型对澳大利亚 ESL 教师反馈体系与国内医学院校的大学英语教师反馈现状进行系统的研究分析，运用查阅文献、课堂观察、访谈、比较、个案分析等方法，研究分析澳大利亚 ESL 教师反馈体系，这一体系是澳大利亚 ESL 形成性评价体系的核心。

（2）根据学习内容难度相当的原则，与国内医学院校的大学英语教师反馈进行比较研究，在大学英语教学过程中，增加比较实验、对照等研究方法，收集整理教师反馈的数据资料，查阅目前的研究文献，对国内大学英语教师反馈的现状与前景进行分析研究，力求发现这两者的结构、特点及各自的优缺点，得出研究发现。

（3）取长补短，扬长避短，对注重过程的形成性教师反馈进行深入研究，发挥国内互联网高度发达的优势，通过网络平台、移动客户端等方式，及时给出个性化的教师反馈，结合课堂上的集体反馈，解决大班授课无法及时给出个性化反馈的难题。

（4）结合形成性评价改革，在大学英语教学中优化整合澳大利亚 ESL 教师反馈的优点，根据实际情况进行调整运用，进一步提高评价过程与评价结果的可信度。

（5）根据比较研究的结果，设计实验，进行实验研究，探索适合大学英语教学的形成性教师反馈体系，检验研究效果，讨论应用发现，推动理论与实践的进一步发展，促进形成性评价与终结性评价相结合的评价体系的良性发展，切实提高大学英语的教学效果。

6. 研究方法与技术路线

（1）文献法：查阅国内外相关文献，整理分析，梳理本研究领域的理论发展方向与研究趋势，确定理论模型，形成研究观点，发现研究问题及重点难点，设计研究过程，预测研究结论。

（2）课堂观察法：通过实地观察、录制课堂视频，记录、分析教师反馈、学生对教师反馈的理解等情况，收集教学资料，将其作为研究数据的构成部分。

（3）访谈法：通过阅读文献，整理设计访谈问题，选择有代表性的教师与学生，根据课程安排与教学进度，进行多次访谈并录音，收集教学资料，将其作为研究数据的构成部分。

（4）个案分析法：选定相应的教师与学生，就教师反馈进行调查与访谈，收集研究数据；同时，收集教师的教案、评价表、任务单、反馈评语等，收集学生的写作作业、研究报告、任务书等，作为相关的教学资料，丰富研究数据，进行个案分析与研究。

（5）比较法：运用比较的观点与思维，分析澳大利亚 ESL 教师反馈体系的结构、作用机制、特点及优缺点，根据国内医学院校大学英语教师反馈的现状及特点，对二者进行详细的比较研究，随着研究的进行，比较大学英语教师反馈实验班与对照班的教学效果。

（6）实验法：在医学院校大学英语教学中，抽取试验班进行有效教师反馈的信度效度测试，在实验班设计进行试验，充分利用网络手段，课前给学生选择推送相关网络资源，指导任务层学习，给出任务层的初步反馈，课上检查并引导深度任务层、过程层的理解与思考，录制、指导语言实践活动情境，课后给学生提供足够的例子作为过程层与管理层的参照，并指导学生通过网络进行总结与检查，获得个性化反馈，进一步润色提高。

（7）对照法：把实验班在实验结束时取得的教学效果与开始时的情况进行自身对照，把对照班在实验结束时取得的教学效果与开始时的情况进行自身对照，分析实验班和对照班各自取得的教学效果。

（8）问卷调查法：根据相关文献及研究发现的有效教师反馈途径与策略等，设计问卷，在试验班与对照班进行两次问卷调查。

（9）统计分析法：把问卷调查结果输入计算机，利用统计学软件 SPSS17.0，对试验数据进行统计分析。

（10）技术路线如图 3-2 所示，虚线表示主要的研究内容。

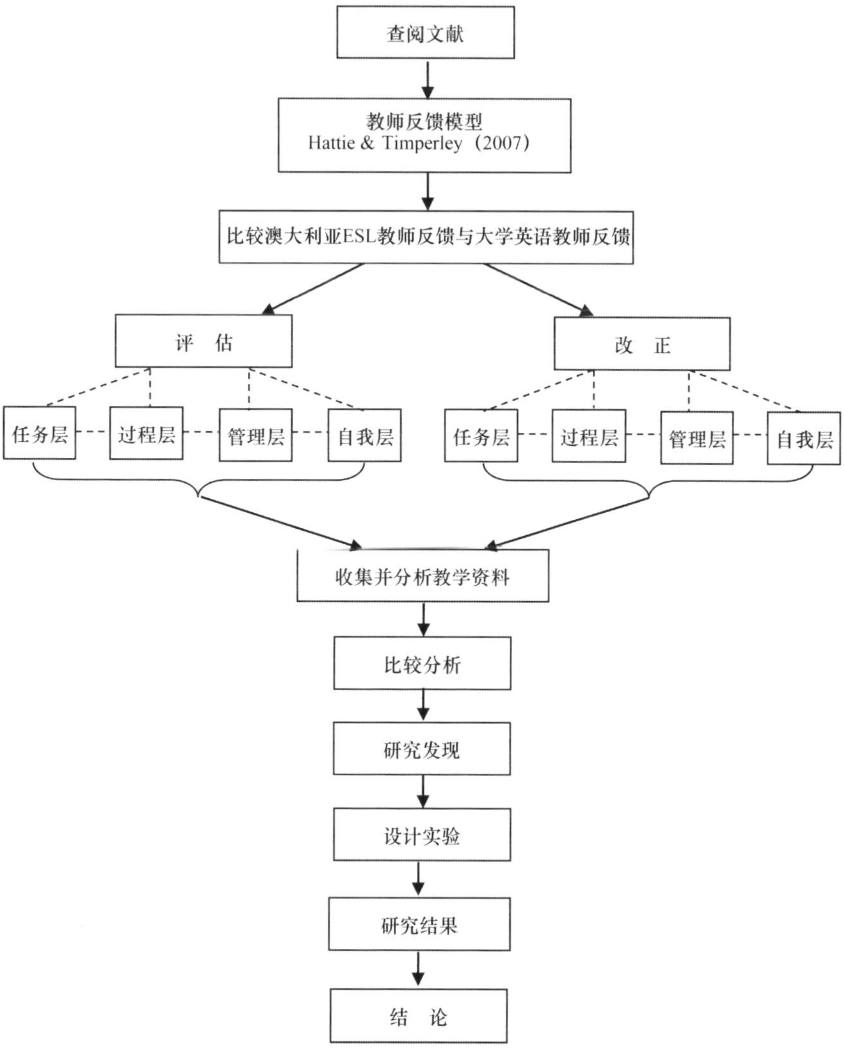

图 3-2　技术路线图

7. 研究计划

（1）第一阶段：继续整理分析收集到的澳大利亚 ESL 教学资料，对医学院校大学英语教师反馈现状进行深入调查，撰写阶段性研究论文。

（2）第二阶段：根据初步的研究发现修订调查问卷与访谈问题，进行信度效度测试并设计具体实验步骤，在医学院校大学英语教学中进行实验，通过第一次问卷调查，结合访谈与课堂观察，收集整理并分析数据资料，撰写实验发现的阶段性研究论文。

（3）第三阶段：利用国内假期（澳大利亚正常学期内）再次到澳大利亚，与更多的教师与学生进行深度的访谈，以及进行更多的课堂观察。

（4）第四阶段：继续在大学英语教学中进行实验，通过第二次问卷调查，结合访谈与课堂观察，收集整理并分析数据资料，撰写并发表试验发现的阶段性研究论文。

（5）第五阶段：综合分析数据资料，整理研究发现与结果，得出研究结论，完成研究报告，完成研究项目。

8. 核心观点 笔者一方面从文化的角度出发，研究教学中的文化因素，不仅注意提高学生对于文化知识的敏感程度，增加文化知识的积累，提高学生的跨文化交际能力，而且注重活跃课堂气氛，减轻英语学习焦虑，缓解负面情绪，提高英语学习的内在动机，提高学习的积极性与主动性，从而提高英语教与学的效果；另一方面，开始从形成性教师反馈的角度研究形成性评价与终结性评价相结合的评价体系；第三，从教学模式、二语习得、语言能力、学习策略、科研能力及认知等角度研究英语教学，致力于培养复合应用型人才，注重教师反馈的重要性，全面参与形成性评价的改革与应用推广，因此，努力探寻有效的教师反馈途径，致力于提高评价过程与评价结果的可信度，力求推动形成性评价体系与教师反馈体系的形成与建立，切实提高大学英语教学水平。

9. 创新之处

（1）学术思想方面，本研究从学习内容的难度出发，通过对比发现：澳大利亚高中的 ESL 学习内容与国内医学院校大学英语的学习内容难度相当，随之确定澳大利亚高中的 ESL 教学与大学英语教学作为主要研究内容与对象，在研究群体匹配方面，进行了大胆创新；充分利用网络平台、网络资源、移动终端、新媒体、APP 等现代化教学手段，在过程层面与管理层面获得口语、写作等语言输出方面的个性化的教师反馈，提高医学生综合运用英语的能力；教师通过对给出反馈的体验、观察效果的反思发展来提高自己的教学水平。

（2）学术观点方面，因为学习习惯的不同，医学生与英语国家的大学生有很大的区别，本研究克服了单纯从认知水平相当的角度做研究的障碍，比较研究澳大利亚高中的 ESL 教师反馈与国内医学院校大学英语教学的教师反馈，取长补短，扬长避短，从而获取与国内的大学英语教学水平相当的研究推论与结果；高度发达的互联网与普及的移动客户端可以作为大学英语教学的补充手段，可以利用课下的时间，通过这些补充手段，及时给学生生动有趣的教师反馈。

（3）研究方法方面，笔者在访学期间，亲自在澳大利亚的三所私立学校，运用访谈教师与学生、课堂观察与田野笔记、对比研究、个案分析等方法，实地获得珍贵的研究数据；回国后，结合大学英语教学的现状与特点，增加比较实验、对照等研究方法，结合网络，解决一直以来困扰大学英语教学的难题，利用移动客户端普及程度较高的优势，实时录制音频、视频等教学资料并上传网络，一方面，可以确保研究结果的真实可靠；另一方面，可以制作相关的网络链接资源，开放公众号，在学生中开展线上资源的交流与分享学习。

二、研究对象与方法

（一）研究对象

因为大学英语综合课授课采取大班制，每两个自然班合并一起上课，随机抽取A医学院本科临床医学专业一年级四个班的学生，分别是三四班和五六班，其第一学期期末英语课程平均成绩分别是65.62、66.61、64.49、65.13，班级之间无显著差异。选取五六班作为实验班，三四班作为对照班，由同一位教师授课。选择第一学年第二学期为研究时间段，此时学生已经适应了大学生活，积累了一定的大学学习经验，比较有利于教学实验的进行。在综合课的授课过程中，分别设计听说读写及语言文化知识的教学任务，根据学生的接受与完成情况，给予反馈模型中任务层、过程层、管理层、自我层的教师反馈，共进行了一个学期的教学试验。同时，三四班作为对照班，按照原教学模式正常进行教学，没有使用特别设计的教师反馈。

（二）研究方法

1. 研究工具　本研究基于Hattie & Timperley（2007）的教师反馈模型的四个层次，选用李荫华主编的《全新版大学英语综合教程2》，每单元都布置课堂回答任务、写作任务、课文预习与阅读理解，针对这些任务，给予相应层次的教师反馈。根据教师反馈的形式与学生反映情况，自行设计问卷与访谈问题（见附录14、15、16），测试学生对于教师反馈的理解与执行情况。问卷采取李克特五级量表制，全部是正向计分，包括40道题目，分别就写作任务、口头任务与听力、阅读、语言文化知识、学习满意度五个变量进行测试，对于问卷的信度，进行了预先测试，剔除了第2、5、10、16、19、22题，对保留的34道题目也做了相应的调整，其中写作任务包括第1～8题，口头任务与听力包括第9～17题，阅读包括第18～22题，语言文化知识包括第23～28题，学习满意度包括第29～34题，组成问卷的五个变量。修改后的问卷整体信度的Cronbach α系数0.77>0.7，说明问卷是可用的。设计的访谈问题也提前征求了学生的意见，删除了学生不能理解的第6、8、13、18、20、25题，保留了20道题目。

2. 调查法　2016年6月，由任课教师对实验班学生在课堂上现场发放问卷，进行问卷调查，时间是15分钟，当场回收有效问卷122份；课后，又从实验班抽取6名同学进行了访谈并录音留档，其中包括比例相同的成绩较好与较差的学生。

3. 统计法　运用软件SPSS17.0对问卷的正式测试结果进行了统计分析，计算平均分。通过对两个实验班与两个对照班第二学期期末成绩的对比，两个实验班比对照班分别提高了7.23分与8.11分，提高幅度较大。同时，也运用软件SPSS17.0对实验班问卷的五个变量及第二学期期末成绩进行了相关性分析。

三、关于大学英语写作的教师反馈研究

根据Hattie & Timperley（2007）的模型设计教师反馈，以网络修改作文为辅助手段，加强对于过程层与管理层的教师反馈执行情况的管理，探索教师反馈对于这一群体英语写作的影响与作用。同时，参考姜琳，陈锦（2014）把冠词的八种用法作为目标结构的研究方法，结合Ferris & Roberts（2001）的错误分类及学生的实际情况，目标结构定为作文中名词单复数、第三人称单数、时态、标点符号、大小写及关联词等六个方面，教师针对这

六个方面进行写作反馈，结合网络帮助学生自主修改作文，要求学生提交原稿与修改稿。

1. 研究问题 关于目标结构的教师反馈，对于学生作文的准确性、复杂性、流利性有怎样的影响？怎样的教师反馈比较有效？

2. 被试 随机抽取A医学院非英语专业本科二年级的一个实验班与一个对照班，两个班的大学英语教学计划、教材和教师相同，进行实验，两个班上学期的期末平均成绩分别是68.35，67.56，无统计学意义，学生水平相当。

3. 实验步骤

（1）本研究持续一个学期（15 周），学生共写了五篇不同题目的作文，给出题目时，在实验班与对照班，教师都询问学生对于题目的理解，根据学生的回答，结合学过的相关内容，提示写作要点与相关的英语表达，指出学生易犯的六类错误，给出任务层面的反馈，要求学生在课后完成写作，一周后上交。具体流程如下：第一～四篇作文，实验班学生利用一周的时间写完初稿上交，教师初步抽查后，就名词单复数、第三人称单数、时态一致、标点、大小写及关联词等六个方面进行讲解与提醒，给出过程层面的反馈，抽出几篇作文对相应错误进行画线标记，通过网络发送到班级QQ群里，让同学在第二周的时间里，对照修改自己的作文，完成第一次自主修改，然后上传批改网等英语作文批改网站，进行网络修改，再次在原稿上进行标记与修改，完成第二次自主修改，重写一遍作为修改稿上交，在重写的过程中，完成第三次自主修改，由此通过网络手段完成管理层面的反馈与执行。教师批阅修改稿，对于学生在目标结构的六类错误方面的进步，在课堂上给予表扬与鼓励，给出自我层的反馈，肯定学生的进步，增强他们对于写作的自信心。第三周给两组学生一个新题目，要求写一篇新作文。如此循环。

（2）最后一篇是课堂限时作文，要求学生在30分钟内完成一篇120～150词的四级作文，教师统一批阅，分别统计实验班与对照班的作文，主要就名词单复数、第三人称单数、时态、标点符号、大小写及关联词等方面，统计句子是否正确，统计准确性、复杂性、流利性指标，运用SPSS17.0进行统计分析。

需要说明的是，对照组接受了与实验组同样的任务层面的反馈，但每次只是上交原稿，待五次写作任务完成，一次性地取样修改五次作文中的错误，传到班级QQ群里，要求学生对照完成五篇作文的第一次修改，再上传批改网等英语作文批改网站，完成第二次修改，重写一遍作为修改稿上交，也是通过网络手段完成管理层面的反馈。教师批阅五篇作文的修改稿，对于学生在目标结构的六类错误方面的进步，在课堂上给予表扬与鼓励，给出自我层的反馈。这样设计的依据，一是虽然绝大多数学生想要教师对作文中的错误做出标记（Chandler，2003），但是班级人数太多，无法一一修改，只能抽取样本批改，同学参照样本修改自己的作文，提高自主学习能力；二是探索怎样的反馈是比较及时的。

（3）就教师反馈设计访谈问题，实验班在写作方面，分别从任务、过程、自主、自我四个层次进行访谈。

（4）实验班与对照班本学期共五次作文，对于第一次与第五次作文的原稿与修改稿，分析其第三人称单数、名词单复数、时态、标点符号、大小写及关联词等的错误，进行统计，没有这六类错误的句子，均作为无错的句子来对待；同时统计其他的指标。

4. 测量手段 本研究采用客观性评估终止性单位（t-unit）为指标（Wolfe-Quintero，et al.，1998），用最小可终止单位平均长度（mean length of T-unit）来测量学生作文的句法成熟度和写作水平；结合Ellis & Yuan（2004）对写作质量指标的分类：流利性、准确性与复杂性，以及王颖、刘振前（2012）的测量手段，从以下方面来衡量学生的作文：

流利性评价采用了“总词数与终止性单位数的比率（words/T-unit）”“总词数与从句数的比率（words/clause）”和“总词数与无错的终止性单位数的比率（words/error-free T-unit）”三个指标，分别作为 *W*/*T*、*W*/*C*、*W*/EFT 录入 SPSS17.0。

准确性评价采用“无错的终止性单位数与终止性单位数的比率（error-free T-unit/T-unit）”“总错误数与总终止性单位数的比率（errors/T-unit）”“无错的终止性单位中的词数与总词数的比率（words in error-free T-unit / total words）”（Polio，et al.，1998）三个指标，分别作为 EFT/T、E/T、WEFT/W 录入 SPSS17.0。

复杂性（语法复杂性）评价采用“总分句数与总终止性单位数的比率（clauses/T-unit）”和“总从属分句数与总分句数的比率（dependent clauses/clause）”两个指标，两个指标分别作为 C/T、DC/C 录入 SPSS17.0。

本研究还通过访谈（每班各 4 名）来了解学生对五次写作的看法与感受，以及他们对教师反馈的认识。收回第五次作文的修改稿后，从每个班中有针对性挑选了两名成绩较好和两名成绩较差的学生进行单独访谈。访谈的问题是开放式的，主要涉及学生对自己写作进步及教师反馈的认识。

5. 数据收集与数据分析　本研究收集到的数据包括学生作文（原稿和修改稿）与访谈录音等资料。根据 Ferris & Roberts（2001）的错误分类及学生的具体情况，本研究将错误归纳为六类：名词单复数、第三人称单数、时态一致、标点符号、大小写及关联词。对每篇作文进行手工标注，并统计出总词数等项目，计算准确性、复杂性、流利性的各项指标。

所有作文均由两名有经验的大学英语教师进行评分。两位评分人对受试的作文进行盲评，评分人之间（inter-rater）的信度是 0.87，而评分人自己（intra-rater）的信度是 0.89。根据上述指标，两名研究人员分别对随机抽取的五篇作文进行评定。两人之间的信度为：平均节段类符比值（MSTTR）最高值 0.91，非流利性（Dysf）最低值 0.83，这些数值说明这些指标具有较高的可信度。

第三节　研 究 结 果

一、问卷调查结果与分析

1. 问卷的总体结果　问卷的总分是 170，实验班问卷总分的平均分达到 126，说明大多数学生喜欢设计的教师反馈。

2. 相关性分析　T_{36}是学生的第二学期期末成绩，T_{37}是问卷的总得分，T_{38}、T_{39}、T_{40}、T_{41}、T_{42} 分别代表问卷的写作任务、口头任务与听力、阅读、语言文化知识、学习满意度五个变量。

（1）教师反馈对提高学习效果的影响：实验班学生第二学期期末成绩 T_{36} 与问卷的总分 T_{37} 呈正相关关系，Pearson 系数为 0.580，*P* 值 0.032，*P* 值<0.05，说明教师反馈能够切实提高学生的学习效果。

（2）教师反馈各变量对学生学习效果的影响：从表 3-1 可以看出：实验班学生的写作、口头任务、语言文化知识、学习满意度四个变量，即 T_{38}、T_{39}、T_{41}、T_{42}，分别与第二学期期末成绩 T_{36} 呈正相关关系，Pearson 系数分别是 0.562，0.632，0.771，0.815，均大于 0，*P* 值分别是 0.029、0.023、0.039、0.006，均小于 0.05，有统计学意义；阅读反馈 T40 与第二学期期末成绩 T_{36} 相关不明显，Pearson 系数是 0.011，*P* 值是 0.908，*P* 值大于 0.05。这

表 3-1 T_{38}、T_{39}、T_{41}、T_{42} 与 T_{36} 的相关性

	T_{36} Pearson 系数	*P* 值
T_{38}	0.562	0.029
T_{39}	0.632	0.023
T_{41}	0.771	0.039
T_{40}	0.011	0.908
T_{42}	0.815	0.006

说明在写作、口头任务、语言文化知识方面的教师反馈，能够直接影响学生的英语学习，学生对于英语的学习满意度影响自己的学习效果。

（3）教师反馈各变量与学习满意度 T_{42} 的关联性：从表 3-2 可以看出，写作、口头任务、阅读、语言文化知识为 T_{38}、T_{39}、T_{40}、T_{41}，分别与学习满意度 T_{42} 呈正相关关系，Pearson 系数分别是 0.538、0.612、0.253、0.669，均大于 0，*P* 值分别是 0.000、0.000、0.005、0.000，*P* 值小于 0.05，说明学生比较喜欢关于写作、口头任务、语言文化知识的具体教师反馈，能够通过这些反馈，明确努力的方向，探索具体的做法，缩短学习现状与目标之间的距离。

表 3-2 T_{38}、T_{39}、T_{40}、T_{41} 分别与 T_{42} 的相关性

	T_{42} Pearson 系数	*P* 值
T_{38}	0.538	0.000
T_{39}	0.612	0.000
T_{40}	0.253	0.005
T_{41}	0.669	0.000

（4）教师反馈各变量之间的相关性分析：口头任务反馈 T_{39} 与写作反馈 T_{38} 呈正相关关系，Pearson 系数是 0.623，*P* 值是 0.000，说明口头任务反馈与写作任务反馈能够互相促进。

（5）访谈的结果：访谈的结果表明，学生比较喜欢写作、口头任务、语言文化知识的反馈，认可教师的付出。虽然有同学表示还是希望教师给每一位同学批改作文，进行逐一反馈，但是也理解教师的工作量太大，无法一一做到，对于网络修改作文的优缺点也有一个客观的认识，能够充分利用这种辅助手段。大多数学生认为英文阅读的难度较大，很难养成英文阅读的习惯；选用教材的单元课文较长，学生预习的难度较大，听讲时，对于阅读的教师反馈，学生多数没有注意到教师关于阅读技巧的讲解与反馈，因此需要更直接基于阅读理解专项的教师反馈，如何提高学生的阅读能力还有待于进一步的研究。

二、关于写作反馈的研究结果

W 表示总词数，*T* 表示最小可终止单位数，*C* 表示从句数，EFC 表示无错的从句数，*E* 表示总错误数，CS 表示总分句数，DC 表示总从属分句数，MLT 表示最小可终止单位数平均长度，对每篇作文中的以上八项进行统计。

采用 Mann Whitney U 检验和 Wilcoxon 检验，计算生成流利性、准确性、复杂性的指标，*W*/*C* 表示总词数与从句数的比率，*W*/EFT 表示总词数与无错的终止性单位数的比率，EFT/*T* 表示无错的终止性单位数与最小可终止单位数的比率，*E*/*T* 表示总错误数与总终止性单位数的比率，CS/*T* 表示总分句数与总终止性单位数的比率，DC/CS 表示总从属分句数与总分句数的比率，*W*/*T* 表示总词数与终止性单位数的比率，EFT/*W* 表示无错的终止性单位数与总词数的比率。

1. 实验班第五次与第一次作文原稿准确性、复杂性、流利性对比 表 3-3 可以看出：实验班第五次作文与第一次相比，流利性指标 *W*/*T*、*W*/*C*、*W*/EFT 的中位数差别有统计学意义。实验班 *W*/*T* 明显变大，说明最小可终止单位数 *T* 的平均长度增加，学生能够写出更长的句子；*W*/*C* 的中位数明显变小，说明学生能够使用更多的从句；实验班 *W*/EFT 的中位数明显变大，综合分析数据发现，作为分母的 EFT 有如下变化：最小可终止单位数 *T* 的平均长度增加，最小可终止单位数 *T* 减少，无错的句子 EFT 相对减少；准确性指标 EFT/*T*、

E/*T*、EFT/*W* 的中位数差别有统计学意义，对应的四分位数间距差别不大，两个班的离散度差别不大，实验班第五次作文 EFT/*T* 大于第一次的值，说明学生无错的终止性单位数增加，最小可终止单位数因为增加了长度而减少了数量，E/*T* 减少是因为总错误数减少而最小可终止单位数减少；EFT/*W* 增加是因为无错的句子 EFT 相对增加，总词数因为提前限定而变化不大；复杂性指标 CS/*T* 的中位数差别明显，有统计学意义，DC/CS 的中位数差别不明显，说明复杂性也有部分提高。

表 3-3　实验班两次作文原稿对比

项目		实验班第五次		实验班第一次		*u* 值
		中位数	四分位数间距	中位数	四分位数间距	
流利性	*W*/*T*	16.944 4	3.616 7	10.663 5	3.002 0	−4.869
	W/*C*	18.812 5	5.930 6	40.375 0	17.750 0	−5.032
	W/EFT	27.500 0	14.666 1	23.428 6	11.371 4	−2.220
	EFT/*T*	0.577 8	0.233 4	0.461 5	0.134 3	−2.213
准确性	*E*/*T*	0.422 2	0.233 4	0.538 5	0.137 0	−2.213
	EFT/*W*	27.500 0	14.666 1	23.428 6	11.371 4	−2.220
复杂性	CS/*T*	0.625 0	0.188 5	0.190 9	0.257 4	−5.284
	DC/CS	1.309 5	0.600 0	1.250 0	1.500 0	−0.384

流利性的 *P* 值分别为 0.021、0.005、0.012，准确性的 *P* 值分别为 0.024、0.017、0.025，均小于 0.05，有统计学意义，表明实验班作文的流利性与准确性有明显提高，但是学生还是不太会使用稍微复杂一些的从句，也不太会运用从属分句。第五次作文的 *W*/*T* 总词数与终止性单位数的比率中位数是 16.944 4，第一次只是 10.663 5，说明最小可终止单位平均长度增加显著，学生能够使用更长一些的句子。因此，作文的复杂性指标 CS/*T* 的 *P* 值为 0.000，小于 0.05，有统计学意义，DC/CS 的 *P* 值为 0.701，大于 0.05，无统计学意义，复杂性有部分提高。

2. 实验班与对照班第五次作文原稿准确性、复杂性、流利性对比　表 3-4 可以看出：实验班第五次作文与对照班第五次作文相比，流利性指标 *W*/*T*、*W*/*C*、*W*/EFT 的中位数差别显著，实验班 *W*/*T* 明显变大，说明最小可终止单位数 *T* 的平均长度增加，学生能够写出更长的句子；*W*/*C* 的中位数明显变小，说明学生能够使用更多的从句，*W*/EFT 的中位数明显变大，作为分母的 EFT 跟表 3-4 相同，有如下变化：最小可终止单位的平均长度增加，最小可终止单位数 *T* 减少，无错的句子 EFT 相对减少；准确性指标 EFT/*T*、*E*/*T*、EFT/*W* 的中位数差别显著，对应的四分位数间距差别不大，两个班的离散度差别不大，实验班第五次作文 EFT/*T* 大于对照班第五次的值，说明学生无错的终止性单位数增加，最小可终止单位数因为增加了长度而减少了数量，*E*/*T* 增加是因为总错误数减少而最小可终止单位数减少；EFT/*W* 增加是因为无错的终止性单位数相对增加，总词数因为进行了限定而变化不大。

表 3-4 实验班与对照班第五次作文原稿对比

项目		实验班第五次		对照班第五次		u 值
		中位数	四分位数间距	中位数	四分位数间距	
流利性	W/T	16.944 4	3.616 7	10.407 6	3.489 2	−5.113
	W/C	18.812 5	5.930 6	69.500 0	102.666 7	−5.255
	W/EFT	27.500 0	14.666 1	18.000 0	15.400 0	−2.417
准确性	EFT/T	0.577 8	0.233 4	0.458 3	0.585 7	−1.464
	E/T	0.422 2	0.233 4	0.541 7	0.585 7	−1.464
	EFT/W	27.500 0	14.666 1	18.000 0	15.400 0	−2.417
复杂性	CS/T	0.625 0	0.188 5	0.098 2	0.140 5	−5.336
	DC/CS	1.309 5	0.600 0	0.800 0	1.375 0	−1.054

两个班作文流利性的 *P* 值分别为 0.015、0.038、0.020，准确性的 *P* 值分别为 0.018、0.039、0.033，均小于 0.05，有统计学意义，说明实验班的作文在流利性与准确性方面，明显高于对照班；复杂性中，CS/*T* 表示总分句数与总终止性单位数的比率的 *P* 值是 0.003，小于 0.05，说明实验班的学生能够使用更多的分句，并且总错误数减少，准确性提高，同时，实验班第五次作文的 *W*/*T* 总词数与终止性单位数的比率中位数是 16.944 4，对照班第五次作文只是 10.407 6，也说明实验班学生作文的最小可终止单位平均长度增加显著，学生能够使用更长一些的句子。

3. 实验班与对照班第一次作文原稿准确性、复杂性、流利性对比 表 3-5 可以看出：实验班与对照班的第一次作文相比，流利性指标 *W*/*T*、*W*/EFT 的中位数差别不明显，准确性指标 EFT/*T*、*E*/*T*、EFT/*W* 的中位数差别不明显，两个班的离散度差别不大。虽然 *W*/*C* 的中位数差别明显，*P* 值是 0.001，*P* 值小于 0.05，但 *E*/*T* 的中位数差别不大，说明实验班的学生虽然能够运用稍多的从句，但是正确率并不高，两个班的总错误数差别不大。

表 3-5 实验班与对照班第一次作文原稿对比

项目		实验班第一次		对照班第一次		u 值
		中位数	四分位数间距	中位数	四分位数间距	
流利性	W/T	10.663 5	3.002 0	10.644 6	3.561 5	−0.027
	W/C	40.375 0	17.750 0	82.000 0	92.000 0	−3.414
	W/EFT	23.428 6	11.371 4	26.757 1	19.150 0	−0.801
准确性	EFT/T	0.461 5	0.134 3	0.427 1	0.229 2	−1.304
	E/T	0.538 5	0.137 0	0.572 9	0.229 2	−1.304
	EFT/W	23.428 6	11.371 4	26.757 1	19.150 0	−0.801
复杂性	CS/T	0.190 9	0.257 4	0.093 8	0.196 9	−1.612
	DC/CS	1.250 0	1.500 0	1.000 0	1.208 3	−0.295

流利性其他两个指标的 *P* 值分别为 0.978、0.423，准确性三个指标的 *P* 值分别为 0.192、0.192、0.423，复杂性的 *P* 值分别为 0.107、0.768，均大于 0.05，没有明显差异，说明在实验开始时，两个班的写作水平比较接近，没有明显差别。

4. 对照班第五次与第一次作文原稿准确性、复杂性、流利性对比 从表 3-6 可以看出：

对照班第五次作文与第一次作文相比，只有流利性指标的 *W*/EFT 总词数与无错的终止性单位数的比的中位数差别明显，说明无错的终止性单位数也有增加，但从句数 CS 变化不大，说明只是无错的简单句在增加。而其他的准确性、复杂性指标的中位数差别均不明显。

表 3-6　对照班两次作文原稿对比

项目		对照班第五次		对照班第一次		*u* 值
		中位数	四分位数间距	中位数	四分位数间距	
流利性	*W*/*T*	10.407 6	3.489 2	10.644 6	3.561 5	–0.595
	W/*C*	69.500 0	102.666 7	82.000 0	92.000 0	–0.161
	W/EFT	18.000 0	15.400 0	26.757 1	19.150 0	–1.447
	EFT/*T*	0.458 3	0.585 7	0.427 1	0.229 2	–0.664
准确性	*E*/*T*	0.541 7	0.585 7	0.572 9	0.229 2	–0.664
	EFT/*W*	18.000 0	15.400 0	26.757 1	19.150 0	–1.447
复杂性	CS/*T*	0.098 2	0.140 5	0.093 8	0.196 9	–0.535
	DC/CS	0.800 0	1.375 0	1.000 0	1.208 3	–0.398

流利性指标的 *P* 值分别是 0.552、0.872、0.148，准确性指标的 *P* 值分别是 0.507、0.507、0.148，复杂性指标的 *P* 值分别为 0.593、0.690，均大于 0.05，无统计学意义，说明对照班的作文总体的提高不明显。

第四节　讨　　论

一、关于临床医学本科生的讨论

临床医学本科生以女生为主，有语言优势，外向型性格特点居多，竞争性强，逻辑性强，思维敏捷，具备较高的动手能力，同时又非常敏感，善于捕捉教师的教学变化，与教师配合默契，便于组织课堂活动，口头任务很受学生欢迎，相应的教师反馈效果也非常明显。同时，女生的自尊心较强，男生也是上进心较强的群体，比较敏感，尤其需要正面、以鼓励为主、关注学生自我层的教师反馈。

1. 口头任务的反馈　布置口头任务，给出一些提示（任务层与过程层），要求实验班学生一周之内准备答案，可以写到本子上，下次上课留出专门的时间，检查口头任务完成情况，分享同学的答案，教师肯定每个答案（过程层），指出优点在哪里，进行表扬（自我层），根据回答问题的情况给出鼓励、启发、重复、换说法等的反馈，口头任务的完成与分享也提高了学生的听力水平；同时，综合几位同学的答案，利用场景描述、举例子等方式，启发更深入的思考，就会有同学根据教师的启发，当场给出更贴近题意的答案；充分肯定与表扬这种临场的发挥，启发更多的思考，必要时教师说出汉语的表达，启发同学找到合适的英语表达（过程层与管理层）；最后，教师给出相关的英文词组、短语及分句，要求同学根据这些提示，重新组织自己的答案（任务层与管理层），写到本子上，留着复习时使用。

2. 写作任务的反馈　布置一篇作文，适当加以分析（任务层），要求实验班学生一周之内写完初稿上交，教师在课堂上抽查后，集体反馈名词单复数、第三人称单数、时态一致、标点与大小写的出错情况，以及 but 改成 however，so 改成 therefore 等关联词的讲解与提醒（任务层与过程层），对于句式结构与篇章结构进行引导深化，抽出几篇作文对相应错误进行划线标记，通过网络发送到班级 QQ 群里，让同学在第二周的时间里，对照修改自己的作文（过程层与管理层），并且在句酷作文批改网、批改网等网站提交修改，再次在原稿上进行标记与修改，修改完成以后，重写一遍作为修改稿上交（过程层与管理层）。在大班授课为主的大学英语教学中，这种写作反馈还是比较可行的。

3. 阅读的反馈 布置学生预习课文（任务层），根据预习情况，摘出课文中的长难句，给出相应的问题，展示参考答案，指出这些句子的理解与分析，就是各类考试中阅读理解部分的考点，同时给出相对应的汉语翻译（任务层）。

阅读反馈效果不明显，原因之一是结合课文内容来讲解相关的阅读技巧，课文较长，分成两次课来讲解，学生容易遗忘，反馈主要是停留在任务层面，学生缺乏与英语阅读资料的直接联系，无法建立直接链接，无法理解；原因之二是很少有学生在课后阅读英文资料，无法运用有关阅读的教师反馈。有关阅读的反馈还需要进一步的研究。

4. 语言文化知识的反馈 教师根据课文中有文化含义的词汇，讲解相关的英语语言文化知识（任务层）。要求同学自己组成小组搜集节日风俗等文化知识，制作课件（管理层与过程层），安排主讲人，在课堂上讲解分享（任务层与过程层），教师录制视频与拍照，并且给予表扬与肯定（自我层）。语言文化知识还包括课文的背景知识，如节日风俗，采取的方式也是学生自己形成小组，搜集有关感恩节、圣诞节等节日的文化知识资料，课堂上分享学生小组制作的课件，由主讲人进行展示，教师录制视频，课堂上与同学一起观看，给出正面的评价与鼓励，指出学生的长处，对于需要提高的地方也是给出相关的答案，避免批评与打击（自我层）。

5. 学习满意度的反馈 学习满意度实际是情感情绪部分，教师给出反馈时，注意保护学生的自尊心，注意缓和焦虑、恐惧等不良情绪，努力给出正面的评价，做得不好的，也只是说还可以提高。有一组同学在角色扮演时陷入僵局，同学们都很担心地看着教师，害怕受到批评，而教师的反馈却是一句话：Practice makes perfect，right?（过程层与自我层）全班同学都受到了鼓励，齐声回答 Yes，保护了学习英语的积极性，增加了学习英语的兴趣。

6. 小结 本研究表明，Hattie & Timperley（2007）的教师反馈模型中的四个层次，在临床医学本科生的大学英语教学实践中，需要结合听、说、读、写及语言文化知识等方面，根据具体的教学任务与学生的完成情况，给出相应层次的反馈，这些反馈在任务、过程及自主层面是互相交叉的，自我层的教师反馈需要合理运用，需要及时肯定学生的进步，帮助学生重新建立英语学习的自信心，保护英语学习的积极性。

写作、口头任务及语言文化知识的任务层、过程层、管理层与自我层的教师反馈能够引起学生的重视，比较受学生的欢迎，能够切实提高教学效果；口头任务反馈与写作任务反馈能够互相促进；由于大多数学生认为英文阅读的难度较大，很难养成英文阅读的习惯，同时，选用教材的单元课文较长，学生预习的难度较大，因此，教师关于阅读的反馈主要集中在任务层，教学效果不明显，学生甚至注意不到。

二、关于写作反馈的讨论

实验班通过与教师批改的范文对比、网络修改等手段，能够较好地执行过程层与管理层的教师反馈，对五次作文进行了及时、针对性的修改，并且按时提交了符合写作任务的修改稿，在准确性、流利性方面有显著提高，在复杂性方面，虽然提高不显著，但是学生能够尝试使用更多的从属分句等复杂句，尽管还有一些其他的错误，但是句式的复杂性方面有了明显提高。

本研究根据 Lee，I.（2008）的建议，即教师反馈应该注意学生对反馈的认识、反映与期待，从学生的角度关注教师反馈的作用，充分利用 Hattie & Timperley（2007）教师反馈模型的四个层次，给学生明确指出需要注意的六个方面，提供了明确的写作目的，引导学生逐步完成写作任务，代替了王俊菊（2006）发现的总是纠错的传统批改作文方式，结合班级 QQ 群、网络修改等辅助手段，加强对于任务层、过程层与管理层反馈的监督执行，有效缩短了医学生的写作现状与目标之间的差距，这样做符合 Gibbs & Simpson（2004）与 Shute（2008）的教师反馈的原则与条件，同时也证明，在任务层、过程层、管理层互相交叉的教师反馈比较有效，学生比较需要过程层与管理层的教师反馈。

目前医学院校的大学英语主要是大班教学，针对学生个体的过程层与管理层的教师反馈很难做到，在这方面，给出明确的同伴写作的例子与网络辅助手段被证明是比较有效的方式，具备推广应用的可行性。

1. 实验班两次作文目标结构的变化　实验班第五次作文在目标结构的六类典型错误（如名词单复数、第三人称单数、时态、标点符号、大小写及关联词）等方面改变显著，出错率大幅度降低，写作时能够有所注意，修改时能够特别关注，这符合 Crooks（1988）的观点：如果学习内容较难，学生会自动选择教师反馈强调的那些部分来学习；通过五次有针对性的练习，可以认为非英语专业本科生对于这六类错误，已有清醒的意识，能够做到主动运用，准确性提高非常明显，证明王颖、刘振前（2012）在英语专业学生中的研究发现同样适用于医学生。

2. 反馈对最小可终止单位的影响　实验班学生通过注意标点符号的正确运用，能够写出更多完整的英语句子，最小可终止单位的平均长度也明显增加，并且，学生尝试使用定语从句等从属分句，虽然还有一些时态、语法等方面的错误，值得注意的是，这些都是尝试性错误，相信学生在坚持一段时间以后，会有更大程度的提高，由此，第五次作文的流利性方面有明显提高，这符合 Black & Wiliam（1998）的观点：跟教学的其他方面相比，反馈对学习具有非凡的、持续的、积极的影响。

在大学英语教学阶段，学生写作的复杂性是通过运用一些从句表现出来的。但是，学生在运用从句方面还有难度，从句的阅读本身就是学生的弱点，在语言输入方面属于薄弱环节，写作时运用从句的难度就更大，虽然学生尝试运用，但是出错较多，并且，学生平时也不愿意阅读、背诵从句等有难度的句子。关于这一点，一方面，教学过程中还需要适当引导，更多地结合具体例句进行深入的任务层讲解与反馈，淡化学生在这方面的错误，鼓励学生多尝试，给出关注学生自我的鼓励性反馈；另一方面，即使学生运用从句的错误依然较多，也要及时肯定学生的进步，鼓励学生挑战自己，加强过程层的监督与反馈，督促学生多分析、掌握一些从句的正确用法，写作中大胆运用，根据教师的反馈，结合网络建议，进行多方面的修改，提高准确性，适当提高写作的复杂性。

3. 过程层与管理层的教师反馈对学生写作总体的影响较明显　总终止性单位数可以理解成学生在写作中完成的句子数，只有学生对于标点符号等句子结构方面的知识有所认识，才会增加完整句子的数量。实验班和对照班学生在第一次作文当中，有很多同学没有这方面的意识，有些同学还像汉语一样，一直用逗号隔开句子，最后才会给出一个句号，说明学生英语句子的意识比较薄弱。在实验班，教师通过督促学生执行过程层与管理层的反馈，结合任务层的讲解与反馈，同时，一旦发现有同学做对了，不仅作为例子，发到班级 QQ 群里，大力表扬，还在班上给出鼓励，记入班级学习档案，提供足够的关注学生自我层的反馈，引导学生重视并改进这些方面，收到了良好的效果。在实验班第五次作文中，几乎全班学生都能够在整篇作文中，写出完整的句子，虽然还有一些其他的错误，如中国式的英语表达，但是在作文结构与整体性方面，有了很大程度的提高，对照班的提高却不明显。

实验班的表现充分证明了 Hattie（1987）的发现：对教学最强有力、单独的影响就是教师反馈；也在一定程度上证明：过程层与管理层的教师反馈是目前学生比较需要的。任务层的教师反馈，需要与过程层与管理层的反馈互相交叉，才会收到较好的效果，单纯的任务层反馈收效甚微。这也认证了 Ene & Upton（2014）的研究发现：对于语法、词汇等的反馈，学生能够较好地理解与执行，随着学习任务难度的增加，学生不太理解关于任务内容的教师反馈，经常忽视这部分的反馈。

对照班虽然也根据任务层反馈完成了五篇作文，但是，过程层与管理层的反馈是在最后一起给出的，没有跟任务层反馈密切结合，间隔较长，学生早已忘记了自己写作的内容，修改时又是五篇一起修改，密度太大，任务较重，存在畏难与应付心理，在访谈中学生对此很有意见。因此，写作效果没有明显的变化。

4. 小结 教师对于写作的反馈，从讲解写作的任务层反馈开始，提醒学生注意一些典型错误，结合过程层反馈，要求学生对于原稿专门进行典型错误的修改，给出管理层反馈，通过抽查的例子，进一步给出过程层的反馈，根据学生的完成情况，通过网络与群聊的方式，提供好的例子，给出修改建议等过程层与管理层反馈，有的放矢，通过学生自己对比修改的范文与网络修改，督促学生执行过程层与管理层反馈，从而做到任务层、过程层及管理层的教师反馈互相交叉，全程善于发现学生的优点与进步，适度表扬与鼓励，给出关注学生自我的反馈。通过访谈发现：学生很喜欢这样的反馈，虽然还是避免不了一些中国式的英语表达，但是很愿意根据教师的反馈进行写作练习，逐步提高写作水平。

第四章

医学院校大学英语体验式教学法与形成性评价体系相结合

第一节　文献综述

一、核心概念

体验式教学的定义：金艳（2010）总结出，体验式教学的核心理念是在整个教学过程中，让学生通过真实或模拟的语言学习活动，获得语言体验、反思总结、增加信心、体验成功和快乐（程琪龙，2009；王立非等，2009）。

二、国外相关研究综述

Crosby（1995）和程琪龙（2009）认为：体验式教学思想最早可以追溯到古希腊时期的苏格拉底和我国的孔子。但较为系统的体验教育概念产生于20世纪初。针对当时传统的教育理念，美国进步教育哲学的代表人物John Dewey提出，人们对客观世界及精神世界等的认知需求起源于他们在与这些世界接触时所产生的不确定性和各种各样的问题，而获得相关知识的途径则是与这些世界的直接接触，即亲身体验。Dewey认为人的头脑是一个意义制造器官，它会不断追求对外部世界的认识。因为所有真正意义上的教育都来自体验，所以学校教育要将学生放在体验的中心，而教师则是扮演合作者和指导者的角色。

到了20世纪中期，美国心理学家Rogers把学习分成两种类型：认知学习和体验学习。把学习方式也分为两类：有意义学习（significant learning）和无意义学习（meaningless learning），只有体验学习才是有意义学习，体验学习以增长学生的经验为中心，以学生的潜能为动力，将学习活动、愿望、兴趣和需求融为一体，所以能够有效地促进个体的发展。

体验式学习理论的主要倡导者是David Kolb。Kolb（1984）对体验式学习教育理论的推广和发展起着重要作用。体验式学习强调学习者通过在具体社会文化环境中亲身体验，从而获得知识，强调将所获知识付诸事件中验证，从而获得的经验。Kolb（1984）提出的体验式学习理论，综合了杜威的实用主义哲学及雷文（Lewin）的社会心理学。它和认知心理学派中的建构主义（constructivism）理论有许多相同之处，并存在明显的互补关系。体验式学习理论将学习定义为“经验转换及经验的获得和转换结合中产生知识的过程”（Kolb，1984）。体验式学习更重视学习过程中体验和经验的互动关系，学习者通过体验外部世界和自身经验互动，从而获得知识，并通过对知识的验证获得新经验。

Kolb（1984）还提出了“体验学习模式”：具体经历、思维观察、抽象概念和主动实践。这四个阶段的具体任务是：①具体经历阶段：学习者体验新的情境；②思维观察阶段：学习者对已经历的体验加以思考；③抽象概念阶段：学习者达到理解所观察的内容、并转换为合乎逻辑的概念；④主动实践阶段：学习者验证形成的概念并运用到解决问题之中。

Kolb（1984）将体验式学习的主要特点总结为：①学习应该被理解为一个过程，而非结果；②学习是一个基于体验的不断延续的过程；③学习的过程即处理主体与客体、具体体验与抽象概念等矛盾统一体之间关系的过程；④学习是一个全身心适应世界的过程；⑤学习是一个学习者与环境交互的过程；⑥学习是一个创造知识的过程。但体验式学习理论不是要取代认知或行为主义学习理念，而是将体验、观察、认知与行为全部融入学习过程。概括地说，体验学习经历了一个“从实践到认识再到实践”的过程。

Kohonen（1992）指出：作为一种教育理念，体验式学习更有助于学生的个性发展，能更好地帮助他们适应社会变化。体验式学习接受学习者个体之间的差别，努力满足学生的个性化需求。Kolb（2000）认为：体验式学习不同于基于认知的学习理念，因为后者在强调认知的同时忽略了情感。而体验式学习与行为主义学习理念的不同之处，则在于后者否认主体的体验在学习过程中的作用。体验式学习理论强调学习者自主学习，这符合学生的个性化需求，强调在学习的过程中把所学内容转化为自身知识并掌握知识的本质，强调情感体验。

较为全面而深入的讨论将体验式学习运用于外语教学是由 Kohonen 等四位荷兰学者提出的。Kohonen 等（2001）所提出的体验式学习的理论框架主要包括三种意识：①对学习者自己的认识；②对过程和环境的认识；③对任务的认识，即明确获得语言和跨文化交际知识这一学习目的。而体验式的学习过程应该是从盘点学生已有的知识、经验及自身的特点出发，将语言学习与文化学习融为一体，通过观察不断地做出假设，对自己的行为进行思考，最终将学习的内容与已有的经验和知识相联系，并不断循环往复。另外，体验式外语学习还强调将语言学习、教学、评价及教师专业发展相联系。

Eyring（2006）主张：体验式外语学习所提倡的教学理念将学习者置于语言教学的中心位置，强调学习者的个体需求和个性化的学习风格，强调合作式学习，强调课堂交际情境对校外社会现实的再现，这与其他多数交际外语教学理念是完全一致的。但体验式语言教学更强调学习者与同伴、教师及学习材料之间的协商。通过协商，学习者自行确定学习内容、学习方法和评价方式。这种具有真实交际意义的协商有助于“交际能力”的发展，有助于学生英语综合应用能力的发展。

综上所述，体验英语学习就是学习者通过在真实或模拟英语学习环境中的具体活动，获得个性化的亲身语言体验和感受，并通过与其他学习者之间的交流和分享学习体验，进行反思、总结，最终再回到学习中去，由此提高英语综合应用能力，教师也可以通过对自身体验和观察的反思发展来提高自己的教学水平。

三、国内相关研究综述

计算机与互联网的高速发展要求大学英语的教育手段、教学理念、教学设施等与之相适应。体验式教学在 2002 年被正式引用到国内，基于校园网的大学英语网络教学系统正式运行，出现了高等教育出版社的《大学体验英语》、上海外语教育出版社的“新理念大学英语（全新版）网络教学系统”、外语教学与研究出版社的“新视野大学英语教学系统”和清华大学出版社的“新时代交互英语教学系统”四套教学系统，在设计上都遵循现代外语教学理念，充分运用先进的信息技术，为学生创设自主式学习环境，旨在培养学生的英语综合应用能力。

《中国外语》先后刊登了基于这些系统的研究成果。例如：程琪龙（2009）集中探究体验式学习及体验式外语学习的合理性，探究它和语言系统基本特征真相之间的相通之处，从而论证体验式学习模式是一个具有一定实用价值的学习模式，并值得外语学习研究者进一步探究。王立非等（2009）认为《大学体验英语综合教程》充分体现了体验英语学习、第二语言习得认知、交互和语用理论的观念，但是也注意到用体验英语理念培养学习者的语用能力时也存在一些尚未解决或难以解决的问题。王海啸（2010）认为体验式外语学习理念将从事教学的学生与教师的体验放在核心地位，让学生在体验的过程中创造新知识，培养语言能力。体验式外语教学不仅强调以学生为中心，使学习者通过积极主动的语言实践活动，不断构建并完善自己的中介语系统，使之逐渐接近语言教学的最终目标；它更强调教师和学生在“教”与“学”过程中的感受对教学的影响。体验式外语教学另一个重要特点是更强调学习者对学习过程在理性和感性上的体验，有意识地认识自己的学习风格，掌握有效的学习策略，保持良好的心理状态，最终实现自己的外语学习及全面发展的目标。

网络教学系统充分发挥了互联网的优势，为学生的英语学习提供了丰富的资源，教师成为教学资源的组织者与监督者。但是这些系统对学校的硬件设施要求较高，有些学校受多种原因的限制，只是引进了体验式英语教材，对于网络教学系统等教学平台的利用不够充分。郭佳等（2005）对于《大学体验英语》教材进行重新应用设计，致力于创设合适的情境，体现交际教学的原则。熊艳（2012）基于非体验式的教材，探讨了把大学英语精读教学的目标和特点与体验式教学理论相结合，形成教学模式并实施相应的教学，提出并阐释了大学英语精读教学中的体验式学习模式。李一鸣（2012）将角色体验式教学法运用于大学英语实践教学之中，通过课堂教学、网络教学和实践教学，调动学生自主学习和个性化学习的积极性，提高大学生的合作意识、为学生创设良好的体验环境，激发学生参与体验的意识，增加体验内容，拓展分层次体验的实施范围。

随着便携式电脑、智能手机等的普及，博客、微博、微信等新媒体的出现，有道词典、百词斩、开心农场等词汇学习及英文配音等 APP 的出现，网络教学平台受到较大的冲击，课堂教学形式产生了较大的变化，大数据、慕课、微课、翻转课堂等的兴起，严重冲击着大学英语现有的授课模式与教学方法。彭敏（2015）提出：在大学英语读写课的教学实践中，教师要充分利用网络微课平台、精心做好课堂设计、重视对学生的指导和监督，指导学生怎样观看微课，从哪些方面理解与体验微课创造的情景，并且监督学生的参与情况。指导学生观看微课的过程，体验微课创造的情景，符合体验式学习的特点，这种教学手段可以理解为体验式教学的新发展。

苗宁（2016）根据新的发展趋势提出：移动通讯网络和即时通讯工具的迅猛发展为高等教育提供了新的教学平台，将微信这一新媒体交流工具应用于大学英语的移动学习，讨论了微信软件应用于大学英语移动学习的可行性，并对协作式自主学习模式、语言输入与输出相结合的模式和以教师为引导的师生情感补给教学模式进行了分析，从实践的角度、在多个层面上给出了可供选择的基于微信的大学英语移动学习策略。“以教师为引导的师生情感补给教学模式”注重情感引导与补给，为学生创造情感体验，也属于体验式教学的新发展。

综上所述，网络环境下，多渠道发展体验式教学方法，培养学生的英语综合应用能力，是目前我国大学英语教学的重点与难点。如何在网络环境下进行体验式大学英语教学，综合提升学生英语习得与运用的能力，成为值得高度关注与深入探讨的问题。

第二节　医学院校大学英语实际教学中存在的问题

关于这些问题，已有不少专家学者从目标定位、课程设置、测试等方面进行过论述（蔡基刚，2010a，2011；马茂祥，2009；束定芳，2010），本研究从另外几个方面进行探讨，以引起大家的重视和思考。

一、教 材 问 题

（1）教材之间的无序竞争：目前，我国大学英语教材种类较多，但教材的丰富性一方面给大学英语教师和学生提供更多选择，另一方面也给大学英语教学带来了一定的负面影响。

首先，由于目前国内缺乏一个具体的教材评估体系，对各套教材的使用效果缺乏科学的评估，教材之间存在的无序竞争把商业行为带到了教学中，影响了教学质量。有些学校并不是根据教材质量的好坏（如基于教师和学生的反馈），而是根据经济利益来确定具体选用哪套教材；有部分学生为了节约，购买以前学生的旧书，但是在自主学习中心进行自主学习时，在网络设置部分却因此无法登陆学习平台进行学习；还有学生购买了盗版的听说书，也同样无法登陆学习平台。

其次，在几种教材并行的情况下，教师也常常陷于无所适从、疲于应付的状态，经常一种教材刚上完甚至还没上完，就开始接手另一种教材，对整个教材体系无法有深入的了解，更没有回顾、反思、提高的过程。

（2）教材内容缺乏新意：长期以来，大学英语被视为素质教育课程，这决定了教材和教学内容的人文性，也正因为如此，教材内容与中学教材内容重复现象严重。戴炜栋（2001）指出，目前我国大学普遍存在内容重复，引起了学习自满、懈怠和学习兴趣下降、动力不足等状况。刘丽和刘梅华（2008）对来自全国 7 所大学的学生需求调查发现，在承认自己没有英语学习动力的 10 个原因中，排在最前的两个就是“课堂教学仅是高中的重复”和“教材内容单调过时”。在笔者所做的大学生动机削弱现象及归因调查中，509 名学生中有 398 名学生汇报自己进入大学后经历过动机削弱，而教材因素是一个重要诱因，他们认为“教材内容比较枯燥，激发不起学习兴趣”、“教材中真实交际活动很少，不注重培养学生灵活使用语言的能力”、“总学一些无用的东西”、“英语学习与专业知识无关，因此没有兴趣。”

上述问题的存在导致大部分学生感觉进入大学后英语水平没有提高，甚至有相当一部分认为英语水平较高中时有所下降，对大学英语教学不满意（蔡基刚，2010b）。任何课堂教学都离不开教材的使用，因此，大学英语教学改革的重要内容之一是优化使用教材问题。

二、对现代教育技术的过度依赖

现代教育技术的发展使大学英语教学模式发生了很大的变化。从“课本+粉笔+黑板”的传统课堂教学模式到多媒体辅助下的传统课堂英语教学模式（仍然以教师为中心），再到现在的网络环境下的以学生为中心、教师为主导的教学模式。在以多媒体为依托的大班教学模式中，多媒体的介入使在课堂上给学生提供大量的语言和信息输入成为可能，网络和语言学习中心使学生能按照自身的需求来进行有目的的学习。然而，再先进的技术（如计算机、网络）也只是学生学习外语的辅助工具，只是给学习者学习创造了便利条件，永远不可能替代教师和学习者本人，更不可能成为学习者学好外语的保障。因此，如何有效利用现代教育技术就显得至关重要。

但现实情况是，基于多媒体的大班教学课堂实际上依然是教师传授知识和学生接受知识的地方，教师只是将纸质材料转移到了光盘或者课件上。师生之间或者学生之间几乎没有机会进行真实的交流或互动，或仅仅局限于教师与学生之间的提问与回答。而课堂互动对于语言习得的促进作用已毋庸置疑，无论是传统的二语习得理论还是教育学和社会文化理论，都充分表明了其在教学中所发挥的不可替代的作用（Gass，1997；Long，1985，1996；Brown，2001）。缺乏课堂互动，学生的学习积极性则无法得到充分调动，尤其是坐在教室后几排的学生，经常是坚持了数十分钟之后注意力就无法集中，时有学生上课开小差或睡觉的现象发生。因此，尽管教师准备了大量的语言输入，但学生收效甚微。

另外，学生的自主性和创造性没有得到应有的发挥。由于语言学习中心的学习内容大多是教材的网络版，而且学生在有限的自主上机学习时间里大多还是为了完成教师布置的任务，在学习材料的选择等方面难于发挥自主权。加上网络自主学习与课堂教师面授没能有机地衔接起来，整个学习缺乏系统性和目的性，经过一段时间的网络自主学习，学生往往发现效果并不很理想。对现代教育技术的过度依赖导致了以实践性为主要特征的课堂实践性活动的缺失。

三、英语的工具性功能凸显不够

当前大学英语教学最突出而又常常被忽略的一个最关键问题就是，英语的工具性功能凸显不够。外语教学应重视工具性还是人文性一直是外语界争议的问题，学术界的专家们绝大多数倾向于人文性（罗益明，2002；杨忠，2007；张绍杰，2010），这一主流观点在《大学英语教学大纲》（1999）和《大学英语课程要求》（2007）中也都有体现。因此大学英语教学是人文素质教育实际上已成为广大教师实施具体教学的指导思想。但社会用人单位和学生本人的英语学习需求调查都揭示了他们最需要的是过硬的英语水平和英语工作能力（蔡基刚、廖雷朝，2010）。蔡基刚（2010b）还从国家和社会的需要角度提出，在一个全球经济和科技发展的时代，外语教学应尤其重视外语的工具性功能。我们不否认经济全球化必然导致更激烈的国际竞争和更广泛的国际合作，国际竞争和国际合作需要更多有国际视野和跨文化交流能力的人才（杨忠，2007）。但具备国际竞争力的首要条件是能用英语作为交流工具，在学科和专业领域内与国外对手展开竞争（蔡基刚，2011），而且要实现具有国际视野和跨文化交流能力这一目标并非只有通过外语学习，其途径应该是全方位、多渠道的，如通过大量阅读母语版的相关文献、观看各类影视等。

四、医学院校大学英语教学该如何改革

1. 正确理解教与学的关系 语言教学不仅涉及语言本身，还涉及如何教与学的问题，而这又取决于对教与学关系的理解上。Illich（1974）认为，大多数正式教育条件下的学习者疏离于学习内容和过程，即学习大多不是程序教学的结果；Barnes（1976）提出学校知识（school knowledge）和行动知识（action knowledge）的区分，更加强了 Illich 的这一观点。Barnes（1976）认为，"学校知识是指别人（教师）呈现给学生的知识。学生只是部分掌握了这些知识，只要能回答教师的提问、做练习题及解答考试中的问题就足够了。但这些知识仍然是别人（教师）的，而不是学生自己的"。而且，如果学生从不使用这些知识，它们很可能被遗忘。然而，只要他们为了个人需要而应用它们，就能将学校知识融入到对世界的认识中，而且使用某些知识来应对生活中的一些紧急情况。一旦知识融入了学生对世界的认识中，而且成为他们行动的基础，那么学校知识就已经成为行动知识。很显然，正式教学，Barnes（1966）称之为解释性（expository）教学，表面上看起来给学生呈现了

大量信息，但却极少能让学生把这些信息和他们自己及他们的经验联系起来，因此实际学习效果很差。Rogers（1961）也对这种传统的解释性教学的有效性表示怀疑，认为有效的学习只能来自学习者独有的个人经验；只有改变学习者行为的学习才是有价值的学习。在Rogers看来，唯一可以显著影响行为的学习是以自我发现、自我获取为特征的。这一切都表明学习不是直接的知识积累过程，不单纯意味着学习者往知识库里逐渐添加零碎的知识，就像孩子添加垒高拼装玩具方块堆出形状那样。实际上，学习是学习者在实践、应用新知识过程中通过各种调整和修改适应自己已有知识或构建新知识的过程。

不仅医学院校，而且从我国大学英语教学来看，在大多数情况下教室依然是教师传授知识、学生接受知识的地方，学生与学生之间或师生之间很少有机会进行真实的交流。由于缺乏实践和应用，大部分学生掌握的知识只是停留在学校知识层面，而没有转化为行动知识。

2. 给学习者提供更多参与的机会 参与是外语教学与语言习得成功的关键因素之一（Little，1999；Little，et al.，2002）。这一原则要求教师让学生共同参与学习日程的制订，在确定学习目标、选择学习活动和材料、掌控课堂交际及评价学习成果等方面分担责任。当课堂教学具有参与性，并完全致力于让学习者主动构建意义而不是被动接受知识时，教学效果会达到最佳（Bruner，1996）。

学习者参与还意味着让学生成为学习过程中的决策是他们的首选。例如，北京大学、清华大学这样的国内顶尖大学，它们的学生一进校或许就可以直接进入专门用途英语的学习。

从目前我国很多院校来看，尤其是“211”以上的大学，仅停留在基础英语或完全摒弃基础英语直接进入专门用途英语教学似乎都有失偏颇。笔者建议应该开设从大学基础英语教学到专门用途英语教学（全英语教学）之间的衔接性课程，即学术英语（如何用英语写论文、学习专业课、查阅文献等）。一方面大学英语教学继续停留在基础英语上其弊端已清晰可见；另一方面专门用途英语教学意味着教师要用英语进行专业教学。客观来讲，师资是个很大的问题，学生本身也是个问题。

师资方面，除少数专业教师在国外学习或工作很多年，他们的英语已具相当水平外，其余绝大部分没有海外经历教师的英语表达却仍然在诸多方面存在问题（如发音、语言的正确性和流利性等），要么造成学生听不懂，或即使能听懂也感觉难受。从学生角度看，虽说几年的学习已使得他们英语水平有了很大提高，但仍可能在一些方面存在一些实践性问题。例如，也许他们的词汇量达到了，听力水平和实际交际能力还达不到要求等。因此，强行进行纯英语上课，则可能没有互动和交流，只是教师单向地用英语传授专业知识。此时，可能会因为专业内容的原因，难度太大，涉及专业基础问题，最终造成语言与内容的学习都不成功。

因此，在这两者之间进行一些衔接课程的设置，内容涉及非基础层面的专业背景等相关知识，这些知识大学英语教师通过稍稍学习是可以掌握的，当然并不是鼓励大学英语教师都要去修某个专业的硕士或博士学位。衔接课程的性质可以根据各个院系的具体专业来确定，但有一点是共同的，就是大学英语教师上这些衔接课程不是为了让学生掌握多么高深的专业知识，而只是结合非常笼统、基础的学科大类知识，最终解决学生语言沟通的问题。

3. 编写以学科内容为依托的大学英语教材 大学英语教学改革这么多年尽管已经取得很多成效，但始终未能走出传统外语教学的困境。要使我国的大学英语教学有根本性的改变，笔者认为教材就是一个很好的突破口。方向之一即是编写以学科内容为依托的大学英语教材，以改变目前以素质教育为导向的教材“一统天下”的局面。我们可以根据学科大类编写教材，如机械类、医学类、信息类等。这样，以学科内容为依托的英语教学将学科内容学习和语言学习结合在一起，使学生在学习学科内容的同时提高自己的语言水平（Kasper，2000）；另外，通过提供各种真实的并与学生专业相关的学科内容材料，使学生在学习中不断建构、修正、丰富自己的认知图式，从而养成良好的学习进程（Anderson and Pearson，1984）。在笔者所进行的一次调查中显示，接近 90%的动机削弱被学习者归因为“专业课程太多，学习压力较大”，若开设的英语课程是与学生专业相关的学科内容，可以在缓解其专业学习压力的同时，提高其用英语汲取和传递信息的学术交流能力。

关于更高层次的专业英语教材，笔者强烈建议使用英美原版教材，这样学生既学到了专业知识，又能接触到原汁原味的英语。

4. 倡导课外协作学习，增强学生自主性　尽管现在外语资源丰富，然而语言学习的环境依然恶劣，与二语学习者不同的是，外语学习者极少能在课堂以外使用语言，他们所能获得的语言练习机会不仅有限，而且单一（周燕，2010）。而在正式的教育环境下除了使用语言没有什么方法可以培养学生的外语交际能力；建构主义者和语言能力天赋论者也认为，语言的使用在语言学习中起着重要作用；心理学家和应用语言学家也一再强调学生若要掌握一种语言需要实际运用它（如 Ushioda，1996；Little，et al.，2002）。

在上述笔者所做的大学生动机削弱归因的调查中发现，缺乏英语使用环境是导致动机削弱的最重要因素之一。其中 417 名动机削弱学习者中，387 名将自身的动机削弱归因为“平时很少有机会使用英语交流”或“课后几乎没有机会去接触英语”。这说明大学生本身希望有机会多使用英语交流，但是客观环境造成了交流机会的匮乏。

课外协作学习可以为学生提供使用语言、练习语言的机会，尤其在当今全国很多院校都在减少大学英语学时的形势下，学生课外的自主学习显得尤其重要。通过协作学习（为了团体目标相互协作）和独立学习（团队目标的一部分），学生们可以享受到学习的快乐，学习动机被高度激发，从而建立他们的自主精神（Ushioda，1996）。

为了避免课外协作学习流于形式，而最终导致学生失去参与这一活动的积极性，笔者倡导基于主题的协作学习方式。在这一协作学习方式下，小组成员可以通过共同协商确定主题，给予学习者自由选择主题的权力，这样也能使得学习者在讨论自己感兴趣的话题时，不会感觉有太大的难度，并能积极参与学习过程。同时，基于主题的协作学习会促使学生使用目标语对这些主题进行思考，彼此交换看法并且表述他们的想法。在笔者近两年来的教学实践中，一直重视鼓励并引导学生开展课外协作学习，并取得了较理想的效果。

学生发现，用英语与同伴交流学习经历或讨论共同感兴趣的话题让他们很有动力，他们也喜欢相互听取意见。在这一过程中，英语水平较低的学生也能获得同学的支持，想把英语学得更好但先前决心不够的学生会增加学习意识，增强学习动力。总之，同伴支持和同伴压力都成为学生课外学习英语的一个积极因素。这一点可以从笔者的教学实践中所收集的学生反馈反映出来，“通过协作学习，我变得能够用英语表达自己，而且有一种归属感，觉得我们都是集体的一部分”“协作学习让我课后有了更多机会接触英语、用英语交流，这对提高我的英语水平很有帮助”“我获得了更多自信，发现用英语交流思想其实并不那么可怕”“我们能够为了达到目标而交换彼此的看法，讨论和表达我们的观点，这不仅提高了我们的英语交流能力，而且增进了我们的友谊”。这些话语都表明，通过协作学习，学生们都感觉他们是集体的一员，并且开始为他们的学习主动承担责任。这与 Little（1999）的社会互动观点是一致的，即学生通过与其他学生互动，增加了他们使用英语的机会，而且逐渐变得更加主动、更加自主。

第三节 医学院校大学英语体验式教学法与形成性评价体系相结合的必要性

医学院校形成性评价体系的研究，基于医学生文化背景知识欠缺的角度，研究教学中的文化因素，不仅注意提高学生对于文化知识的敏感程度，增加文化知识的积累，提高学生的跨文化交际能力，而且注重形成性教师反馈的研究，致力于活跃课堂气氛，减轻英语学习焦虑，缓解负面情绪，提高英语学习的内在动机，提高学习的积极性与主动性，从而提高英语教与学的效果；同时多角度的英语教学研究，共同致力于培养复合应用型人才，注重英语学习的亲身体验，注重教师反馈的重要性，全面参与形成性评价的改革与应用推广，通过这些手段，鼓励学生增加对于大学英语亲身体验的机会，注重引导体验过程，弱化不良情绪的影响，深度思考体验情景，掌握并运用相关、合适的英文表达，提高学生综合运用英语的能力，切实提高英语教学水平。

已有的研究，顺应各自时代的发展，对于大学英语体验式教学有比较充分的论证与实践。但是，在今天互联网时代造就的突飞猛进的网络环境下，教师面临基于大数据的慕课、微课、翻转课堂的冲击，学生面临互联网与手机等移动终端的诱惑，碎片化知识呈海量涌现的模式，大学英语已有的体验式教学方法受到前所未有的挑战，亟待适应针对目前发展状况的深入研究，亟待符合网络环境发展趋势的研究。

基于对已有的研究进行补充与发展，以已有的体验式学习理论为基础，本研究致力于充分利用网络环境，对于已有的碎片化知识进行选择与梳理，选择与创造贴近学生实际的英语学习情景，以学生为中心，加强组织与引导，增加体验机会，引导学生进行情感体验，系统地学习相关的语言文化知识，增加英语输出的机会，提升英语综合运用能力。在当前互联网高度发达的大环境下，预计该研究结果可以广泛运用到现在与将来的大学英语教学中。争取在以下方面有所突破。

（1）学术思想方面：在互联网高度发达的网络环境下，在原有的网络体验教学平台受冲击的形势下，对于体验式教学方法进行大胆创新，不只局限于现有的四套大学英语网络教学系统，而是充分利用网络平台、网络资源、移动终端、新媒体、APP 等现代化教学手段，结合教材，抓住学生的兴趣点，对于网络资源进行优化整合，组织学生课下积极体验与大学英语相关的学习情境；课上引导学生进行深度体验与思考，根据学习情境，组织语言实践活动，提高学生的听力、口语及阅读的能力；课后结合虚拟的与现实的语言实践机会，引导学生进行体验思考与总结，利用相关网站，获得口语、写作等语言输出方面的个性化的修改建议，提高英语综合应用能力；教师也可以通过对自身体验和观察的反思发展提高自己的教学水平。

（2）学术观点方面：医学院校本科生面临网络迅速发展的冲击与智能手机的挑战，由于自由支配的时间较多，很容易深陷其中而迷失方向，本研究克服了网络教学系统对于软硬件设施配套要求较高、学习方式与时间不够灵活、学习内容无法及时完成等障碍，通过深入研究体验式教学方法，充分利用丰富的网络资源、移动手段与新媒体，根据非英语专业大学生的现有水平与学校现有的硬件设施，对大学英语教学手段进行补充与发展，对于体验式教学方法进行改进与提升，从而逐步提高医学生大学英语的教学结果。

（3）研究方法方面：对学生参与的情境体验，运用手机等移动终端进行实时录制音频与视频，及时上传网络，不仅方便学生一起多次分享学习，交流体验心得与体会，增加师生互动的频率，还是真实而全面的研究资料；对口头与写作任务，都可以在完成以后，通过网络获得及时的修改建议，获得相关的研究数据；对教师与学生的访谈，也可以及时录制音频，保证数据的完整，其他还有课堂观察与田野笔记、对比研究、个案分析等方法，多渠道获得研究数据，确保研究结果的真实可靠。

第四节　研究过程

一、研究对象

研究对象为以 A 医学院、B 医学院为代表的医学院校本科生与相关英语教师。

二、总体框架

总体框架是以 Kolb（1984）的"体验学习模式"为基础，选用李荫华主编的《全新版大学英语综合教程》，充分利用网络教学资源、网络平台、多媒体、WIFI、手机等移动终端、APP、QQ、微信等手段，在课前、课中、课后，选择相关电子资源，合理引导学生进行大学英语学习内容与学习情境的具体经历、思维观察、抽象概念和主动实践，提高学生的英语综合能力。

本研究拟运用文献、课堂观察、访谈、比较、个案分析、对照、问卷调查、统计分析等方法，在两年的时间内，以 A 医学院、B 医学院为代表的医学院校本科生与教师为研究对象，在网络环境下，设计体验式教学法的实验，建立"体验学习模式"，收集整理数据资料，分析研究大学英语学习情境创设，帮助学生增加具体经历、多角度进行思维观察、形成抽象概念和主动参与实践，探索情景体验的获得与运用，整理分析可以参考借鉴的经验，在大学英语教学中，进行推广应用。

（1）文献法：查阅国内外相关文献，整理分析，梳理本研究领域的理论发展方向与研究趋势，形成研究观点，发现研究问题及重点难点，设计研究过程，预测研究结论。

（2）课堂观察法：通过实地观察、录制课堂视频，记录、分析体验情景的创设与运用、学生对学习情景的理解与思考等情况，收集教学资料，作为研究数据的构成部分。

（3）访谈法：通过阅读文献，整理设计访谈问题，选择有代表性的教师与学生，根据课程安排与教学进度，进行多次访谈并录音，收集教学资料，作为研究数据的构成部分。

（4）个案分析法：选定相应的教师与学生，进行调查与访谈，收集研究数据；同时，收集教师的教案、评价表、任务单、反馈评语等，收集学生的写作作业、研究报告、任务书等，作为相关的教学资料，丰富研究数据，进行个案分析与研究。

（5）比较实验法：随机抽取水平相当的班级，作为实验班与对照班，进行体验式教学的前期测试，在实验班设计进行试验，充分利用网络手段，课前给学生选择推送相关网络资源，指导初步体验，课上检查并引导深度体验与思考，录制、指导语言实践活动情境，课后给学生提供足够的例子作为参照，并通过网络进行总结与检查，获得个性化修改建议，进一步润色提高；运用比较的观点与思维，比较实验班与对照班的教学方法、手段及效果。

（6）对照法：把试验班在实验结束时取得的教学效果与实验开始时的情况进行自身对照，把对照班在实验结束时取得的教学效果与实验开始时的情况进行自身对照，分析实验班和对照班各自取得的教学效果。

（7）问卷调查法：根据相关文献及研究发现的有效体验手段等，设计问卷，在实验班与对照班进行两次问卷调查。

（8）统计分析法：把问卷调查结果输入计算机，利用社会统计学软件 SPSS17.0，对试验数据进行统计分析。

三、研究进程

（1）第一阶段：查阅梳理文献，设计教案、确定教学步骤与手段等具体的实验过程，确定实验班与对照班，编制问卷进行关于现状的调查统计与分析，撰写阶段性研究论文。

（2）第二阶段：根据现状调查的发现，设计关于实验效果的问卷与访谈问题，进行问卷的信度效度测试并进一步设计、改进具体的实验步骤，在大学英语教学中进行实验，通过第一次问卷调查，结合访谈与课堂观察，收集整理并分析数据资料，撰写试验发现的阶段性研究论文。

（3）第三阶段：利用假期，进一步查阅文献，分析数据资料，总结实验过程中的经验教训，修改完善阶段性研究论文。

（4）第四阶段：继续在大学英语教学中进行实验，通过第二次问卷调查，结合访谈与课堂观察，收集整理并分析数据资料，撰写并发表试验发现的阶段性研究论文。

（5）第五阶段：综合分析数据资料，整理研究发现与结果，得出研究结论，完成研究报告，完成课题鉴定。

四、研究重点难点

（1）选择适合大学英语学习内容的视频、知识碎片及相关网站与 APP，推送给每一位学生。

（2）监督、鼓励学生独立预习关于学习情境的视频与学习内容，并进行相应的思考。

（3）引导学生进行思维观察与情景体验，习得相关英语表达并且能够灵活运用。

五、主要目标

（1）利用网络资源与手段，引导学生进行英语学习体验。

（2）帮助学生进行独立观察与思考，交流学习经验，进行合作学习与分享。

（3）学生能够总结学习经验，能够恰当运用学到的语言文化知识进行口头与书面的交流实践。

六、基本思路

体验式教学强调的是学生对于学习的亲身体验，在网络环境下，学生对于语言的体验渠道非常多，但正是因为渠道众多，单凭学生自身的能力，无法正确选择适合自己的学习内容，也无法真正完成相关知识的独立学习，基于此，设计具体的实验步骤：课前，需要教师对于学习方式与内容，结合教材与学习进度，进行预先的筛选与适当的引导、评论，推送给学生进行预习与思考，在课堂上进行检查，鼓励与引导学生深入思考，运用相关的英语表达口头展示自己的观点，跟教材内容做对比，进行深度的理解与思考，提高听力、口语与阅读能力；课后，就相关话题进行写作，完成初稿后，在网络平台上传并修改，完成修改稿，逐步提高写作水平。

通过运用总体框架中的研究方法，收集整理教学的数据资料进行分析研究，得出研究结果，从中获得一些研究发现，在医学院校的大学英语教学中，进行推广应用，促进大学英语教学改革，提高学生的英语综合运用能力。

七、体验式综合英语教学模式设计

由于体验式教学来源于体验式学习，所以设计体验式英语教学的教学模式应该充分了解体验式学习的模式。阐述体验学习最为系统的模型，正如 Nunan 指出，Kolb（1984）提出的“体验学习模式”包含有 4 个阶段：具体经历、思维观察、抽象概念和主动实践。这 4 个阶段的具体任务是：①具体经历阶段：学习者体验新的情境；②思维观察阶段：学习者对已经历的体验加以思考；③抽象概念阶段：学习者达到理解所观察的内容，并转换为合乎逻辑的概念；④主动实践阶段：学习者验证形成的概念并运用到解决问题之中。

Kolb 模式的精髓在于：最好的学习效果是在经历了具体体验、观察思考、抽象概念、主动实践这一循环的过程之后达到的。其中，最为关键的一环就在于体验情境的设计。从 Kolb 学习模式在不同领域中的应用得到启发，笔者认为 Kolb 模式可以应用于大学英语教学中。

在设计体验式教学模式时，要体现调动学生体验学习的阶段。通过体验教学的课堂实践，笔者所在的课题组摸索并提出一套“体验式”教学的模式。这个模式包括四个阶段：课前素材准备、课堂情景体验、课堂知识归纳、课堂及课后的语言运用。

（1）课前素材准备：这个阶段主要针对教师备课。教师需要收集大量的语言素材、场景素材、视听素材、语言应用情境素材和学生需要完成的任务等。在此基础上把相关素材制作成多媒体课件，同时事先要求学生完成一些任务以便让学生通过教材和网络，主动预习相关语言素材。

（2）课堂情景体验：教师和学生在上课时共同观看并体验相关素材，体会在不同情境下语言是如何应用的。

（3）课堂知识归纳：学生根据自己在体验阶段得到的语言点，结合预习内容，总结所学语言如何应用；教师进行点评；同时教师还要扩展相关语言点的使用环境、用法和变异。

（4）课堂课后语言运用：学生根据教师提出的问题，运用体验和归纳的语言点进行实际运用，教师进行评判和纠正。学生根据教师提出的问题，在课后通过教材、多媒体课件和网络进行语言应用。

“体验式”教学对学生有一定的要求，在学习中，学生是课堂活动的积极参与者、大胆的表演者、有效的语言使用者、教师指导下的自主学习者。当然，这个教学模式的四个阶段不是孤立的，是相互联系、相互包含的。

目前，很多大学英语教材的每一个单元都是按主题（theme）安排教学内容，包括语言知识和相关的背景知识、阅读材料、听力题材都是围绕这个主题安排和设计的，因此，教师设计的各种教学活动在完成本单元的教学任务时，应首先让学生有足够的机会去体验、感知和思考所接触的新内容，实际上这就是在 Kolb 模式中前两种方式所包含的内容：即具体体验和观察思考，然后在教师的指导下，学生把观察思考后的内容加以归纳，得出新的概念（可以是新的语法知识、语言知识或是背景知识）并运用到新的语境中，这实际上就是 Kolb 模式中的后两种：抽象概念和实践检验。Kolb 提醒我们，在高层的认知、创新和个人发展中，常常需要在体验学习模式中的四个方面有更多的互动。按照这一模式的循环，教授完一个单元的内容之后，学生应该能达到对本单元的话题内容不仅能够感知，而且能在新的语境中运用的程度。

八、体验式综合英语教学模式的应用

在此笔者选取李荫华主编的《全新版大学英语综合教程》第四册中一个单元的教学安排为例说明体验式教学模式的应用。

（一）课堂基本情况

1. 班级背景 A 医学院 2015 级临床医学专业的一个班，计 60 名学生，年龄 19～21 岁，每周英语课程 1 课时，每次 2 学时，100 分钟。

2. 教材 《全新版大学英语综合教程》第四册第一单元“冰雪卫士”。

3. 教学目的 学生能够听得懂、说得出描述灾难常用到的词语和句型；能就“灾难”这个话题做 1 分钟的口头简单描述；能就描述一桩车祸、探视伤员做简单对话；提高阅读理解有关灾难和救助新闻、报道的能力。

（二）教学步骤

为了体现体验式教学的原则，教师进行集体备课，摆脱以往偏重课文，以词汇语法为主的思路，围绕课文主题设计能够激发学生求知欲的课堂活动。

1. 课前素材准备 对课文的处理要首先让学生体验。教师对这一课的准备是收集有关“自然灾难与战争”题材的图片，包括自然灾害等，如 1976 年的唐山地震、1998 年中国的大洪水、北京的沙尘暴、俄罗斯的核潜艇事故。把它们做成 Powerpoint 文件；剪辑著名的灾难片电影（如 Titanic）、飓风等自然灾害用于电脑多媒体。

2. 课堂情景体验 教学就在师生共同观看图片、影片的资料中开始。从电视、故事片、纪录片及音乐片中精选一些片段，通过电脑多媒体，用于突出语言情境和语言应用方法。尽管这些录像资料不能取代授课内容，但可用来激活学生的认知和情感区域，从而达到深化知识的效果。

3. 课堂知识归纳 学生按照教师给出的问题思考并简单写下与灾难有关的表达方法，如果有问题，要求学生主动求助教科书或教师。除此之外，还要写下他们对灾难与战争的认识。然后，学生讨论问题，口头表达出各自从教科书中找到的答案，这是另一种形式的再次具体体验。归纳阶段的形式是多样化的，通过思考归纳，学生较容易根据前一阶段的经历观察、思考，并在教师的引导下归纳出新学到的知识。

4. 课堂课后语言运用 这个阶段的主要任务是培养学生听说读写的语言运用能力，也是整个教学环节中最为重要的一环。教学过程中，要特别注意对学生的自主性语言交际能力的培养，即注意对学生在脱离课文后的创造性语言交际能力的培养。训练方式有多种形式的交谈、专题讨论、连贯对话、角色扮演、笔头作文、口头或笔头翻译等等。多种形式的训练，关键在于营造一个积极的语言小环境，调动和激活每一个学生的兴趣和参与意识。因此，教师对课堂的设计、安排、调配等方面的组织措施就显得非常重要了。《全新版大学英语综合教程》每一单元的主题都非常接近生活，所以学生学习起来就觉得有话可说。以第四册第一单元为例，除了课文上介绍的灾难和战争工作之外，还可以设计如下的课堂活动来促进学生语言运用能力的提高。

（1）熟悉有关灾难的名称和与其相关的常用表达，如描述一起交通事故。在这个任务活动中，有的学生讲述了自己亲身经历的交通事故，惨烈的描述使更多的学生受到强烈的震撼；有的学生叙述了自己在交通事故中失去了朋友和亲人的悲痛，也让所有学生对生命和生活有了新的感悟；还有学生讲述了我国发生的多次洪涝灾害，以及在自然灾害中体现的人与人团结协作的精神。这个口语活动任务由于与学生自身经历和体验有关，容易激活他们的背景知识，也激发了学生主动表达的愿望。

（2）进行探视伤员的日常对话。与上一活动不同，这样的口语活动要求学生与学生之间有良好的互动，以体现口语活动要真实交际的原则。此时，语言学习本身的重要性是次要的，它只是交流体验的媒介。

（3）教师设计了 15～20 个选择题，题目涉及环境保护方面的常识。例如，如何防治水污染？如何防治空气污染?学生活动的具体规则是分组抢答；每组每次答题人必须轮换；每题一分，答对加分，答错扣分；抢到答题权的小组 3 秒钟之内不能给出答案就由别的组再次抢答，答错的也可以再次抢答。

（4）学生去网上搜索相关信息。

（5）上述活动是学生完成这课基本内容的学习后的一个后续活动。设计这个活动是为了培养学生综合运用知识的能力。所谓运用能力，不光是在生活里运用外语，同时要运用这方面的技能去收集信息。这种技能也是在我们外语教学过程中需要注意培养的（胡壮麟，2004）。

（6）作业是要求学生用提供的背景材料及本课学到的表达，仿写一篇环境破坏方面的报道。通过这个循环过程，学生们在相关词汇的应用、句子的翻译和口头表达等方面得到了锻炼。学生们感到这样的课堂教学与以往仅仅注重教师讲授的方法相比，更能调动学习积极性、主动性，学习效果也比较好。

九、体验式综合英语写作模式的应用

1. 研究问题　为验证批改网这种新型在线自动作文批改系统在大学英语写作教学中的优势，在建立基于批改网的大学英语自主写作教学平台的基础上，具体研究的问题是：批改网是否有利于激发学生的英语写作学习动机、提高学生的英语写作能力和自我效能感?

2. 研究周期　实验周期从第三周到第十二周，共十周，学生每周需要在批改网上提交一篇作文，以使其写作保持连续性。

3. 基于批改网的大学英语自主写作教学模式　首先在批改网上开通教师个人网站。在十周的教学实践中，笔者所采用的大学英语自主写作教学模式包括以下几个步骤。

（1）确定作文主题，创设情境。根据 Bruner 的发现教学论，“学习不能与生活脱节，在接近实际生活的教学情境中，学生才会学到真正的知识”（Bruner，1977）。

因此，为激发学生的主体能动性和学习动机，作文主题的设立应基于学生的认知基础，选择贴近学生生活或与所学学科有关的话题，注重主题的趣味性、知识性和教育性。

主题确立后，教师可在“共享文档”中通过上传相关视频、阅读材料等尽可能为学生的作文写作创设情境，并提供简要要求。

（2）提交作文，结合反馈，自主多稿修改。学生登录批改网，点击“我的老师”找到“最新作业”，答题并提交。作文提交后，系统经过句子分析、语义分析、语言点分析等步骤，会立即提供分数、评语和按句点评。学生可根据按句点评提供的推荐用法、错误用法、中式英语和易混用法等即时反馈信息，结合教师的点评及反馈意见，点击“继续完善”，进行在线反复修改并再次提交直至满意。

（3）教师抽阅学生作文并进行课堂讲评。学生提交过程中，教师需对部分学生尤其是低分段学生的作文进行抽阅点评，同时也需对优秀作文进行点评以作为范文推荐给其他学生阅读、比较和参考。

作文提交时间截止后，教师应及时结合批改网提供的“薄弱点分析报告”中的共性薄弱点在课堂上与学生进行讨论、分析，同时挑选出几篇优秀作文和错误较多的作文在课堂上与学生一起进行阅读、思考和品评，并对学生在写作或修改过程中的困惑进行答疑。

（4）推荐作文，共享文档。批改网中的“推荐作文”，不是推荐传统上的范文或专家作品，而是推荐本次写作中学生自己的优秀作文，供其他同学学习、欣赏、参考。

在对同伴作文进行欣赏时，学生会从写作主题、写作结构、用词及思维角度等不同方面与自己的作文进行对比，学习同伴水平高于自己的地方，完成“可理解输入”，增强写作信心，提高对自身写作能力的自我效能感。

每次作文结束后，教师需针对本次作文的写作情况，如共性薄弱点、用词、立意、连贯性、得体性方面等进行详细总结，并上传到“共享文档”，以供学生复习或为今后的写作做参考。

4. 研究工具　针对本研究问题，笔者采用了问卷调查、半开放式访谈、实验前后两次测试和 SPSS17.0 软件等研究方法和工具。

问卷调查主要针对批改网是否有利于增强学生英语写作的学习动机进行。问卷参照 Harris & Wambeam（1996）的设计，根据学生情况和本实验的写作教学情况，设计了五个与学习动机有关的问题，统计使用五级量表，“很不满意”（得 1 分）到“非常满意”（得 5 分），得分越高，表明学生对英语写作的学习动机越强，反之则越弱。

为深入了解批改网是否有利于提高学生的英语写作学习动机、自我效能感和写作能力及学生对批改网的评价和建议等，本研究对其中 45 名受试学生（每班 15 名，根据前测成绩，在三个分数段即 60 分以下、61～80 分和 81～100 分中分别任意选取五名学生）进行半开放式访谈。为让学生畅所欲言，访谈按班级分三次以茶话会的形式在学院会议室进行，访谈前已告知学生我们欲对整个访谈过程进行录音。访谈主要涉及以下问题：

（1）批改网如何影响了你的英语写作学习动机?

（2）批改网在哪些方面提高了你对自我写作能力的自我效能感?

（3）你对批改网的总体评价及改进建议是什么?

为验证批改网是否能有效提高学生的英语写作能力，本研究在实验教学开始前和使用批改网教学十周后，分别对所有受试学生进行英语写作纸质测试，测试时间为 30 分钟，并根据全国大学英语四级考试作文评分原则和评分标准，分别从篇章结构（20 分）、内容切题（20 分）、连贯（20 分）、词汇（15 分）、语法（10）、长句（10）、写作规范（5 分）七个评分标准进行评分，满分设定为 100 分。

为确保评分信度，本研究特邀三位四级优秀阅卷教师对作文分别进行评阅，学生最后得分由三位教师的评分平均分而得，如果评分差异过大，则由几位阅卷教师商讨达成。

本研究运用 SPSS17.0 软件对前测和后测作文的成绩进行比较分析，并运用 t 检验和 p 检验来检测各项成绩之间是否存在显著差异。

十、微信平台下的大学英语移动学习的应用模式

从语言学的角度讲，语言信号的输入与输出是“二语习得”的关键所在，也是这一领域研究的重要理论支撑。按照惯例，二语习得者只有接受了足够语言输入之后，才能在“i+1”的条件下完成习得。借助微信进行大学英语学习，是借助新的网络交流平台完成的二语习得，这种范式不但能够拓展大学英语教学时空，还能对大学英语教学提供必要的补充。一般而言，基于微信的大学英语移动学习有协作式自主学习、语言输入与输出相结合、以教师为引导的师生情感补给等应用模式。

1. 协作式自主学习模式　借助微信平台，学生在教师的组织、指导下，采用“小组展示+成员互动”的方式，自主学习和协作学习相结合，开展听、说、读、写、译能力训练，提升学生的语言应用技能，使大学英语移动学习成为课堂教学的有益补充。这种模式能有效消除自主学习过程中产生的困惑和疑问，学习者在向小组其他成员展示和互动的过程中，取长补短，提高认识，增长知识。此外，还能促进大学生对自身学习过程进行全面总结和反思，这对促使学生进入更高层次的自主学习大有裨益。

2. 语言输入与输出相结合的模式　这一模式强调学生的“文化感知”和“角色定位”。教师通过向学生发布他们感兴趣的视频或者时事热点链接，其中可以包括较难但重要的语法点或鲜活的社会话题，以便调动学生的学习积极性，在相互讨论中激起学生的共鸣，在师生之间、学生与学生之间互动的基础上，强化他们的听说能力和跨文化感知能力。这种语言输入与输出相结合的模式，使教师角色在微信场域中进行了重新定位，教师以组织、指导、监督的角色参与到大学英语的移动学习之中。这种模式不但能够强化英语学习内容，使学生对学习重点、学习难点有宏观把握，也能引导学生对社会话题尤其是跨文化话题给予更加深入的关注，并在这一过程中学习最新的英语词汇，提升阅读与写作能力。

3. 以教师为引导的师生情感补给教学模式　这一模式倡导“理性教育”和“动态监督”相结合，即在教师发挥能动性、积极引导学生的同时，对其进行“情感补给”，使原来的课堂能够获得必要的延展。这样一来，教师可以借助微信把更多的精力放在提高学生学习效率和解决实际问题方面，为教学计划的制订和优化提供更多可利用的时间。更为重要的是，借助微信平台，大学英语教师能够通过查看“动态”及时了解学生的学习、生活和思想状况，与辅导员、班主任和其他教师一起给予他们适时的帮助，以弥补当前大学英语课堂教学中师生情感交流的缺失，更好地培养医学生的情感，使之在情感教育和理性教育中能够得到“双重”重视。

4. 基于微信的大学英语移动学习策略　近年来，微信已经在大学英语移动学习中得到了初步应用，前景十分广阔。医学院校不但要借助这一新媒体技术丰富教学手段，创新教学模式，还应选择和优化学习策略，为大学英语移动学习创造更为自由、高效的学习平台。在实际应用中，应在以下几个方面做出努力。

（1）强调基于微信平台的“知识”与“趣味”的引入，提高学习效率。

为使基于微信的大学英语移动学习切实成为课堂教学的有效补充，得到学生的认可和接受，在实践中要做到规范可行，注重以下操作：①借助微信平台，针对学习进度对学习层次进行合理安排，并通过设置测试环节，对学生的移动学习效果进行考查。在这一过程中，要保证测试内容的开放性，以便最大限度地增加学生与学生之间、学生与教师之间的微信互动；②对医学生感兴趣的知识和内容进行筛选，及时将其发布于微信客户端。对大学英语任课教师这一角色要重新定位，按照不同方向的学习内容选择有价值的部分，并按

照学生的特点与诉求，通过平台提供差别化的信息，以便使大学生能够对选取的内容形成强烈的求知欲，变被动学习为主动学习，使自主学习与协作学习充分结合；③在内容编排方面，要体现出合理的逻辑性和知识的客观性，使医学生的移动学习内容能够简洁、清晰地表现出来，恰当反映大学英语的整体知识结构。例如，可以把医学生的移动学习动机和未来工作结合在一起，以此吸引他们的注意力，提高其交际能力。

（2）以语言输入和输出为节点，重新定义教师的角色。

通过前文的分析可知，基于微信平台的大学英语移动学习需要实现输入和输出的有机结合。而为了做到这一点，除了要注重学习效率和效果的提升外，更应该做好“入口管理”，即“输入管理”，以便能够最大限度地提高大学英语移动学习的组织绩效。为此，需要对教师角色进行重塑，提高其专业基础知识和专业技能，使之能够借助微信平台将听、说、读、写、译等语言应用能力展现出来（在这一问题上，可以借鉴“慕课”的做法，教师事先录制视频材料，将其上传到微信平台），以便为学生提供实质性建议和方法、手段上的指导。此外，还应对师资队伍进行再教育和培训，提高对微信平台的应用能力，为学生提供更有价值的信息。只有这样，才能保证基于微信的大学英语移动学习取得较好效果，才能使之成为课堂教学的重要补充。

（3）对基于微信平台的移动学习进行动态监管。

微信平台是建立在移动网络之上的应用软件，在大学英语移动学习方面已经展现出一定优势，起到的作用也十分明显和积极。而为了更好地发挥这种学习范式的效果，在强化学习方法和学习手段的同时，更应该对其运行环境给予高度关注，保证移动网络信息的安全性，使基于微信的大学英语移动学习能够安全、顺利地进行。只有这样，才能保障课堂具有可持续的延展性。而为了实现这一点，需要发挥教师和学生的主体性，提高参与者的自我控制力，加强对微信的合理、正确运用，强化对学习内容、学习方式和学习效果的动态监管，最大限度地体现移动学习的价值。

十一、大学英语体验式小组学习的开展

在体验式小组学习过程中，教师努力把间接经验转化成直接经验让学生去思考、讨论、合作，体验事实，体验过程，体验问题，体验结论，感受到情感与思想的萌生、形成和交流的过程。“体验”的本意更偏重于个体的思想、情感、心理等活动。

体验有明显的感悟性、自主性和过程性的特点。例如，以《全新版大学英语综合教程》第四册第三单元中的“工作面试”为个案，运用教学设计理论中的“以学生为中心的教学系统设计模式”，并结合库伯的“体验式学习模式”的步骤，加之小组学习的学习方式，提出了以下具体实施策略：

（1）具体经历：设定主题及教学目标。

课前，教师介绍上课主题，引起学生注意，提问学生与主题相关的一些问题，分小组谈论与主题相关的自身经历。因为“体验”的本意更偏重于个体的思想、情感、心理等活动，体验有明显的感悟点。

这次课的主题是“面试时，如何给人留下深刻印象”，学生前后邻桌六人为一小组，结合自己的亲身经历与所学专业，讨论如何给人留下好的印象。教师提前说明本课教学活动的目标，让学生清楚了解学习本课的目的，如此次课的教学目标，力图达到能够流利运用日常交际语和别人打交道。

关于“面试时，如何给别人留下深刻的印象”，每小组根据整理的信息做 3 分钟的

阐述。

此话题可模拟面试场合展开对话。通过组间的讨论，使学生体验日常交际用语，提高大学生英语的实践运用水平。

（2）观察反思：设定具体情境。

为了激起学生的兴趣和注意力，师生上课时共同观看、体验相关主题的素材，体会不同情境下语言的具体应用。教师播放一些以“面试”为主题的对话片段。同时，让学生思考面试成功与否的情景对话。通过视觉刺激，激活学生情感与认知区域，使学生体验具体场合不同表达语、不同肢体语的应用，进而实现深化英语知识学习的效果。

此外，学生通过观察成功与失败的交际对话场面，反思自己日常交际经历，形成对“如何给人留下好印象”的再认识，如眼神、面部表情、形体态度和表现，在交际中的重要性。

（3）抽象概括：总结所学知识要点。

此阶段，学生对前两个阶段学习的语言点进行概括和总结，教师需进行点评，同时要扩展相关语言点的使用环境和用法。在具体设置的学习情境中观察反思之后，学生分小组讨论教师设定的问题，用英语表达教师提出的问题，并概括出所学要点。学生根据前一阶段的观察、反思，在教师引导下概括出新学知识，建构出自己的知识结构。

在此篇课文的学习中，学生领会到在成功交际中要保持自我，保持最佳状态的自我的重要性。

通过前两个阶段的情景模拟和观察反思，学生体验、领会到“面试时，如何给人留下一个好印象”的重要影响因素，并在学习中，领悟、掌握在不同场合的地道英语表达。

（4）主动实践：运用所学语言知识。

这个环节，主要是学生把建构的知识应用到实际交际中。由于英语是一种交流的工具，其学习的有效途径是“边学边用”。教师在此阶段要注意培养学生在脱离文本后自主性和创造性的语言交际能力。可利用多种训练方式展开，营造一个英语练习的小环境，如小组间的专题讨论、模拟场合的连贯对话和角色扮演。借此激活和调动每个学生的参与意识和配合兴趣。教师可设计如下活动。

专题讨论：分小组用英语讨论如何把自己介绍给不同场合的陌生人。

连贯对话：两人一组，对“面试时，如何给人留下好印象”以及影响“好印象”的多种因素进行对话讨论。

小组间角色扮演：小组中有五名同学扮演面试考官，一名同学扮演应届毕业的医学生，组间展开一场模拟面试对话。

（5）评价总结：反思与深化所学知识。

评价包括小组评价和个人评价。教师根据学生参与活动的表现及运用语言的能力进行评定。在评价中，学生不仅获得集体荣誉感，而且建立自信。同时，教师可以对自己的教学设计进行评价、反思和调整。此外，教师对“如何给人留下好印象”的重要因素进行总结，如保持最佳的自我，谈论双方感兴趣的话题，适当使用幽默技巧；注意肢体语、语调语速和态度等。

第五节　初步的研究结果与分析

一、体验式综合英语教学模式的研究结果与分析

通过关于天气、灾难与战争这个循环体验的过程，学生们在相关词汇的应用、句子的

翻译和口头表达等方面得到了锻炼。学生们感到这样的课堂教学与以往仅仅注重教师讲授的方法相比，更能调动学习积极性、主动性，学习效果也比较好。

通过体验式教学模式的应用与访谈（见附录 17）我们可以看出，体验式教学主要优势体现在以下几个方面。

（1）通过交际情境和实际应用，使学生掌握学习内容并学会如何运用而不是孤立地学习语言。这种教学法体现了交际教学的原则，反映了当代外语教学理论的新进展，与外语教学界一直提倡的任务教学法和交际教学法紧密相关。

（2）体验式教学可以充分利用现在的网络和媒体供学生学习。通过网络课题的交互学习，学生提高了听、说、读、写的能力。

（3）体验式教学培养了他们对自己的学习负责任的意识。通过自主学习和自己归纳，由教师让我学变成了我要自己学。

利用立体化的教学资源大大提高了学生学习英语的主动性、积极性和学习效率。然而，如同任何一种教学法一样，体验式教学也有它的不足之处，表现在以下几方面：

（1）从时间上看，在课上需要花时间进行情境体验，以便让学生体验到语言运用的场景。这样会占用其他教学内容的时间。

（2）从培养学生的语言技能角度看，体验式教学由于重视学生实际语言应用能力，相应地教材阅读难度比以往教材有所下降。这样不利于学生阅读能力的培养。

（3）从任务完成的角度看，体验式教学要求教学备课时间较多，有时与教学大纲所要求的在短时间内处理大量语言信息的任务有一定的冲突。

针对以上这些情况，可以借鉴传统教学法中的可取之处，把它们融会到体验式教学法中。例如，在教学中以一个团队的形式对教学任务进行设计，在评估中采用过程评估来代替成果评估等。这样，就能做到集思广益、分工合作，围绕每一个单元的主题设计出大量丰富多彩适宜学生体验和探究的学习活动和体验情境。此外教师必须要转变观念，改变原来以一本书为依据授课的状况，使学生阅读面更宽。

另外，教师自身的语言水平必须要不断提高以满足学生的多种信息需要；教师还要学会适时在学生的体验学习中进行管理和组织。

“体验式”教学对教师的素质有较高的要求，在教学中，教师应该具备敏锐的观察力和创造力，善于从看似平淡的日常生活中搜集到适合当代大学生讨论的素材以便设计情境，让学生去体验；教师还是注重效率的组织者，能事先做好准备，使每个学生都有参与讨论的机会，并善于将开放性的讨论归结为有序的解决问题的过程。

体验式教学方法的运用时间不长，还没有形成统一的理论、概念和教学模式。但其对大学英语教学的积极影响已经有所体现，能够反映体验教学的本质和优势，相关的教学模式也在教学实践中获得了比较好的效果。当然，该模式仍然需要经过教学实践进一步检验并做相应完善。

二、体验式综合英语写作模式的研究结果与分析

通过十周基于批改网的体验式综合英语写作教学模式的实践运用后，批改网即时评分、即时反馈、按句点评和在线多稿修改等特点，有效激发了实验班学生的英语写作学习动机，提高了学生的自我效能感，不同程度地提高和改善了不同水平学生的英语写作能力。

（1）实验班学生英语写作能力得到提高。为检测批改网是否有利于提高学生的英语写作能力，我们对实验班学生进行了实验前和实验后的作文测验。统计结果如表 4-1 所示。

表 4-1　实验班前测和后测成绩统计结果

评分项	前测成绩		后测成绩		T 值	P 值
	平均分	标准差	平均分	标准差		
篇章结构（20 分）	16.5	2.8	17.8	2.1	4.1	0.001
内容切题（20 分）	15.4	2.8	16.3	1.8	4.0	0.001
连贯（20 分）	12.9	2.7	14.8	1.9	6.5	0. 000
词汇（15 分）	8.9	0.8	11.12	1.4	7.8	0. 000
语法（10 分）	5.8	0.9	6.4	1.1	3.9	0.001
长句（10 分）	5.6	0.8	6.3	1.3	4.8	0. 000
写作规范（5 分）	3.5	0.9	3.8	0.8	2.4	0. 030
总分（100 分）	68.0	10.8	77.6	8.8	7.6	0. 000

从表 4-1 可以看出，实验班学生后测成绩中的评分各单项及总分平均分均高于前测成绩，这说明经过十周基于批改网的体验式综合英语写作教学模式训练，不同水平学生的写作无论从篇章结构、思想内容、段落连贯、词汇选择、语法、长句的运用和写作规范等方面都有不同程度的提高。

t 检验和 p 检验（以上各概率 P 值都$<$0. 05）结果表明，学生总体水平、用词和连贯等前后测结果存在显著性差异，这表明学生的英语写作能力得到有效提高。

（2）激发学习动机、提高自我效能感。在教学实践的最后一周，本研究就批改网是否有利于激发学生英语写作的学习动机和提高自我效能感进行了问卷调查和半开放式访谈，问卷调查结果如表 4-2 所示。

在问卷调查中，学生选择“满意”和“非常满意”的比例达到 75% 以上，没有任何学生选择“不满意”或“很不满意”。具体来说，学生英语写作的学习动机从以下几个方面发生了变化。

表 4-2　实验班英语写作学习动机调查结果

满意程度	写作目标明确%	写作兴趣提高%	写作参与度提高%	写作焦虑感降低%	写作成就感提高%
非常满意	31.1	30.0	27.4	26.0	36.0
满意	69.9	44.8	50.1	49.0	44.0
一般	0	25.2	22.5	25.0	20.0
不满意	0.0	0.0	0.0	0.0	0.0
很不满意	0.0	0.0	0.0	0.0	0.0

（1）英语写作成就感和满足感大大提高。

在根据批改网和教师的反馈信息和评语进行在线多次修改的过程中，学生既扮演读者的角色又扮演教师的角色，对自己英语写作水平和写作中出现的问题有一定的认知，在利用网络和提供的语料库对自己作文中的用词、句子结构、篇章结构等错误不断进行搜索、选择、自主修改的过程中，学生的英语写作潜力得到挖掘。

当成绩从较低分数转变到较高分数时，学生在这种注重过程的写作中感受到前所未有的成就感和满足感。正如学生小张在半开放式访谈中说：“批改网能指明提升的方向，指出错误，并允许更改，使写作朝正确的方法迈进。成就感也就在分数不断提高的过程中建立。”

（2）英语写作焦虑感大大降低。

自我效能感理论告诉我们只有提高学生对自身写作能力的自我效能感，让学生相信自己有能力完成写作，学生对写作的焦虑感才会大大降低。批改网所提供的百宝箱、语料库词典、即时反馈信息和评语使其扮演着虚拟的激励者、指导者、协调者等角色，提高了学生对写作的信心和对自身写作能力的自我效能感，大大降低了学生对写作的焦虑。学生小李在访谈中反馈到："批改网可以提示我们如何使句子更完美，让我们学习更多的高级词汇，掌握写作技巧。通过这样的学习，我对写作的恐惧感大大降低了。"

（3）英语写作兴趣和参与度提高。

大部分学生对英语写作缺乏兴趣的原因在于绞尽脑汁却无从落笔，篇章结构散乱，逻辑缺乏严谨，中心议题模糊，语言表达不清。"批改网能检查出作文中的错误，还能规范文章结构，提醒使用逻辑连接词，这促进了写作者作文的条理性；鼓励使用长句和高级词汇有利于写作者勇于尝试，大部分同学抱着何乐而不为的轻松心态。"受访者小郭如是说。

（4）英语写作目标更加明确。

传统写作教学模式中，由于学生把写作过程看成是一种"折磨"，经常以不得不完成任务的消极心态写作文甚至出现抄袭现象。小刘在访谈中说："批改网让我对写作目标更加明确，长远来说就是掌握正式的书面英语，以便今后从事与英语相关的工作，短期来说，有利于在四级考试中得高分。"

三、微信平台下的大学英语移动学习的实践效果与分析

在实际操作中，我们选取了 A 医学院 2015 级康复治疗两个班的 92 名同学作为试验对象，将基于微信的协作式自主学习模式、语言输入与输出相结合的模式和以教师为引导的师生情感补给教学模式应用到翻译教学中。在开展实践教学的过程中，首先对学生和教师进行了实验内容的培训，并对最初的学习效果和学生的学习意愿进行了调查。然后，将实验对象分成两组。其中，实验组采用全新的模式进行教学，对照组按照传统的教学模式进行教学。在实验组，首先明确要求教师对于推介给学生关注的微信公众平台信息要审慎，对推送的内容要从专业性的角度进行审核。针对即时通信工具的学习资源较为碎片化的特点，要求教师对推出的内容归纳整理，使其恰当融入学科教学体系。经过一学期 16 周的教学之后，对两组学生的学习效果进行了检验，翻译成绩提升比例如图 4-1 所示。

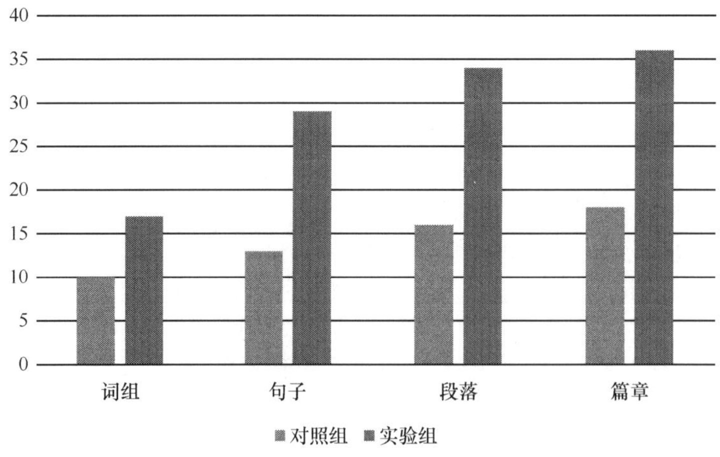

图 4-1　实验组与对照组成绩提升比例

实验组在各个项目的学习成绩均高于对照组，在句子、段落、篇章等大的语言单位中差别明显。在实践中，我们发现学生的学习热情和教师的教学积极性都得到了显著提升。这说明，基于微信的大学英语移动学习策略是可行的，能够取得较好的应用效果。

第六节 讨 论

一、互联网在英语教学中的作用

在互联网逐渐渗透人们生活各个方面的时代，人们的教育观念也发生改变，随之带来教学方式的革新。教师通过互联网平台进行英语教学，使学生能够在互联网这种相对轻松的环境中学习。学习英语的目的是提高学生的英语综合运用能力。然而，传统的英语教学模式比较枯燥，教师难以给学生提供更多的个性化教学内容，难以激发学生学习英语的兴趣，因此，利用网络进行英语教学是目前英语教学改革的重要内容。

互联网在英语教学中的应用，可以使学生更积极主动地学习知识、参与练习，同时也可以使教师在已有的基础上接触更多的教学方法与教学内容，并加强师生间的交流互动。教师在互联网上可以更多地搜集到新颖、有用、新潮的教学材料，学生也可以在互联网上更快捷地搜集到自己需要的学习资源，还可以以自身的兴趣爱好为搜索方向，扩大自己的知识量与知识面。

基于互联网上丰富的学习资源，学生可以根据自身的兴趣与需要，找到适合自己的学习方法，从而更加主动地参与学习，达到更好的学习效果。教师可以通过互联网上的资源，丰富教学内容，完善教学手段，同时促进教师进一步加强教学研究，从而有效地优化教学效果。通过引导学生在网上浏览有关英语学习的论坛、观看英语新闻、与国外网友交流等，引导学生通过网络平台开展丰富的英语学习活动，使学生在互联网中找到有效的学习方法。网络课程还可以及时更新补充，与传统教学模式相比更加灵活。

利用网络平台进行英语教学，使学生由被动式学习转变为自主式学习，教学的重点也从以英语知识为重点转变为英语语言运用为重点，可以说，英语教学的目的更为准确。但同时，利用网络平台教学也存在一些问题：

一是主体关系容易混乱。受传统教学的影响，再加上网络中知识点多而杂，教师常常只是对词汇、句型进行讲解，导致学生没有真正实现在网络平台上学习英语的优势——交流与运用，同样产生了传统教学中以教师为主的现象。

二是教学模式受传统模式影响。有的教师没有意识到利用网络教学的真正意义，将网络视为为课堂服务的工具，导致教学没有达到预期的效果，教学方式也本质上等同于传统的教学方式。

因此，教师不仅需要巧妙运用互联网的各种资源，而且要充分发挥网络教学的优势。互联网将许多资源整合在一个平台上，教师作为教学领导者，需要了解学生在学习英语的过程中存在的问题，要充分发挥网络英语教学的优势，基于教学内容、学生状况等制订合理的教学计划，鼓励学生更多地运用语言进行交流，从而使学生更好地通过网络强化英语学习。教师在网络教学中充当的角色应当是资源的收集整理者，引导学生更好地利用互联网进行学习。

三是训练方法单调。在教学过程中，教师的训练方法过于单调，不利于学生长期积极地进行训练。教师应在教学过程中，尽可能地使用丰富有趣的教学方式，使学生在轻松的氛围中活跃思维，激发学习热情。同时，教师也应为学生创造表达和交流的机会，将所学的知识运用到实践中，最终提高其英语的综合运用能力。

针对以上问题，本研究建议：首先，要进一步提升英语教师的综合素质。教师的综合素质是影响学生学习发展的重要因素，其综合素质的提高会从个人素养、学习习惯与学习思维等方面对学生产生积极的影响。互联网带来了教育理念与方式的革新，新时代对英语教师自身的综合素质提出了更高的要求，英语教师不仅需要及时更新教学观念，还需要学会利用各种现代化手段辅助教学。

其次，要大力建设网络英语教学库。网络平台不同于传统的教学环境，其具有海量的信息与便于搜集的特性，使得教学与学习活动更有效率。教师要引导学生学会合理利用网络资源，这样才可以使学生在互联网学习中获得良好的学习效果。开发网络英语教学库是英语教育课程改革中的一个重点，缺少丰富教学资源的教学活动只会带来学生盲目学习。有针对性地选择素材，加以整合整理，建立一个资源丰富的教学资源库是当前情况下有效利用互联网进行教学的重要手段之一。

测试与评估和基于网络教学平台是大学英语教育的改革方向与实践目标，也具体阐释了教育法、教学模式、课程改革、跨文化交际、学习策略及语言学在网络环境下大学英语教学中的运用；丰富教学资源，优化教学过程，培养学生的自主学习能力，是互联网时代英语教学的目标。因此，有必要进一步研究和认识互联网英语教学的发展前景和巨大优势，积极运用和改良互联网英语教学方法，从而促进英语教学质量全面提升。

二、网络批改作文的作用

通过本次实验研究，批改网在大学英语写作教学中的应用对于提高学生的自主英语写作能力、激发学生英语写作的学习动机和提高学生对自身写作能力的自我效能感有着积极意义，也有助于深化大学英语教学改革所倡导的培养学生自主学习能力的理念。

在实际使用及半开放式访谈中，也发现了批改网的一些不足。例如，对于内容切题、篇章结构、逻辑等方面还无法全面评估；不能识别结构较复杂的句子；“低频警示”疑为中式英语，但却未能给出参考用法；评语概括性强、未给予详细评价。鉴于此，本研究提出以下建议：

第一，批改网应丰富其语料库，增加修改建议，同时应提高其计算机智能分析、逻辑分析等技术。第二，把系统设置“在截止日期后生效”的学生互评功能改为学生在线互评，这有利于打破师生、学生与学生之间的界限，实现平等、真诚的作文交流，提高学生协作学习能力，培养其团队合作能力和创新精神。第三，在教学中，教师不应完全依赖批改网，布置完作文就置之不理，而应充分利用批改网的优势，运用批改网的教师点评功能对学生的作文进行及时点评以及对共性薄弱点进行讲评。只有当批改网在线即时反馈、同伴反馈和教师反馈在大学英语写作教学中结合运用时，学生的自主写作能力及写作教学质量才会得到切实提高。

当然，本研究还有待完善。首先，本研究受试对象不能代表其他高校或其他年级学生，加之实验所在学期学生都要参加大学英语四级考试，大部分学生都有比较迫切的提高写作能力的需要，因此本研究结果的普遍有效性还有待后续研究的进一步论证。

其次，本研究时间较短，且缺乏对照组，这些都可能会限制对批改网的科学客观评价。但值得肯定的是，基于批改网的大学英语自主写作教学模式在一定程度上弥补了传统写作教学的不足，有利于大学英语写作教学质量的提高。

批改网是智能导师系统在高等教育中大规模应用的典型，全国已有近 200 所大学数万学生在正式使用批改网进行写作训练，还有很多院校的学生正在试用该系统。该系统也已经上线了手机版终端和平板版终端，广大师生已经在该系统中获益匪浅。

排除自身具备的弊端，批改网是智能导师系统教学实践的一大进步。

（1）批改网能够进行智能批改作文，并提出部分建议，学生根据建议完善自己的作文，该环节已经代替了教师的部分教学工作。

（2）批改网支持系统自动批阅和教师人工批阅的完美结合，打破以往机器批阅和人工批阅无法整合的弊端，取两者之长，优势互补，为混合式写作教学搭建了完美平台。

（3）批改网实现了优秀作文共享。通过批改网提供的教师个人网站，实现了优秀作文和精批改作文的共享，使同伴学习变得非常便捷。

此外，批改网可以同时承担部分英译汉教学任务，学生把自己的翻译结果录入批改网，批改网仍然会进行按句点评，翻译内容越长，效果越好。句酷批改网可以帮助学生养成反复修改作文的习惯，在关注学习结果的同时，关注学习过程，强化智能导师系统指导下的形成性评估。

但机器毕竟是机器，由于语言自身的灵活性和发展性，在使用的过程中会出现各种程序无法识别的错误，这就需要教师的亲力亲为，给学生指点迷津。同时这些都预示着智能导师系统在教学中的定位仍然是辅助教与学，系统不能取代教师，教师仍是教学的主导。将智能批改技术融入写作教学，为教学服务，仍然需要教师将课堂讲授和在线写作训练进行有机的结合，避其弊端，发挥两者的优势，不能过分依靠英语写作智能导师系统。

三、应用角色体验式教学法的作用

第一，有利于提高学生的合作意识。

在运用角色体验式教学法的过程中，学生需要相互配合、相互交流。学生在体验中可以提高自己的思考能力和语言表达的能力，也可提高自己的自省能力和体验意识。在语言实践的过程中，角色与角色之间既要有言语的交流，又要有感情的投入，因此它在锻炼学生应用英语能力的同时，也能培养学生的表达能力、与人沟通能力和认知能力。尤其是，同一个班级、同一个专业或同一个年级的学生在一起进行角色体验，还能培养他们的团队精神和集体荣誉感。

第二，有利于创建一种良好的体验环境。

对我们中国的学生来说，英语不是自己的母语，学习英语没有语言实践环境，自主学习有困难；语言实践能力不强、行为控制能力较差的学生，更不可能自主地进行学习。

角色体验式教学法是在一种开放、民主与和谐的氛围中进行的，它可以缓解学生学习的压力，可以使学生的紧张心理得到调节，为学生在一种宽松与包容的氛围中自由地进行语言实践活动提供了良好的环境。同时，由于角色体验式教学法是在模拟的环境中进行的，所以学生在进行语言实践活动时也可以尽可能地按自己的意愿来行事，可以不必过多地担心因失误而造成的结果。

这也就是说，由于只是角色体验，所以在学生看来，自己只要将自己所要扮演的角色扮演好即可，因而不必过多地考虑由于表达不畅、由于用词不当等所带来的后果，即使有什么不妥之处，其影响也是有限的。

第三，有利于教师考查学生的综合能力。

角色体验式教学法可采用的体验式的教学形式可以多种多样，既可以是面试表演和情景模拟的方式，又可以是商务谈判或辩论的方式。学生通过多种实践方式，既可以相互学习，又可以从中了解自己存在的不足。为了达到测评的目的，教师还可根据实际情况设计出多种体验的主题，这样有利于展现学生的能力或专长，也有利于教师考查学生的综合能力。

四、在大学英语实践教学中运用角色体验式教学法应注意的几个问题

第一，强化效果跟踪，激发学生参与体验的意识。

角色体验式教学法实施的对象是学生，因此，学生参与的积极性与主动性如何，是采用该教学法能否收到好的效果的重要前提。大学生容易受外界各种因素的影响，团体互动一般也较难满足学生有差别的需求。因此，在具体实施的过程中，就可能会出现有的学生愿意参加，而有的学生则是勉强参加甚或不愿参加的情况。

针对学生参与意识不强、体验意识不够等方面的问题，一方面，教师要考虑体验环境的选择或设计，要设法使绝大多数学生都能接受；另一方面，要跟踪问效，尤其要了解学生不积极、不主动背后的原因。若学生是出于身体方面的原因不愿参加，可待学生身体康复后再补上相关环节的活动；若学生有情绪波动，要对之进行有效的帮助与指导；若学生因思想认识方面的原因不积极参加，则要对之进行适当的批评教育；若学生因心理方面的原因不积极参加，则应对之进行心理疏导。

第二，合理选择或设置环境，降低可能出现的制约因素的影响力。

由于角色体验式语言实践教学需要有整段的时间和较大的场地，所以对于某些课时较多的专业的学生，或是教学场地较小的学校来说，是较难实施该教学法的。有些学校虽然在场地方面能满足要求，但由于角色体验式语言实践教学对学生就业竞争力及专业知识的丰富不能产生立竿见影的效果，若再加上主管领导对该教学方式缺乏了解，因此实施起来便会有困难。

从实际情况看，学校的硬件很难改变，所以要使角色体验式语言实践教学产生较好的效果，只能从体验内容、体验方式的设计等方面求突破。例如，可将大组体验变为小组体验，将时间安排在周六、周日或晨练时间，或将室外活动转移到室内，等等。同时，也可在适当时机邀请学校相关部门的领导莅临实践体验现场，以逐渐提升学校有关领导对角色体验式教学法的认可程度。

第三，增加体验内容，拓展分层次体验的实施范围。

角色体验的内容可以选择的面较大，但要想达到使之与大学英语课程教学相结合且学生也较为熟悉的要求，其难度也较大。在体验的过程中，参与的学生素质不同、专业不同、层次不同、性格特点不同，这也使角色体验式语言实践教学的实际效果很难控制。这样，如果选择的内容较深，学生体验的效果就会不明显；如果内容过浅，学生内省的程度也可能会较浅。

因此，为提高学生参与的意识，提高体验式教学的实际效果。教师可设计出若干角色体验式语言实践教学的内容，以让学生能按自己的意愿从中选择较适合自己的角色体验活动内容；也可以分专业、分年级确定体验内容，使之能达到体验内容与学生所学专业相结合。角色体验式教学法在大学英语实践教学中的应用，可以完善大学英语分课型系列化课

程体系，可以提高学生对英语语言进行应用的能力。

通过该方法的教学，并对之进行完善，还将对大学英语课程建设起到推动作用。但实施该方法对体验所需时间、对体验内容的设计及对体验中所需费用等都有要求，这也是需要继续加以探索并妥善解决的。

五、微信在大学英语教学中的作用

微信以其简单易用、即时性强、互动性好等特点将课堂教学延伸到课外，突破了课堂学习时间、地点的限制，增强了师生间的交流和互动，为网络环境下的大学英语学习模式带来了新的动力。其特点主要体现在以下几方面：

（1）体现了新媒体融入大学英语教学的优越性：微信支持发送语音短信、视频、图片和文字，进行群聊等功能，其速度快、跨平台、几近零资费、移动即时等特点充分彰显出了新媒体的优势。学生借助微信平台能够实现听、说、读、写、译能力全面提升。例如，教师通过微信平台发布一个鲜活的社会话题——学生感兴趣的视频或时事热点，让本班同学用英语进行讨论，热点话题容易引起学生的共鸣，激发学生的兴趣，互动性强，教师通过微信在此过程中参与指导、监督、讨论，在潜移默化中锻炼学生的听、说、读能力，在随后的作业反馈中又可以监测评价学生写、译能力的变化趋势。同时，在微信强大的即时语言功能下，教师在完成任务发布后，可以通过手机随时随地查看、引导学生学习，师生关系也得到了优化和改善。

（2）强化了学生的中心地位：微信最为显著的特征便是能够使沟通双方通过语音通话进行人际交流。学习者能够借助感官刺激提高学习效率，教师也能够借助文字、音频、视频材料向学生传递需要学习的内容，更能借助群聊功能，将学生“集合”在一起，采取“一对多”的信息传播范式，将与大学英语学习相关的信息传递到每个学生的客户端。这种全新的形式弥补了传统课堂教学的缺陷，在丰富课堂教学内容、激发学生学习兴趣的同时，也使学生避免了面对面交流的不自然和拘束，充分发挥了学生的主观能动性，强化了学生在学习中的主体地位，使开口交流的机会大大增加，对锻炼大学生的英语口语交际能力、听力等大有裨益。

（3）彰显了大学英语课堂内容的延展性：基于微信的即时沟通和信息交流，加强了大学生对课堂教学内容的理解，使他们可以把更多的学习交流时间转向“第二课堂”，弥补课堂学习的不足。学生能够依照自身情况，对学习内容、学习方式、学习时间和学习地点进行个性化设计。同时，教师也可以借助微信的视频和语音等功能，就课堂学习内容和课下移动学习内容与学生进行充分交流，这对大学英语传统课堂教学来说是一种突破，也是一种创新，提高了教学针对性和学习时效性，彰显出了大学英语课堂内容的延展性。

近年来，我国智能手机产业和移动互联产业发展迅速，在这一背景下，微信的出现为大学生的移动学习创造了开放的空间与十分便利的条件，基于微信的大学英语移动学习成为可能。这一新的网络交流平台在大学英语学习中的运用，拓展了大学英语学习的时间和空间，调动了学生的积极性、能动性，为大学英语教学改革提供了一个新的思路。

六、体验式教学与形成性评价相结合

形成性评价是实现促学评价的最有效手段。形成性评价关注课堂教学，关注教学的每个环节和过程，关注被评价的个体，采用多样化的评价手段，反馈改进意见和建议，因而能更有效地激励教学质量的提高，从而实现评价对教学的正面导向作用。

无论国内还是国外的语言教学，外部实施的大规模考试往往比形成性的课堂评价受到更多重视。大规模考试一般都是高风险考试，会给考生、教师和社会其他利益相关群体带来巨大影响，因而教师很可能会在课堂评价时照搬大规模考试的理论和实践。课堂评价是动态的，是教学过程中进行的信息收集，而大规模考试则是静态的，是学习结果的考核；课堂评价以标准为参照，依据教学目标设计评价方法，注重学生知识和技能的掌握程度，强调反馈信息的丰富、可靠和有效性，而大规模考试则是常模参照，注重试题的难度和区分度，关心学生的成绩排序。从反拨作用来看，课堂评价运用各种评价手段，使学生最大程度地融入评价活动，不断得到反馈信息，增强学习信心，产生内在的学习动力，取得更大进步；而考试中，学生是被动的应试者，是教师评判的对象，考试所带来的是外在的学习压力。

形成性评价是关注个体的评价。每个学生有不同的教育背景、英语基础、学习目标和学习特点。因此，只有承认学生的个体差异，尊重差异，善待差异，才能达到促进学习的目标。常模参照考试反馈给学生的个性化诊断信息不够，过分强调了学生个体之间的比较和排序，会给低起点的学生带来压力（Brown & Hudson，2002）。

目前我国的大学英语教学改革正在推行基于计算机和课堂的教学模式，该模式强调学生的个性化学习，要求学生具有合作学习、自主学习的能力，而这些能力只有通过课堂评价、学生自评和互评以及教师对每个学生的跟踪和观察等，才能进行评价并得到提高。

我国大学英语形成性评价研究起步较晚，2004 年教育部颁布实施了《大学英语课程教学要求》（试行），明确提出要加强大学英语形成性评价，此后，相关研究论文数量明显呈快速上升趋势。研究以学生评价为主，包括口语与写作能力评价和自主学习能力评价等。网络环境下的评价受到关注，因为在信息技术的辅助下，电子档案等形成性手段可以更有效的运用。但是，听力和阅读能力的形成性评价研究很少，教学评价方面的研究缺乏，课程评价研究则更少。此外，研究者更多关注形成性评价的实践，理论研究相对薄弱，仅有个别论文从理论层面探讨了形成性评价的效度、评价体系等问题。

虽然大学英语教学评价研究近年来发展迅速，但是仍缺乏深入的理论研究，特别是广义的课程评价研究。教师赞同促学评价的理念，但是仍以教学效果为主要评价内容，以考试为主要评价手段，对教学过程中的诸多因素的评价不够重视，新型评价方法和手段的运用较少。此外，语言测试和评价课程的调查，进一步表明需加强对外语教师在评价方面的专业培训。Bachman（2000）指出："绝大多数的语言测试开发和使用者，无论是在课堂中进行评估还是开展应用语言学领域的语言测试方向研究，都缺乏相关的专业培训。"20 世纪 90 年代初，我国建立教师资格认证制度，1993 年颁布《中华人民共和国教师法》，1995 年颁布《中华人民共和国教师资格条例》，2000 年颁布《<教师资格条例>实施办法》。这些法律法规对从事教师工作的人员提出了学历、思想品德、健康等基本要求及普通话、教育学、教育心理学等专业要求。但是，教师特别是语言教师需要经过专业培训，才有可能成为合格的语言测试和评价工作者，因为"语言测试包含了许多与语言教学不同的技术和设计，但是在许多方面语言测试又与语言教学紧密相关"（Johnson & Johnson，2001）。

此外，教学管理层的理解和支持对于多元评价体系的构建也非常重要。只有得到政策的支持，大学英语教学才有可能真正建立"开放、动态的综合评价体系，收集各类信息，也利用大规模考试的丰富数据，对教学做出合理判断，为教学提供及时反馈，充分发挥评价对教学的激励和引导作用，使评价成为大学英语教学体系中的核心环节，成为常规化、流程化和专业化的教学活动”（金艳，2008）。只有在这样的评价体系下，评价才能对教学质量和学生外语水平的提高起积极的推动作用，评价也将不再是教学的终极目标，不再是“做作、让人感到丢脸和焦虑的经历和体验”（Brown，2004），而是教学过程中帮助教师和学生改进教学、体验成功、增强信心的不可或缺的环节。

七、实现体验式外语教学应全方位创建语言学习的生态环境

正是因为语言习得过程中，人的情感状态直接受制于所处的语言环境，所以体验式外语教学高度重视构建语言学习的生态环境，就是搭建起符合人类语言自然习得规律，能够为学生提供充分的语言营养和持续学习动力的多重语言学习环境。Krashen（1982）、Stern（1983）等区分了“学得”“习得”的概念，指出“学得”一般指在学校环境中有意识地掌握第二语言的过程和方式，而“习得”特指类似儿童掌握母语的过程和方法，通过接触到目的语的语言环境，下意识地模仿和应用，在无意识状态下进行语言习得。“习得”具有进步快、效率高、记忆持久的特点。因此，尽管“学得”是教学必不可少的基本形态，但理想化的外语教学模式应当提供使学生在自然的语言氛围下，获得更多的直接使用目的语的场所和机会，让学生“体验”于使用目的语的生态环境之中，进行有真实意义的交际，获得较高的语言使用技能。

为了达到上述目的，首先，要开发丰富的语言学习语料资源。有人用“一个老师，一本书，一块黑板加粉笔”来勾勒传统的以教师为中心的教学模式，可能有失偏颇。但在这种模式下，教学资源主要指的就是课程的教科书，特别是在以知识传授为主的教学中，有概念、有例证、有练习题，就能够撑起一个知识单元。但外语教学不同，同一单词在不同的语境条件下含义不同，传递的概念、情绪、态度就不同。不单作为知识要理解它的意思差别，更要在一定语境出现时，能够立即做出正确的言语表达，特别是在有悖于母语文化习惯的情况下。因此，这种语言交际能力，学生不可能在母语生活环境中直接获取，需要在大量的语言应用练习的文化熏陶中，形成正确的语言反射定型，把握语言使用国家的历史文化背景、习俗、信仰、观念等文化内涵。这也正是对外语学习资源开发的特殊要求。在体验式外语教学资源的开发中，基于计算机、网络的多媒体外语学习软件平台，按照语言生成的科学规律，排列存储了海量生动的外语语言学习内容，通过交互式呈现的直观、友好、便于自主学习的服务界面，让学生根据自己的起点、兴趣和学习偏好来控制学习进程和节奏，在充分尊重学生认知结构差异的基础上，满足学生在学习上的个性化需求。

其次，要搭建更接近真实的语言生态环境。世界航空界在高仿真飞行模拟练习器上训练驾驶员，从而很快获得各种复杂任务下的飞行技能和体验，大大降低了训练成本和风险，这一做法被广泛移植到作战训练和其他领域。模拟练习器的发明灵感来自儿童乃至成人沉迷其中的电子游戏机。电子游戏机和当下蓬勃兴起的动漫产业一样，更是体验机制与计算机多媒体技术成功结合的范例。如果说 1995 年开始探索体验式外语教学时提出的“利用计算机的仿真能力，把音、像、文几种感官元素融合在一个环境中”还是一个幻想，那么 10 年后已经演化为构建语言学习生态环境的现实。基于计算机、网络技术开发的多媒体、多模态的体验式外语学习资源，具有更高的信息穿透力。多种系统提供含有大量声光效果的高仿真学习资源，极大补充了以往现场体验教学的不足，使语言学习内容更加贴近现实、引人入胜，充分调动学生的视听能力，营造身临其境的语言环境，使学生加深心理体验，

充分享受体验学习乐趣，增强语言记忆。由于学生在这样的语言生态环境中，获得了语言技能建构的更大主导权，体验会更强烈，记忆会更难忘，自信会更强烈，持续学习的动力会更持久。

再次，语言生态环境的设计必须从学生的学习感受上去把握。兴趣是原始动力，需求是外在动力，成功是再生动力，自信是持续动力，挑战是爆发动力。不同于文学作品的情感体验，学习是学生参与的连续不断的活动过程，教学资源的设计必须让学生不断地感受到学习收获，不断地被肯定。Berwick & Ross（1989）等研究者提出，学习上的成功能激发和调动学习者的学习动力，使其在课堂上更加主动、活跃。这类学习动力也被称为“成效性动力”。

同时，好奇心和兴趣能促进学习动力，这被称为“内在性动力”。过分强调语法的传统教学方法往往会抑制学习者的“内在兴趣”，“融入性动力”还是“工具性动力”也都很难有效地发挥作用（蒋祖康，1995）。用 54 张小纸片发明的扑克牌，能够令世人如醉如痴，乐此不疲，就是因为它设计的游戏规则高度契合了体验发生的要素，让人看到希望，产生不甘失败、不断追求成功的动力。网络游戏更令人夜以继日沉迷其中，是因为在声像环境的制造和渲染上又比扑克牌更胜一筹。我们孜孜以求的体验式外语教学所要创建的就是让外语学习具有活力四射的持续动力的语言学习生态环境。譬如，写作历来是英语教学中的一大难点，学生感到枯燥，也常令教师头疼。

按照体验式外语教学理念开发出来的体验英语写作与智能评价平台使这一局面发生了明显的改观。学生阅读系统的发声范文，在平台上撰写同类主题文章，经过同班组学生相互观摩、评议后改写，再由教师对学生文章及写作、评议、改写过程进行分析评价。学生一改被动、沉闷、枯燥的状态，呈现出积极、活跃、生动的局面。有的学生说“经过 10 周的写作训练，我不再害怕写作了，对写英文作文产生了浓厚兴趣，觉得其乐无穷”。教师也认为数字化写作平台使师生交流立体化、数字化、更有效，实现真正意义上的“过程化写作”。

显然，在不出国门的情况下，借助计算机、网络、多媒体等现代信息技术搭建的仿真语言学习平台，在相当程度上使学习者在非母语环境中体验到接近真实的情境，并在学习新知识的同时，提高了语言使用技巧和语言能力，成为支持语言生态环境的重要基础。几年来，教学资源建设的实践在外语教学和对外汉语教学领域都取得了可喜的成果。正是这种鼓励个性化和自主式的学习模式，多样化、非线型性和交互性的呈现方式，丰富性、共享性和可再生性的资源特征，初步构筑起了体验式外语学习的语言生态环境。

八、实现体验式外语教学必须依靠人文环境的支撑

语言教学生态环境更多是从教学资源的视角研究问题，而教学活动本质上是人与人之间发生的活动，具有社会属性，必然反映出鲜明的社会人文特征。因此，体验式外语教学高度重视外语教学过程中的师生关系、教师角色、教学氛围、教学方法等人文要素构成的人文环境。

囿于历史的局限性，面对信息技术手段对传统教学模式和方法的冲击，Kolb（1984）曾说，近些年迅速、大量出现的计算机辅助教学、数学、科学和心理学的体验学习材料、教学程序教学、游戏、多媒体课程和开放式课堂等，都有一个缺陷，未能说明学习方式上的区别而有效地服务于个别学习者选择性学习。库伯的这种顾虑从技术层面讲是多虑了，

但从人文层面讲并非没有道理。语言作为人类交往的文化载体，如果淹没在机器和符号堆中就失去了生命力。语言教学资源只有在人文精神的框架中，才能营造出教学的人文环境。这种社会人文的框架是以各种具体的教学方式、方法作为表现形式，体现出人文精神和价值观念。

首先，体验式外语教学的教学方法要遵循充分尊重学生的人本主义教学理念，把握关注学生在外语学习中的情感体验这条主线，把教学过程创设成“一系列值得记忆的事件”，让知识变得“越是充满感觉就越是值得记忆和回忆”。改变传统教学模式的“讲解—练习—运用”线性知识输入，不考虑学生在学习中的感受，使学生成为被动的知识容器。在体验式外语教学模式中，把学生置于教学舞台的中央，激发他们的自信与激情，发掘他们的学习潜质，鼓励他们的创新学习热情。

其次，在体验式外语教学资源的安排中，处处以学生为出发点，本着有利于学生的积极情感体验，有利于二语习得的目标，有利于学生人格的健康发展，有利于学生适应未来社会生活的价值取向，营造良好的教学氛围。学生在外语学习过程中的情感状态、任务参与程度、语言交际频度，直接影响着综合交际能力的培养效果。教学活动必须提供更多使学生感兴趣和喜欢的内容、活动，以及富于挑战性的任务，以便让学生在轻松愉悦、无焦虑感、和谐融洽的气氛中，在成功的语言交际实践中，获得语言发现的乐趣、语言所负载的文化知识和魅力，获得兴奋、愉悦、满足、自信、成就等良性感受，进而获得第二语言的交际能力。多维交互是认知的基本特征，也是体验产生的重要法则。在教学中充分发挥教师与学生、学生与学生、学生与课本和课件等人际或非人际间的互动特征，可以采取“任务型”“探究型”“解决问题”等具有挑战特征的教学方法，来实现多维互动；在练习形式上，提倡团队合作、个性化、自主式的实践性教学活动，提高学生的语言学习的社会体验度。将语言知识的输入融入“做事”的过程中，通过丰富新颖、与学生现实生活联系更紧密、充分体现学生的参与和合作、体现师生的平等互动关系的任务课题，为学习者创造大量有意义的语言应用机会，激发学生参与的热情，减轻学生的焦虑感，培养持久的学习兴趣。

再次，在具体教学手段上积极采纳学生喜闻乐见的方式。在以往的外语教学探索中，一些教学法已经蕴涵了调动参与积极性的体验成分，但在传统的课堂条件的制约下，只能是偶尔为之的阳春白雪，往往还会因为学生心理障碍多，过程难于掌控，效果大打折扣，学生在自主学习时就更难实现了。在今天，一方面，经济的飞速发展使得网络信息技术广泛普及，用计算机上网打理一切——包括学习，成为新一代人须臾不可缺少的生活方式；另一方面，日益丰富充实的、高效、便捷、低成本、高度个性化的教学资源，为每个学生在非母语条件下，提供了身边的体验学习环境，这本身也颇具人文精神的价值。非母语环境下的外语学习，学生心理和语音能力的反差都很大，突出表现为当众口语交际活动中的羞涩感、窘迫和焦虑情绪，这恰恰是二语习得的大忌。但学生坐在计算机终端进入学习系统，在高仿真环境下自主进行会话练习，压力和消极的情绪会大大减少，学习效率显著提高。在专门为学生设立的英语体验中心效果更为明显，学生学习得更加主动、兴奋，短期内口语交际能力跃升一个台阶。

九、体验式教学模式改革的反思

在近年来高校外语教学新模式的探索中，较有代表性的是体验式教学模式。这种模式基于计算机和网络技术，以学生为主体，注重个体体验，较好地体现了现代外语教学的理念和特点。但这一教学理念有许多方面需要充实完善。例如，其整体架构的进一步充实，其构成要素的提炼，其具体操作规范的界定等。通过理论研究和实践探索，我们认为体验式教学模式具有以下属性：

1. 体验式教学理念 体验式英语教学的理论基础是建构主义，强调学习者是学习认知的主体，学习就是学习者知识自我建构的过程，教师对这个过程起到帮助和促进的作用。在众多建构主义的教学方法中，情境创设和协作学习是教学环节的共性，因而与外语学习的认知规律和学科特色非常吻合。这种教学理念的发展有助于促进教学从“传授式”旧教学模式向“体验式”新教学模式的转变。

基于上述理念，教师注重设计具有语言和情境真实性的任务，注重学生在交际性任务设定和完成中的中心地位。学生通过参与以小组为单位的协作学习，获得学习过程中的个体体验，满足其个性化的学习需求，并在学习过程中表现出积极的学习态度，有效地提高自主学习能力。

2. 基于计算机和网络教学手段 充分利用计算机多媒体和网络技术，以现代信息技术，特别是网络技术为支撑，鼓励个性化和自主式的英语教学模式不仅符合教育部对大学英语课程教学的新要求，也使教学内容出现新的优势：表现形态多样性、呈现方式非线型性和交互性、资源丰富性和共享性，以及资源的可再生性。

为了充分发挥计算机和网络的优势，我们在硬件方面，从外语教学角度提出了语言自主学习中心建设的意见和建议，着手建设和完善语言自主学习中心；在软件方面，我们开发了大量有针对性的多媒体视听材料，既作为课堂教学材料，同时也配合教学主题单元向学生提供辅助学习材料。另外，通过BBS的应用、外语资源的有效整合和在网上创设二语习得环境，为学生上机自主学习提供条件，并将课堂学习延伸到课外学习。

3. 任务驱动式教学法 不同于传统的“讲解—练习—运用”教学法，任务型教学法以学生为中心，重在通过完成任务达到掌握新知识和发展技能的目标，所以更有利于促使学生主动地去探索语言，为学习者创造了理解和大量运用语言的机会，成为激发学生自主学习的有效方法。完成任务的过程催化了学生有意义的语言应用，营造了一个有利于学生将语言运用内化为语言技能的支持环境。

根据口语任务设计的基本原则，在教学实践中，教师设计并开展了大量丰富多彩的口语活动，如“恋人分手”、“侦探寻人”、“寻找老师”、“圣诞派对”等活动，采用了口语游戏、词汇运用、角色扮演、情景表演、抢答及辩论等多种形式的结合，特别是双簧、问答通关、班级间活动、英语招聘会等激起了学生强烈的参与感和积极主动的学习心态，进一步激发了语言的应用。

4. 形成性评价 语言测试是语言教学中不可分割的环节，可能促进或阻碍语言学习。根据现代评估理论的要求，外语教学评估的改革应该包括内容和方式两个方面。内容的改革主要是从“重视结果”到“重视达到结果的过程”。方式的改革就是要改变测试作为外语教学评估的主要甚至唯一手段的现状。

因此，实验班学生的课程成绩充分体现多层次、多角度、多手段的评估，辅以电子档案袋的评价系统，将教师的外在评价和学生自己的内在评价有机结合起来，从改变最后成绩的构成比例入手，按照平时30%、半期15%、口语15%和期末40%的方式进行总体评价。构成平时成绩的基本内容有课堂参与（出勤）、小组得分、单元测验、自评互评、课外作业五个模块。教师注重长期地跟踪记录每次课堂活动的表现，注重对任务完成后的评价和学生自我反馈训练，如通过小组活动、反思报告、学生自评互评等多种评价角度来评价任务，促使学生认真对待每一堂课，养成良好的学习习惯。

5. 结语　经过上述四个属性，研究组摸索出各具风格的体验式教学模式，如口语促听说的循环自主体验式学习模式、英语辩论主导的体验式英语学习模式、个性化分级体验式学习模式等。在体验式教学理论的统一指导下，各具特色的教学模式均收到了良好效果，使学生在“体验英语，体验快乐”过程中提高了自我监督、自我管理、自我反馈的自主学习能力。通过创设语言使用的机会，充分激发了学生语言表达的内在动力。尊重个体差异、因材施教、因人施教的教学方法保证了学习内容的挑战性、趣味性、可输入性和有针对性，使优等生和后进生同时体验到了学习的乐趣，体现了人本主义的教学思想。

由于语言能力的提升是一个长期的过程，而我们的试验周期较短，因此在成绩对比方面，实验班虽然在一定程度上优于对照班，但在有些方面并未达到统计学上的显著性。问卷调查也还在进行中，具体结果尚未得出。尽管如此，学生对这种学习法的适应和喜爱，在学习策略上的转变和进步，在语言输入和输出方面的大幅度增加让我们相信，体验式外语教学在建构主义学习理论的指导下，能够利用计算机和网络创设有利的学习环境，促进有效的自主学习，是适合中国学生学习外语的一种任务教学法。

第七节　体验式教学的优势与写作评价系统存在的问题

一、体验式教学的主要优势与不足之处

通过体验式教学模式的应用，我们可以看出，体验式教学主要优势体现在以下几个方面：

（1）通过交际情境和实际应用，使学生掌握学习内容，并学会如何运用而不是孤立地学习语言。这种教学法体现了交际教学的原则，反映了当代外语教学理论的新进展，与外语教学界一直提倡的任务教学法和交际教学法紧密相关。

（2）体验式教学可以充分利用现在的网络和媒体供学生学习。通过网络课题的交互学习，学生提高了听、说、读、写的能力。

（3）体验式教学培养了他们对自己的学习负责任的意识。通过自主学习和自己归纳，由教师让我学变成了我要自己学。

总之，利用立体化的教学资源大大提高了学生学习英语的主动性、积极性和学习效率。然而，如同任何一种教学法一样，体验式教学也有它的不足之处。表现在以下几方面：

（1）从时间上看，在课上需要花时间进行情境体验，以便让学生体验到语言运用的场景。这样会占用其他教学内容的时间。

（2）从培养学生的语言技能角度看，体验式教学由于重视学生实际语言应用能力，相应地教材阅读难度比以往教材有所下降。这样对学生阅读能力的培养不利。

（3）从任务完成的角度看，体验式教学要求教学备课时间较多，有时与教学大纲所要求的在短时间内处理大量语言信息的任务有一定的冲突。

针对以上这些情况，可以借鉴传统教学法中的可取之处，把它们融会到体验式教学法中。例如，在教学中以一个团队的形式对教学任务进行设计，在评估中采用过程评估来代替成果评估等。这样，就能做到集思广益、分工合作，围绕每一个单元的主题设计出大量丰富多彩适宜学生体验和探究的学习活动和体验情境。此外教师必须要转变观念，改变原来以一本书为依据授课的状况；使学生阅读面更宽。

另外，教师自身的语言水平必须要不断提高以满足学生的多种信息需要；教师还要学会适时在学生的体验学习中进行管理和组织。“体验式”教学对教师的素质有较高的要求，在教学中，教师应该具备敏锐的观察力和创造力，善于从看似平淡的日常生活中搜集到适合当代大学生讨论的素材以便设计情境，让学生去体验；教师还是注重效率的组织者，能事先做好准备，使每个学生都有参与讨论的机会，并善于将开放性的讨论归结为有序的解决问题的过程。

体验式教学方法的运用时间不长，还没有形成统一的理论、概念和教学模式。但其对大学英语教学的积极影响已经有所体现。笔者对体验学习理论进行了研究和探讨，在医学院校的大学英语教学中运用的体验式教学的概念和模式，这一概念能够反映体验式教学的本质和优势，教学模式也在教学实践中获得了比较好的效果。当然，有关的概念及其模式仍然需要经过教学实践进一步检验并做相应完善。希望本书探讨的内容能对体验教学的研究起到抛砖引玉的作用。

二、写作评价系统存在的问题分析

自 21 世纪初，随着写作自动评价系统功能的进一步开发，有关系统在课堂教学中的应用研究也逐渐开展起来。研究表明，写作评价系统对于学生语言错误的纠正起到了一定的积极作用，但是教师对于写作评价系统的定位以及如何将评价系统使用到教学中认识不清。

国内近年来有学者关注写作评价系统在教学中的应用，但关注重点仍然在于评价系统对学生写作能力的影响。

上述讨论的写作自动评价系统批改作文的过程毕竟是由电脑完成的，而非由具有主观能动性的人完成的，计算机可以模仿教师对作文进行批改，但机器批改毕竟建立在预先设定的程序上，机械性是其最大特点，无法灵活处理一些特殊语言现象。

再加上，语言本身的特殊性和灵活性，批改网批改作文的结果可以无限接近人批改的结果，但不可能完全一致。作为智能导师系统，批改网目前仍然存在很多问题：

（一）无法判断内容错误

批改网像其他写作自动评价系统一样，目前还无法判断学生的作文是不是按照要求写的，包括 Summary 写作，有一个学生写了一篇完全无关的 Summary，但是系统并没有识别出来，而是给了 86 分的高分。

批改网目前也无法识别 The moon is cooking in the kitchen for my husband（月亮正在厨房给我丈夫做饭），由于该句子在语法上是正确的，所以系统直接给了高分而不会进行辩证思维“月亮怎么会在厨房给我丈夫做饭呢？”故批改网目前还无法从语义上判断句子是否正确。

此外，尽管批改网声称能够检测学生是否跑题，但对于跑题的作文，只检测，不扣分。但作者测试发现，无论你写什么题目，只要语言没有问题，都能拿 80 多的高分。批改网目前通过“内相关和外相关”来检测作文是否“跑题”，内相关就是句子之间是否相关，外相关就是学生作文和教师给的范文相关程度，就是教师在布置作文时，同时提供范文（作文期间，学生不可见），其目的一方面是让学生在截止时间后，看到教师提供的范文，可以自动学习；另一方面是帮助系统识别“跑题”。

（二）指出了问题所在，但无法提供正确示例

批改网能够指出学生作文中的“疑似中式英语”（有时候不是很准确），但是目前还无

法提供修改方法，学生知道某个句子是中式英语，但是还没有办法得到修改建议。

作者进行访谈时发现，学生希望批改网能够提供修改建议，也有学生指出“在词汇连接上需要改进，搜索引擎不够智能、不够人性化、不能进行交流”。部分学生则反映批改网“没有根据作文的具体内容进行评价和提出修改意见”。批改网在全国教师的支持下建成了中国学生写作“常见错误库”，这是英语写作智能导师系统在中国语言环境下的又一创新之处，是任何一家国外软件无法比拟的。

系统通过学习这些常见错误，强化自身的功能，逐步给学生提供更加完善的修改建议。

（三）部分语法错误识别不了

部分严重语法错误识别不了，笔者在使用中发现，只要学生作文的句子结构正确，有时候系统是无法正确识别学生用词错误的。这和笔者谈到的局限性的第一条有点类似，该缺陷会是致命的，它会引导学生按错误的方式修改自己的文章，这样会对提升学生写作质量具有负面作用，在这种情况下就需要教师的在线点评了。

（四）在逻辑和篇章结构上功能有待加强

由于批改网评断学生作文好坏的标准主要集中在语言本身，故学生作文的逻辑和篇章结构对成绩的影响还不是很大。作者曾经将一篇《纽约时报》的文章节选三段交由批改网系统评判，第一次提交和原文保持一致（以三段的形式提交），批改网给出的成绩是 84.5，第二次提交改为两段，提交后成绩为 85 分，第三次整合为一段，提交后成绩为 84 分。

尽管系统的 192 个评判维度涉及段落数，而且给出了 3～5 段的范围值，但是在最后给分时体现并不明显。三次不同段落结构方式得出的成绩差距在 0.5 分左右。不管怎么说，该系统的功能在篇章结构上还是稍有体现，但是在文章的逻辑结构上就没有任何体现了。

第五章

医学院校大学英语课堂生态化设想

第一节　教育生态化概论

“生态”一词最初见于生态学，是指一定地域（或空间）内生存的所有动植物之间、动植物与其所处环境之间的相互关系，它强调系统中各因子之间的相互联系、相互作用及功能上的统一，含有系统、整体、联系、和谐、共生和动态平衡之意。生态学有三个重要的概念：生态系统、生态平衡及生态位。生态系统是指在一定空间内生物与环境构成的自然、开放的生态学基本单位，在这个单位中各种生命现象之间在生存过程中相互竞争、相互作用、相互依存，形成健康有序的状态（尚玉昌，2003）。生态平衡，是指一个生态系统在特定条件下通过内部和外部的物质、能量、信息的传递和交换，使系统内部生物之间、生物与环境之间达到相互适应、协调统一的状态，这种状态具有一定的自我控制、自我调节和自我发展的能力。换言之，生态平衡是指处于稳定状态的生态系统的形成和维持，它是一种相对的动态平衡，是在生态系统的演替发展中，依靠其内部各组成部分之间及系统与外部环境之间的相互联系和相互作用，通过不断调节系统内部的结构和功能而得以实现。生态位，是指每个生物单位生存的时空位置，一个生物在群落和生态系统中的时空位置和状况决定了它的形态适应和特有行为，包括其重叠与竞争、压缩与释放、分离与移动等。一种生物能够在生存竞争的生态系统中拥有一个最能适合其生存的时空位置时，这就说明它有合适的动态生态位，就能与环境达成和谐。

20 世纪 60 年代以来，教育学家把生态学理论应用到教育学中，开始关注教育自身的生态发展，生态学与教育学由此联姻形成了“教育生态学”。教育生态学的崛起和发展为教育领域带来了清新的视野，它以生态观来观照、思考、解释、解决教育发展中的问题，并以生态的方式来开展教育理论和实践。教育生态观是借用了“生态”这一术语，是生态平衡与生态和谐概念在教育上的移植、借用，它强调运用生态学原理、法则来观照、思考、理解、解释复杂的教育问题，是以生态的方式来开展教育理论与实践的理念。教育生态观既是一种教育理念，也是一种教育实施策略，它是一种系统观、整体观、联系观、和谐观下的教育观，其目标是为了人的全面发展，其实质是把教育发展看作是全面、系统、协调和可持续的发展过程。在这种观念引导下，形成了教育生态化的发展趋势。

1. 国外教育生态化研究现状　1932 年，美国学者沃勒在著名的《教育社会学》中曾提出“课堂生态学”的概念。20 世纪 70 年代是国外教育生态学研究的兴旺时期，美国哥伦比亚大学师范学院前院长 Lawrence Cremin 于 1976 年在其所著《公共教育》一书中正式提出了“教育生态学”这一术语。1977 年，英国学者 Eggleston，J.出版了《学校生态》一书，以研究学校生态教育资源为主。20 世纪 80～90 年代，华盛顿大学的 Goodlad，J（1987）首次提出了学校是个“文化生态系统”的观点，而生态教育学家 Bowers，C.A.又对学校微观生态（如课堂教学等）、文化、生态危机等进行了研究。1993 年，A. Makkai 在他的专著中 *Ecolinguistics：Towards a New Paradigm for the Science of Language* 一书中正式提出了“生态语言学”（ecolinguistics）的概念。21 世纪初，Tudor（2001）出版了《语言课堂之动态性》，Leather&Van Dam（2003）出版了《语言习得生态学》，标志着生态课堂教学理论体系正在形成。

2. 国内教育生态化研究现状　我国的教育生态学研究起步较晚，其中台湾和香港地区的研究又早于大陆地区。20 世纪 60 年代，台湾师范大学教育系方炳林率先从事这一领域的研究，并于 1975 年出版了《生态环境与教育》一书。20 世纪 80 年代，台湾还出版了李聪明所著《教育生态学导论》。这两本书代表了两种不同风格的研究思路。大陆学者对教育生态学的研究大部分始于 20 世纪 80 年代末、90 年代初。南京师范大学环境科学研究所吴鼎福于 1990 年出版了我国大陆地区第一本合著的《教育生态学》；1992 年，由任凯和白燕两位青年研究者撰写的我国大陆地区第二本《教育生态学》正式出版；2000 年，范国睿出版了第三本《教育生态学》，标志着教育生态学研究已成为我国科学研究的重要领域之一。这些书籍以生态学的方法探讨教育，以一种崭新的视角研究了外部生态环境与内部生态环境对教育的影响。作者运用多种理论，融汇多门学科，围绕教育生态主题有机组合，融教育学和生态学为一体，创设了角度独特、富有科学性的理论体系。教育生态学开拓了教育科学的新领域，从宏观上启迪了外语教育的新思路。

左焕琪（2007）认为，生态外语教学观不仅涵盖了语言学习的各种环境因素，更为重要的是，它包含了关于发展和语言的一些新的理念。它将外语课堂视为一个复杂而又可变的体系，将教师和学生看作是发展中的人群，教学过程是他们在课堂内运用知识和经验进行有意义互动的结果；提出外语课堂是一种典型的教育情境，它与自然界的生态系统相似，具有整体性、复杂性、多样性和能动性的特征。同时，外语课堂还是一个典型的语言交流情境，语言贯穿始终。生态外语教学观不仅涵盖了语言学习的各种环境因素，更为重要的是，它包含了关于发展和语言的一些新的理念。

2007 年，邹晓玲出版了《大学外语课堂教学研究》的论文集，涉及多媒体及网络外语教学、教学方法、教学手段和教学模式改革、课堂教学评估、学习者及学习策略和大学外语课堂教学管理。在这本书的序中，夏纪梅把“课堂”比作“教师耕作的田野”，体现出生态课堂的思想。陈坚林（2008）则把 2007 年版《大学外语课程教学要求》解读为大学外语教学中教学理念“国际化”、多媒体教学“正常化”和教学环境“生态化”。陈坚林指出，在教学环境“生态化”部分，生态化大学外语课程的课堂系统改革是大学外语教学改革的重要部分。这就为大学外语课堂教学系统生态化改革指明了发展方向。在外语教学中，只有各因素相互作用，协调发展，才能创造自然和谐的外语教学环境。

综上所述，众多的研究都提倡以生态学的方法探讨教育，以一种崭新的视角研究外部生态环境与内部生态环境对教育的影响。对于语言教育来说，不仅外语课堂这个小的语言环境是一个生态系统，语言本身也是一个开放的生态系统，同时语言和环境互相作用又构成了一个完整的生态系统的整体。

3. 大学英语教育生态化的研究意义　从研究现状可以看出，我国高等教育生态课堂系统的研究比较缺乏，无论是在研究的深度还是广度上，还有非常广阔的空间，大学外语教育生态系统的研究亟待加强，作为高等教育重要构成部分的医学院校，大学英语教育生态化研究更是迫切需要探讨。从教学现状出发，打破语言教学自足的结构系统这一传统观念，构建和谐的生态语言系统，通过新颖的研究视角，选取医学院校学生作为研究对象，分析系统中各要素的生态位现状及其发展变化，综合研究这一群体的外语教学生态系统，分析系统中各要素的生态位现状及其发展与变化，寻求并维持教学生态环境的动态平衡，探讨如何维持教学生态环境的动态平衡，创造自然和谐的外语学习生态化环境。

医学院校大学英语教育生态化研究能够促进教学资源的优化整合，充分调动教学各相关方面的积极性；能够发现并维持教学生态环境的动态平衡，创造自然和谐的外语学习生态化环境；能够优化大学英语的教学环境，培养学生参与合作的情感，建立平等融洽的课堂生态氛围，奠定交往的基础，筑就互动的课堂，增强学生合作学习、自主学习的能力，力争做到认识与情意的统一；能够有效地改变学生的学习方式和教师的教学策略，形成个性化、开放化的课堂；能够构建生态课堂，优化相互作用的各个因子，使医学院校大学英语课堂更趋向交际化、合理化和自然化。

正是这样的语言课堂，教师与学生会把教学活动视为自己的生命活动，在实践活动中，师生充满了激情并不断地开发潜能，开启智慧。课堂就成了师生不断挑战自身能力、激发自身智慧、合作提升英语素养和生命质量的场所。这种良性的课堂生态，是合作学习的基石和前提，是开展有效语言交际学习的铺垫。同时，生态外语课堂的个性化、开放性和多样性，也为学习者提供了形式多样的互动教学情景，满足了学习者不同层面和可持续发展的要求，提供给大学生充分从事合作活动和发展合作的机会，教师就此引导他们彼此协力配合，共同研究，相互实现思维智慧上的碰撞，在不断合作中强化，使他们的合作意识得到最大限度的开发。简言之，课堂生态气氛影响着大学生的人格发展及社会化进程，良好的生态课堂气氛，有利于大学生合作意识的形成，有效地促进语言习得，提高教学效果，实现语言教育的生态化。

语言习得本身就是一个开放互动的学习过程，对环境的生成要求更高。生态外语教育系统以其真实性、愉悦性、对话性和发展性为研究外语教育提供了一个更完整的视角。该系统就是把教师、学生、知识和环境看成一个教学的生态系统。它顺应语言习得的规律，在和谐、融洽的师生生态主体之间互动协作，通过多样性、灵活性的教学活动，构建一个具有开放性、整体性和可持续性的、良性的、真实的、语言学习生态系统，让学生在动态中生成知识与技能，在互动体验过程中感悟和内化。

医学院校大学英语教育可以被看作一个完整的教育生态系统，包括教师、学生、教材、教学模式、情绪、情感等诸多的生态因子，可以依据生态学原理，特别是生态系统、生态平衡、协同进化等原理与机制，运用生态的视角、生态的方法和生态的理论来研究外语教育的现象，分析问题，探讨研究医学院校大学英语教育各因子的状态，也就是多种教学现象，探讨现象背后的成因，探索医学院校大学英语教育发展的规律、趋势和方向，尽量探索各生态因子的最适度状态，采取多种措施，努力达到并维护生态平衡，以提高外语教学效果。

第二节　医学院校大学英语教育生态化

一、生态语言教学观的概念和内涵

生态语言教学观是将生态学融入社会文化理论形成的一种新的教学观。社会文化理论由苏联心理学家 Vygotsky 提出，它强调社会文化因素在人类认知功能的发展中，发挥着核心作用。在该理论框架内，人类被理解为利用原有的文化工具创作新的文化工具，并由这些文化工具来调节他们的生理和行为活动。人类认知活动的最重要的形式是通过社会和物质环境内的互动而得到发展的。社会文化理论促使我们从一个全新的角度去审视二语习得的社会环境。社会文化理论融入生态学元素所形成的生态语言教学观，多视角考查了语言学习中学生、教师、语言与语言学习环境的相互作用，以及对语言习得的影响，创造性地运用突现理论，认为语言是一个多主体、复杂、动态、适应的系统突现出的特征的总和，语言学习就是特征突现的过程，并借由符担性把语言学习者与学习环境的关系统整起来，认为我们应该将语言学习者投入到目标语的学习环境中，然后呈给学生语言材料，让学习者根据自己的需要和理解，自主习得，从而达成学习效果。总之，该理论将语言理解为突现生成，把语言学习者与学习环境的关系诠释为符担性，并将语言学习过程阐释为多维时空制度的流变。生态语言教学观的出现，进一步强化了文化环境在语言教学中的重要地位，并为我们分析文化导入提供了有力的支撑。

二、生态外语课堂的内涵

课堂生态属于教育生态学的微观范畴，是指以生态学的思想来认识课堂活动。具体地说，就是运用生态的视角、生态的方法和生态的理论来研究课堂现象，分析课堂问题，以提高课堂教学效果。语言习得本身就是一个开放互动的学习过程，所以对课堂中的环境生成要求更高。生态外语课堂把教师、学生、知识和环境看成一个教学的生态系统。它顺应语言习得的规律，在和谐、融洽的师生生态主体之间互动协作，通过多样性、灵活性的教学活动，构建一个开放性、整体性和可持续性的良性、真实语言学习生态系统，让学生在动态中生成知识与技能，在互动体验过程中感悟和内化。生态外语课堂以其真实性、愉悦性、对话性和发展性为外语教师研究课堂提供了一个更完整的视角。

（1）课堂生态对英语学习合作能力的影响：当我们用生态学的视角来研究课堂活动时，我们就会把课堂看作具有自己的生态主体和生态环境的特殊教学环境。课堂生态主体（师生）与课堂生态环境之间、课堂生态主体之间（包括教师与学生、学生与学生之间）存在着各种生态联系，共同使课堂成为一个有机的生态整体。构建生态课堂，优化相互作用的各个因子，将会使我们的课堂更趋向交际化、合理化和自然化。

正是这样的课堂，教师与学生会把教学活动视为自己的生命活动，在实践活动中，师生充满了激情并不断地开发潜能、开启智慧。课堂就成了师生不断挑战自身能力、激发自身智慧、合作提升英语素养和生命质量的场所。这种良性的课堂生态，是合作学习的基石和前提，是开展有效语言交际学习的铺垫。

同时，生态外语课堂的个性化、开放性和多样性，也为学习者提供了形式多样的互动教学情景，满足了学习者不同层面和可持续发展的要求，提供给大学生充分从事合作活动和发展合作的机会，教师就此引导他们彼此协力配合，共同研究，相互实现思维智慧上的碰撞，在不断合作中强化，使他们的合作意识得到最大限度的开发。简言之，课堂生态气氛影响着大学生的人格发展及社会化进程，良好的生态课堂气氛，有利于大学生合作意识的形成。

（2）构建生态化外语课堂，培养学生的合作能力，建立平等融洽的课堂生态氛围，奠定交往的基础，培养学生参与合作的情感。

生态化的课堂环境是一种动态和谐、自然和人工互补的生态系统。系统中的因素包括生物因素和非生物因素。生物因素是教师和学生，是系统中最主要的能动因素和主导因素，双方的良性互动决定着系统的发展水平，而良性互动的前提是以平等地位形成的民主、融洽和信任的课堂氛围。积极良好的课堂气氛不仅有利于提高教学效果，而且有利于学生合作意识的形成。美国心理学家罗杰指出，在这种气氛中学生能做出他自己的选择，能平等地同他人共同安排活动，能更多的意识到人的力量。

生态外语课堂教学观强调，尽管师生之间、学生与学生之间在认知水平、知识储备、经验积累等方面是有差异的，但他们在课堂中进行交往时的地位是平等的，在人格上也是平等的。教育生态学力图消解传统教育学中学与教的分法，主张学习的过程不应是自上而下的垂直式灌输，而应是师生平等前提下的水平式渗透。生态课堂倡导变革传统的师生关系，师生关系不能只是简单的授予、接受的关系，而是一种平等、民主、自由、宽容、鼓励和帮助的伙伴关系，教师是学生学习的合作者、引导者和参与者，教学过程是师生交往、共同发展的互动过程，交往意味着人人参与、平等对话，师生互教互学，彼此形成一个真正的学习共同体。师生在平等交往的原则基础上展开对话、讨论和协商，学生通过与教师的交往和对话而成长，教师通过与学生的对话而充实，从而达到共享知识、共享智慧、共享人生的价值和意义。

值得提出的是，以和谐共生为核心的、致力于学生的生命可持续发展的生态化师生关系，在教学实践中的实现需要通过师生间的交往、对话、体验、宽容和建立通感才能实现。同时，教师创设动态的多向合作模式，最大限度地扩展学生的合作层面，提高学生的合作频率，关注学生的合作心态，形成宽松的合作氛围，维持小组的合作气氛。在这样宽松融洽的气氛下，学生在课堂交往中才可能变被动为主动，将学习活动看作是自己主动参与、自我发展的活动，师生之间、学生与学生之间的相互合作、相互作用才可能实现。

三、外语教师课堂生态位

1993 年，A. Makkai 正式提出“生态语言学”的概念。专家们认为，生态首先是个隐喻，语言生态是指特定语言与所在族群、社会、文化及地理环境相互依存、相互作用的生存发展状态。其次，语言生态还包含使用的生态化，也就是建康和谐地使用语言（范俊军，2005）。

外语课堂是一种典型的教育情境，它与自然界的生态系统相似，具有整体性、复杂性、多样性和能动性的特征。同时，外语课堂还是一个典型的语言交流情境，语言贯穿始终。生态外语教学观不仅涵盖了语言学习的各种环境因素，更为重要的是，它包含了关于发展和语言的一些新的理念。它将外语课堂视为一个复杂而又可变的体系，将教师和学生看作是发展中的人群，教学过程是他们在课堂内运用知识和经验进行有意义互动的结果（左焕琪，2007）。而语言不再是简单的导入和输出，语言也有生命，是一个能动与发展的系统，是获取含义，由教师、学生共同参与和从事的有意义教学活动的认知标记（VanLier, 2004）。由此可见，外语课堂可以看成是一个生态系统，而语言本身也是一个开放的生态系统，同时语言和环境互相作用又构成了一个生态系统的整体，只有打破语言教学是自足的结构系统这一观念，构建生态语言系统，才能有效地促进语言习得。

生态学视角基于生态学理论，生态学理论是研究生物和环境之间的各种因素相互联系和相互作用的理论，亦称生态学。生态学的创新发展主要始于 20 世纪初，1935 年英国生态学家坦斯利首次在学界提出了“生态系统”的概念，使生态学研究走向了系统化和整体化，此后生态学家广泛吸收了系统论、控制论及信息论的概念和方法，重点研究了生态系统的结构、功能、物质能量、信息交换、自我调节机制、抗干扰能力以及生态系统的发育和演化过程等（佘正荣，1996）。

正是由于生态系统理论的研究和发展，相继又产生了一些相关的生态学上的概念，如生态平衡、耗散结构、生态位及生态系统整体性等，进一步揭示了生态系统的发展规律和运行机制。微观上，生态学与分子生物学、分子遗传学、生理学、微形态解剖学结合，借助高科技精密仪器观察细胞内部的结构变化；宏观上，生态学的主要研究由个体、种群、群落、生态系统的范畴，向生物圈研究扩展。正如钱俊生和余谋昌（2004）指出的那样："每一生命形式的进化都对其他生命形式的进化以及生物圈系统功能的完善做出了自己的贡献。没有任何一个物种可以单独生存和发展，它们只能在大的合作背景下相互竞争和相互利用，在共同维护生命、支持系统存在、促进生物圈稳定的前提下，来实现自己的生存和发展。"

随着科学技术的发展，生态学与其他学科日益交叉渗透，促使生态学理论研究与应用研究联结起来，产生了许多新兴学科和理论分支，如与自然科学交叉渗透产生了物理生态学、化学生态学、城市生态学、环境生态学等，与社会人文学科交叉渗透产生了生态经济学、行政生态学、企业生态学、教育生态学等。可见，生态学已渗透到人类社会生活的各个方面，使人类社会实践符合自然生态规律，和谐相处、协调发展。引申至外语教学，现代信息技术、网络等现代因素进入了课程，自然也应使其发挥应有的作用，与外语课程的其他因素相互作用，协调发展，这样才能创造自然和谐的外语教学环境。

确切地说，就是要综合研究外语教学的生态系统，分析系统中各要素的生态位现状及其发展与变化，探讨如何维持教学生态环境的动态平衡。

四、教学生态位与生态平衡

生态位指每个生物单位在生态系统中生存的时空位置。各要素所处的时空位置和状况决定了它的形态适应和特有行为，包括其重叠与竞争、压缩与释放、分离与移动等。从生态学视角来看，教学要素能够在生存竞争的生态系统中拥有一个采集编辑音视频的设备等，对教学的实施和展开起着支撑作用。信息化学习的生态位具有创新意义。信息化学习是一种不同于传统文化的新型学习理念，具有宽容性、主动性、创新性、开放性、交互性等特征。学习者在现代信息技术的支持下，积极主动地与其他学习者进行交互，构建相应的学习环境，高质量地完成学习任务。

五、走向外语教学的动态平衡

要走向外语教学的灵活、兼容与和谐，最重要的是要建立合理、平衡的外语教学的生态环境。环境和谐、平衡了，系统才能自然、高效地运转。本节首先将界定何谓外语教学环境，然后在此基础上探讨和分析外语教学的生态环境系统，并就兼容与和谐提出建议。

当要素能适合其生存的时空位置时，那就说明它有合适的动态生态位，就能与环境达成和谐。根据外语教学生态系统的特点，我们可以对系统组成要素的生态位进行微观上和宏观上的对比分析。微观上，系统要素的生态位可分析如下。

（1）种（个体）：外语教学中的个体主要是指学生、教师、教学管理人员和技术支持人员。在这个系统中，学生和教师是关键"物种"，处于主要的生态位。教师、教学管理人员、技术支持人员是外语教学学习资源的主要生产者，学生既是学习资源的生产者，也是消费者。

（2）种群：在外语教学系统中，具有不同身份和经验的学生、教师、教学管理人员和技术支持人员等组成相应的群体。这些群体因所处生态位不同在系统中发挥的功能作用也就不同，并在不断的磨合中维持着系统的动态平衡。

（3）生态链：外语教学生态系统中，生态链分两个层次；一是信息、知识、技能、学习、技术、方法、设计、评估、管理等组成的链条；二是教师、学生、课程、教材、设备、网络等链条。第一层次较为抽象，形成了系统中较深层次的生物链；第二层次较为具体，形成了系统中表面层次的生物链。这两个层次的生物链把系统整体串联了起来。宏观上，系统要素的生态位可分析为以下几方面。

1）外语教育政策：在系统中，政策的生态位具有整体指导意义。关于我国外语教育政策的相关文件有这些：中小学的有 2001 年颁布的《英语课程标准》，高校非英语专业的有 2004 年颁布的《大学英语课程教学要求》（试行）和 2007 年颁布的《大学英语课程教学要求》，这两个与大学英语教学改革相关的文件。教育部通过这些文件加强对外语教育的整体领导和管理，为外语教育提供政策上的支持和保障。

2）教学模式：模式的生态位具有教学指导意义。它是在一定理论指导下教学进程或教学过程的简化方式，包括教学目标、教学内容、教学策略、教学方法、教学评价、教学媒体等。尤其是当信息技术进入到课程后，外语教学模式的构建应该始终围绕在计算机网络与课程整合的情况下，围绕教师如何教、学生如何学的问题来展开。教学模式可以是以教师为中心或以学生为中心的外语教学，更要探索“教师主导—学生主体”的教学模式。

3）外语教学管理：管理的生态位具有总体协调意义。教学管理主要包括教务管理、考务管理、学习资源管理，学生、教师档案等要素的管理。其中教学管理是保证教学质量和人才培养素质的主要因素。

4）信息与学习资源：信息与资源生态位具有引导意义。从某种程度上说，信息与学习资源是外语教学生态系统中的主导影响因子。在计算机网络与外语课程整合下，外语教学将具有无限量的信息和学习资源，这些资源的优化组织和利用对外语教学的有效开展具有重要的引导意义。

5）教学设施：设施的生态位具有教学支撑意义。教学设施主要是指外语教学中所需要的信息化设备，包括计算机、网络设备及其他采集编辑音视频的设备等，对教学的实施和展开起着支撑作用。

6）信息化学习：它的生态位具有创新意义。信息化学习是一种不同于传统文化的新型学习理念，具有宽容性、主动性、创新性、开放性、交互性等特征。学习者在现代信息技术的支持下，积极主动地与其他学习者进行交互，构建相应的学习环境，高质量地完成学习任务。

根据上述分析，外语教学生态系统中，各要素的生态位有微观和宏观之分，但无论处于何种生态位，教学要素与相关的系统层面都会有着频繁、复杂的有机联系。这种联系又动态地呈现为排斥与兼容、一致与矛盾、平衡与不平衡。就目前的外语教学而言，其生态系统，因信息技术与课程的有机整合，免不了会出现各生态位之间的排斥、矛盾与不平衡的现象，这具体体现为教学上失调现象的发生。

这些失调现象的出现说明我们的外语教学生态系统出现了问题，确切地说各要素不能相互协调发展。从生态平衡的角度来看，生态系统已不能“通过内部和外部的物质、能量、信息的传递和交换，使系统内部生物之间、生物与环境之间达到相互适应、协调统一的状态，这种状态具有一定的自我控制、自我调节和自我发展的能力”（尚玉昌，2003）。换言之，系统的稳定状态很难通过不断调节系统内部的结构和功能而得以实现。因此，要克服这些失调现象，就必须改善我们的教学环境，通过环境的改善来协调系统内各要素的生态位以形成新的系统稳定状态，使外语教学系统重新走向灵活、兼容与和谐。

六、小　　结

以计算机网络为核心的现代信息技术与外语课程整合后，教学要素发生了变化，不少传统要素（如教材、内容、方法等）被新的要素（如多媒体、网络内容、技术方法等）所替代。要素的变化自然地打破了传统外语教学系统环境的平衡。失衡的教学环境又导致了许多失调现象的发生。就外语教学的规律而言，如果忽视这些失调现象，“排异现象”就会发生。要寻找这些失调现象的成因与对策，仅仅依靠传统的教学理论恐难以做到。就此意义上说，教学上的失调现象已对传统理论构成了挑战。可见，要克服“排异现象”，合理解释失调的成因，使教学系统保持动态和谐，就应以生态学视角来重新审视我们的外语教学。换言之，就是要依据生态学的原理，考察教学系统内部诸要素与周围环境的相互关系、相互作用和相互适应，研究各种教学现象及其成因，探讨外语教学生态的特征和功能及其演化和发展的基本规律。

我们说外语教学是一个系统，实际是指外语教学由许多相互联系和相互作用的部分（要素）按照一定层次和结构所组成并具有特定功能的有机整体，是一种在一定空间内各要素与环境构成的自然、开放的生态整体。在这个整体中，各种教学要素之间在生存过程中相互竞争、相互作用、相互依存，形成健康有序的状态。因此，要克服教学上的失调现象，就必须改善教学环境，协调系统内各要素的生态位以形成新的系统稳定状态。

关于环境，一般有四种不同的界定：自然环境与社会环境、系统论界定的环境、心理学界定的环境、教育环境。根据这些界定，外语教学生态系统所认定的环境应该注重这样两条基本原则：一是能稳定教学结构，兼容教学要素；二是能制约教学运转，促进个体发展。从生态学角度来看，稳定与平衡相关，兼容与和谐相连，稳定是目标，而兼容则是实现目标的手段与方法，同样，制约是手段，促进个体发展是目标。

课程生态环境系统由大生态环境系统和子环境系统组成，实际上大环境系统是各子环境系统的总和。应该说，兼容、动态、良性是和谐教学生态环境的本质。子系统的变化和发展，要有利于大系统的整体变化和发展，达到相互作用、相互促进的良性循环。为说明如何按照教学生态环境所认定的两条原则，使教学走向灵活、兼容与和谐，我们强调教师应根据具体情况（如条件、资源、学生水平、其他条件等），灵活、综合地运用教学模式，使教学要素和环境达到兼容与和谐，真正走向外语课程的生态化。

第三节　医学院校大学英语教育生态化教学模式的构建

如果从生态学视角来审视当前计算机网络环境下的大学英语教学，我们可以看出：一方面，信息技术这一生态因子的加入，使得原有稳定的传统教学生态系统受到冲击，各种要素之间必须经过重新磨合才能兼容对方、共同发展，直至形成新的相对稳定的教学生态体系，这是一个长期、充满挑战的过程；另一方面，计算机网络提供的技术支持，可以使教与学在一定程度上不再受时间和地点的严格限制，为学生这一生态主体的活动提供了新的环境和更多实践机会，注重鼓励学生的主体性意识与创造精神。这些变化都会对原有的教学模式能否在现有教学中继续发挥作用提出挑战与质疑，因此，我们必须在继承和发扬传统模式的优势基础之上，利用关键要素——师生生态主体的能动作用，对模式的构建进行合理创新、优化配置。

教学模式是在特定教学理念指导下建构起来、能够反映教学发展规律的框架与程序，具有目的明确、结构稳定、实践性强等建构特点。教学模式的生态化是现代教学模式的健康发展目标，是在生态型课堂的教学实践中逐步探索形成的，它的构建反过来又能促进课堂教学的生态化发展。生态化模式以教育生态学为理论指导，实践“以生为本”的教育理念，根据学生的能力层次与知识需求，设计多维互动等多种形式的教学活动，通过平衡若干教学组成要素生态因子的生态位关系，来促进学生可以在良好的人工条件下自然、和谐、自由地成长发展。这一教学模式应用在课堂教学的具体实践中，不仅仅是实现单一教学模式的合理安排，而是要更多地致力研究多种教学模式之间的互补适应与共存发展，即针对不同的学生群体、不同的教学内容、不同的教学环境，选择适合的教学模式实现教学资源的优势互补。

在教育生态学的生态位理论和协同进化理论的共同关照之下，笔者认为“教师主导-学生主体”型教学模式是目前适用于我国普通高校大学英语教学的典型模式类型。该模式既明确了师生作为生态主体在整个教学生态系统中各自独特的生态位作用，即学生是教学活动的主体，提倡发挥学生的生态能动意识进行自主创造性学习，教师适时退居教学二线地位，在需要的时候对学生提供合理的引导与监督，同时，也强调了二者之间通过竞争、合作可以达成的一种最终协同进化的关系。尤其是在计算机网络环境下，该模式具有较强的规划教学实践的能力与作用。依据教学内容的不同，以及教学环境对促进学生知识接受的作用差异，我们可以将该模式合理设置为混合式作用状态，即读、写、译教学内容采用教师面授的多媒体辅助传统教学模式，而视听说部分可由学生利用计算机网络进行自主学习，并适时配备教师的面授指导。这样的混合式教学模式既可以充分发挥教师的主导作用，又提升了学生学习的主体地位、发展了学生的自主学习能力，使师生在新的教学环境下合作适应、协同进化，同时，信息技术作为教学要素在整个教学生态系统中得以真正发挥作用，促进了课程整合的生态化发展。

一、医学院校大学英语教育生态化教学模式构建方向

计算机网络环境下的“教师主导-学生主体”型混合式教学模式，在医学院校大学英语教学中的构建，应体现生态学理念中的“兼容、动态、良性”的发展方向。

首先，个体生态学中的原理与规律，确定了模式“兼容性”的构建方向。无论是教师主导，还是学生主体，均是要求开发与利用师生生态主体在整个教学生态系统中的应有地位与作用，变竞争为合作，根据限制因子定律，模式构建中应最大限度地变限制因子为非限制因子，发挥教师的主导作用，为学生学习主体能力的培养提供策略指导与信息服务。同时，根据生态适应原理，国家、学校等各级各类教育部门根据教学环境的改变，及时调整教学指导方向，并努力完善教学后台管理，教师积极发挥教学中的主导作用，并适时调整个人教学策略，学生及时充实及调整个人学习策略，来提升学习主体的能力与地位，所有的这些趋同与趋异式调整，都是为了最终更好地适应现代外语教学这一生态因子发展与变化的客观需求，进一步诠释了“兼容性”的构建方向内涵。

其次，种群生态学中的原理与规律揭示了模式“动态性”的构建方向。生态位理论强调，不同的物种之间，一旦具有相似的功能或相近的地位时，就会彼此竞争，以此来形成

新的系统平衡，这说明了物种间的稳定是相对的，物种间的平衡更是动态的。在混合式教学模式中，师生地位关系的动态转换，是保证教学有效开展的必要前提，如在多媒体讲授为主的课堂上，教师占主导地位发挥强大优势，而在网络自主学习课堂上，学生的主体地位则凸显重要。同时，混合式教学模式是最优采食理论的生动展示，体现为生态主体往往会根据自身需求，动态变换选择能够使自己获得最大收益的采食行为与采食环境等，如聪明的学生对于语言基础知识的学习主要“采食”于教师讲解为主的多媒体课堂，而对于听说训练、综合写作等能力的提高主要“采食”于网络自主学习。最后，协同进化理论更能揭示混合式教学模式的构建与应用所带来的动态效果，即实现师生彼此能力的教学相长。

再次，系统生态学中的原理与规律预示了模式良性的发展方向。生态平衡理论预示着未来我国的外语教学可沿着健康、良性的发展方向前进，它倡导教学生态系统的内外结构与总体功能，要最终处于一种最优化的协调状态，即在“教师主导-学生主体”型混合式教学模式中，课程生态因子可实现对计算机网络技术的输入与输出性适应、师生生态主体能善于自身能力的调节与发展、及师生生态主体与其他教学要素之间形成彼此促进、和谐共存等。

二、构 建 原 则

计算机网络环境下“教师主导-学生主体”型混合式教学模式的生态化程度，应该是外语教学生态系统内部各要素合理设计、协调配置的结果。在对模式的构建与优化过程中，我们既要研究教育生态的客观规律，捋顺教学要素之间的错综复杂关系，更要探寻教育生态的发展准则，适应要素个体与群体间协调共存的发展需求。最优化原则是本书研究模式构建所要遵循的基本原则。

外语教学生态系统是由教师、学生、教学内容、教学环境等诸多要素相互依存、相互作用而构成的一个有机体组织，该组织兼具自身的内部结构形态与外部运动规律。教学任务的处理与教学模式的运转，实际上是各要素间组合、配置与优化作用的过程。其间，任何一要素单独发挥作用，都仅能以局部效果来掩盖教育生态的整体效果。这就要求我们根据教学的实际需要，把各要素整合起来，形成一个合理的结构，使各要素的功能可以得到充分的发挥，并最大限度地挖掘其潜能，使其协调发展，实现系统功能的增值高效，使系统的整体联系在活动中达到最优化（张玲，2005）。那么，如何才能利用最优化原则指导计算机网络环境下大学英语生态化教学模式的构建，促进课程整合的最优化呢？

一要精心设计教学结构。20 世纪 70 年代，苏联教育家尤·康·巴班斯基创造了最优化教学理论。他认为，要做到整体教学最优化，就必须用系统的方法来看待教学的全过程，把教学内部的所有组成成分及外部影响因素都看成是相互联系的东西，要对整体教学过程进行最优化论证，并实现教学方法与策略，教学内容和形式的一系列最优选择。笔者认为，在具体的最优选择过程中，我们还要考虑教学目标的要求、教学内容的性质、教学环境的设置、教师的素质状况、学生的能力水平及特点等综合条件限制，尽可能营造出最优化的教学结构。

二要合理配置教学资源。计算机网络环境下的外语教学，要注意各教学要素及资源间的合理配置。只有要素兼容运作、资源协调支持，才能真正发挥要素自身的优势与作用，利用要素与资源间的互促共进，进而实现外语教学的经济高效。在具体的教学过程中，各种因素所发挥的作用会因地因时而异，尤其是计算机网络技术的加入，要求我们在进行模式优化时，务必要根据不同性质的教学内容，来选择最适承载环境，即选用最擅长表达某种教学内容及形式的计算机网络媒体，并确保媒体的选择与多种媒体间的组合达到最优。

三、模式构建与优化策略

以山东省某医学院为受试对象进行的实证调研显示：计算机网络技术已经日益进入到我国高校的大学英语教学之中，对整体教学的运转影响颇深，而且，信息技术本身也正逐渐渗透、发展成为整个教学生态系统的基本构成要素。在此种教学环境下，该校现行选择的“教师主导-学生主体”型混合式教学模式，适应了信息技术与课程整合的发展需要。

模式借助并遵循教育生态学的原理与规律，强调发挥整个教学生态系统中的关键物种（教师、学生）的生态主体能动意识与作用，推动了该校大学英语教学改革的前进步伐。但是，调研中，我们也客观地发现了该模式在具体的应用时显现出诸多失调现象，这些失调严重制约着课程整合的速度与质量，阻碍了大学英语教学的生态化进程。因此，我们必须着实对这些失调进行及时有效的分类调节，以此稳定现有教学秩序、促进教学的良性发展。

“教师主导-学生主体”型模式，强调突出教师和学生各自的生态位功能，但调研显示，该校师生的生态位功能，在计算机网络环境下，遭遇了诸多挑战并受到了限制，不能顺利实现生态物种间的协同进化与生态平衡，使得整体模式丧失了最初的构建意义与应用价值。尤其是一些学生，作为生态主体，在混合式教学模式中，表现出强烈的心理迷失和学习焦虑，个别教师由于缺乏网络教学经验，不能对学生提供及时、有效的疏导。针对上述现象，笔者认为，我们可在传统外语教学理论发挥作用的基础之上，适时引入如下教学策略来进行师生生态位及其功能的重建与强化，并由此实现模式的优化设计。

（一）图式思维策略

国内外已有研究表明：将思维导图应用于学科教育领域，由图形、符号等视觉感官刺激产生的意象联想，便成为促进教者与学者双方创造力共同得以提升的原动力，在这种主动创造的学习环境中，师生双方均会有所受益，教学效果也会大大提升。针对大学英语混合式教学模式中教师生态定位及功能的失调，笔者认为可以将思维导图工具引入到医学院校大学英语教学，激励师生主动寻求自我解决策略，完善其生态位功能。

1. 思维导图及其对计算机网络环境下外语教学的激励作用 思维导图（mind map）是20世纪60年代初英国学者Tony Buzan基于对脑神经生理科学的研究，类比自然万物放射性性状，在分析人们的笔记习惯以及在训练“学习障碍者”的实践中，逐渐形成的关于放射性思维及其图形表达的研究成果。这一研究成果可应用于信息处理，即对研究信息进行归纳与综合，亦可用来辅助人们开展思考复杂问题和深入分析表征信息等学习与研究性工作。使用者们可综合运用包括图片、图形及词语等多种形式在内的信息表征工具，清晰、系统地展示概念间的逻辑层次关系和思维顺序关系，实现并完善概念表征的可视化，达到理清思维脉络、辅助直觉思维形成、掌握整个知识架构、促进知识迁移等应用效果（贾竑，隋晓冰，2014）。

对于教师来讲，思维导图可以帮助其明确教学目标、理清教学思路、优化教学设计、促进教学评价与反思。教师利用思维导图，对课程内容及教学活动进行全局性统筹规划，以每一单元的教学目标与知识要点作为中心节点，将课程大纲要求、学生已有能力、学生兴趣需求、课堂活动设计、教学资源与手段等多项教学参考要素，作为分支节点，并以放射状的层级图形式来构建主次信息要素分明的图式课堂概念。在教学开展过程中，教师可基于已有导图来指导教学，并在授课过程中随时根据需要修改完善导图信息，实现教学设计的优化。在授课任务结束之后，教师可以将个人的教学设计等与其他教师进行分享，旨在接受别人的指正与建议，并结合个人反思，提高个人网络教学综合能力，促进教学质量的提高。

对于学生来讲，思维导图能够帮助学生建立知识之间的彼此联系来提高其网络学习兴趣，兴趣是维系学习持续的第一动力，它可降低学生在既要面临陌生学习环境又要承受语言知识难点的双重学习压力下产生的消极厌学情绪。尤其是在网络自主学习中，思维导图能够引导学生关注关键信息、忽略次要信息来确定学习目标及选择学习策略，在有限的学习时间内导航学生利用互联网搜索，掌握更多有效信息，有效减轻学习过程中的盲目感和焦虑感。思维导图能够帮助学生整理知识、巩固记忆，树立学习信心，提升自主学习能力，作为一张知识连接图，它向学生清楚展示知识间的因果、递进等层级关系，便于学生在自我复习时理顺及强化记忆学习内容；思维导图能够促进学生自我反思，及主动选择同伴间的协作学习方式，在彼此交流及绘制导图的过程中，学生可以拓展个人思维，使自己对知识理解得更加准确、全面。

2. 图式思维激励作用下的大学英语生态化教学模式优化设计 笔者倡导利用思维导图的激励作用来优化计算机网络环境下“教师主导-学生主体”的大学英语教学模式，提升关键要素——师生的能力与地位，并促进整体教学的生态化发展。教师的主导是为了充分挖掘学生的自主学习潜力，开发学生的协作学习意识，并及时根据教学反思来提高教学效果。以听说教学为例，模式的优化设计可由课前、课中、课后三个基本阶段构成。

（1）课前——师生共同绘制思维导图，确定教学主题，明确教学目标：良好的网络化外语教学离不开教师的有效干预和正确引导，在课前阶段，教师要发挥其主导作用，根据教学大纲的要求，适时为学生提供本节课程的教学主题及所要达到的教学目标。如果教师对教学主题及目标仅是进行单纯的语言描述，就会使学生对抽象的概括理解生硬，甚至还会产生理解偏差。教师不妨利用可视化的思维导图工具，将主题与目标以直观的导图形式呈现给学生，防止学生产生网络学习的盲目性，同时也方便学生进行课前预习。为了挖掘与培养学生作为生态主体在网络环境下进行自主学习的能力，教师在此阶段可以仅提供给学生思维导图的主干形式，并合理分配预习任务，让学生积极参与到思维导图的细化过程当中，进一步完善相关子主题内容的绘制。学生在明确了教学主题与目标后，可以根据个人兴趣爱好进行选择性预习，如果学生在此时遇到了预习知识或细化导图等难题，他们也可以自主形成学习协作小组，通过合作方式来完成相关学习任务。

例如，在《大学体验英语听说教程》第二册第九单元“Jobs”的网络听说拓展训练教学中，教师首先给定一个训练主题：How to introduce yourself in a job interview，这也是本次课的教学目标，即训练学生参加面试用语。教师可先绘制一个思维导图主干，再通过 QQ 群等途径传递给学生，让学生做好课前预习。学生在接收到教师信息之后，可以完善细化教师的导图子主题，如将工作面试设置成不同场景环境，对面试者所用语言做男女性别的区分等，并根据预设情景查找并参考网络上有关面试的视频信息素材等，提前准备课堂表演内容及语言安排。所有的这些预习工作既可锻炼学生的自主学习能力，同时也可有效缓解学生课堂参与的盲目性与焦虑感。

（2）课中——细化思维导图，鼓励协作学习，实现高效网络课堂教学：在网络课堂教学过程中，教师既要对学生做的课前预习给予肯定，更要鼓励学生实现小组协作，这样才能真正实现高效的网络化教学。教师可以辅助学生实现分组协作，同学之间也可根据课前预习的内容类别及个人兴趣爱好自行合作，在确定了小组概念之后，继续利用已有的思维导图进行知识细化。其间，同学之间可以通过协作来细化导图子主题，如可将面试再次分为初试与复试不同层次及场景等，根据兴趣爱好自行确定小组分支主题，并对已获取的网络信息及学习素材进行简单整理，小组内部基于学习主题分支进行有效信息筛选，细化包括情景设置、语言选用、要点分析、能力扩展等多项子主题在内的导图绘制，并在 QQ 群内实现信息共享。同学间的互相补充、取长补短成为学习小组间交流和讨论的有效形式。此时，教师要给予基于主导图概念下的协调与指导，对子主题中的错误信息进行及时更正与建议，避免学生进入偏差误区，提高实训效率。

（3）课后——师生及时反思，完善修改个人思维导图：无论是哪类课型，师生均需要在课后对先前绘制的思维导图做进一步的反思与完善。教师完善个人思维导图，可以更好地指导学生开展下一期课堂教学，了解学生兴趣及需求，真正实现因材施教，最大限度发挥网络教学的优势。学生修改个人思维导图，及时进行课后复习，有利于知识的整理和汇总，将自己的学习心得添加在内，可进一步深化对课程教学目标的理解，提高自主学习能力。

（二）内隐学习策略

内隐学习是人类认识世界和获得知识的基本方式之一。它强调知识的学习与能力的提高是发生在一定的环境中，无需借助人类过多的心理资源而进行的一系列的无意识自觉行为。对于大学英语混合式教学模式中学生信息技术与自主学习能力失调的调节，笔者认为如能依据内隐学习的特征，调动发挥内隐学习的作用，将会对学生网络自主学习的动机和效率产生积极的影响。

1. 内隐学习及其主要特征 内隐学习的概念是美国心理学家 Reber 在其 1967 年发表的文章《人工语法的内隐学习》（*Implicit Learning of Artificial Grammar*）中首次提出的。Reber 通过设计并开展的人工语法实验得出认识，即人们能够按照两种本质不同的模式来进行学习复杂的知识任务，一种是人们熟悉且常用的外显学习，另一种便是内隐学习。外显学习是需要受学习者意识控制、参与并采取一定策略的学习过程，是有目的、有选择性注意的学习方式；而内隐学习无须学习者具备明确意识或陈述行为规则、却能获得这种规则的学习方式，是无意识地获得外界刺激环境中复杂知识的学习过程。因此，正如 Reber 所强调，内隐学习的本质就是对抽象、意识难以接近的知识进行无意识、被动地加工。

由于内隐学习本身相当复杂，加上各级各类研究的出发点、研究层次和研究范式的差异，所以目前在对于内隐学习的特征描述中，只有无意识性这一点基本得到所有学者的认同，而其他特征的评价在个别层面上存在较大分歧。笔者总结国内外有关内隐学习的特征并进行归纳分析，发现内隐学习主要包括强有力性、自动性、理解性、抽象概括性、情境性及累积效应等一系列特征。这些特征与计算机网络环境下的教学存在着若干相似之处，二者之间具有不可分割的联系，一方面，计算机网络可以为内隐学习营造知识获取情境；另一方面，内隐学习理论指导下的大学英语网络教学强调学习的自觉性和无意识性，能够激发学生学习的主体性意识，增强学生学习兴趣。

2. 内隐学习对计算机网络环境下大学英语教学优化的启示 内隐学习无须注意的特别参与，节约了学习者的心理资源，所以易于为学习者所接受，并且无意识习得的知识持久难忘，保证了学习预期的效率。因此，在计算机网络环境下的大学英语教学中，我们可以根据内隐学习及其所具有的特征，尽可能创建有利于学生进行内隐学习的网络学习环境，促进学生的内隐学习，以调动学生的学习兴趣，提高自主学习能力和学习效率。同时，作为人类两个基本学习机制，外显和内隐学习有着各自的发生特点和功能优势，人为地割裂二者的内在联系以及任意忽略或夸大其中一方，都不利于提高教学质量。在具体的教学设计与优化过程中，我们需注意下列启示：

首先，我们要注意将内隐和外显学习机制进行有机结合。

内隐学习和外显学习虽然是本质不同的两种学习机制，但二者之间并不是绝对真空的隔绝，而是存在着一定的联系和某种程度上的共性。例如，两种学习方式都涉及注意需求，学习过程的开展均需要利用一定的注意资源来进行选择性信息加工，只不过是内隐学习的注意需求性临界值极低，甚至可以忽略不计。同时，学习材料的难易也均会对两种学习产生影响，在适宜的难度阈值内，抽象度与难度高的材料更适合于内隐学习的作用发挥，反之则适合外显学习。当学习任务愈加复杂时，学习者如果选择“内隐为主、外显为辅”的学习方式，才能收到最佳学习效果。

内隐学习和外显学习的协同作用是提高计算机网络环境下语言教学质量的重要保障。由于语言学习涉及的知识类型较广，既有学习者可以直接领会的直观性知识，又有需要学习者进行深度加工才能掌握的抽象性和复杂性知识。因此，为了实现既定的教学目标，在计算机网络环境下的语言教学设计中，除了应该给学生安排外显学习外，更要加强他们的内隐认知，使外显和内隐学习有机结合起来。例如，在教师讲解为主的大学英语多媒体精读课堂中，对于某一复杂语法知识的学习，教师可先利用教学媒体给学生呈现大量的含有该语法教学内容的语言材料，同时最好能够提供相关概念的、富有故事情节的音、视频展示，这样会使学生对该语法的用法形成足够的直接体验和直觉判断，也即进行充分的内隐学习，之后教师再对该语法的结构和规律进行归纳详解和习题点拨，让学生在自我发现和总结的基础上参照教师的提示，获得更加深刻的知识领悟。

其次，我们要重视创设内隐学习得以实现的网络情境。

内隐学习的特征之一是具有情境性，即学习者在开展内隐学习并获得知识的过程中，对情境依赖感强。计算机网络技术可以为学生创设真实的学习情境，让他们在模拟仿真的情境下学习和运用所学知识。这契合了建构主义所强调的情境创设重要性原则。尤其是在学生为主的网络自主学习的课程设计中，学生对最为接近真实情境的仿真学习环境的需求强烈，因为这样的环境能够减轻面对学习的心理陌生感，鼓励学生主动完成问题的理解、知识的应用和意义的建构。

在网络外语自主学习的课程设计中，对于比较复杂的语言教学内容，教师除了给学生创设情境、提供文字材料外，还应提供包括声音、视频、图像、图表等多种不同媒体形式的教学材料，让学生开展高效的内隐学习，降低他们对知识的陌生感与焦虑感，增强他们的学习动机并提高学习效率。为此，在网络自主学习平台（或系统）中，可创建用于针对复杂语言知识认知及内隐学习的图片、音频、视频等类型的素材库，并提供技术指导让学生能根据素材的标题、作者、相关扩展等关键词进行快速检索，方便学生及时有效地获取多种媒体形式、丰富、高质量的学习资料。

再次，我们要注意协调网络自主学习模式的构建因素。概括而言，外显学习理论指导下的学习是“以教师为中心”的学习模式，而内隐学习理论指导下的学习是“以学生为中心”的学习模式。内隐学习引入到大学英语教学中，就应注意教学模式的整体设计，要时刻围绕“如何促进学生自主学习”这一主题，“教师主导-学生主体”型混合式教学模式正是强调了要把学生参与课程学习的主体性、积极性和创造性放在首位。

我们在网络自主学习模式的建构与实施设计中应能兼顾到以下几点：第一，要能根据课程教学目标的要求与自主能力培养的形成途径，为学生安排设置一些探究性课题，在听说能力训练中设置诸如 How to prepare for the earthquake、How to make a good impression 的话题讨论，在读写能力训练中安排学生留心观看视频材料，并根据视频内容，自己整理有效知识点信息或寻找话题完成写作等，鼓励学生对某个问题或某类课题自主地进行建构、探索和研究。第二，要能提供多种自主学习活动得以开展的支持工具及活动设计模版等，使学生可以利用这些工具和模版在网络空间中自行组织如自主探究、学伴协作、角色扮演、视频辩论等多种形式的学习活动。第三，要能提供多种形式的交互工具，包括电子邮件、QQ 聊天群、电子白板、网络聊天室等，使学生能在自主探究学习过程中，进行自由讨论交流观点、展示学业成果及完成自我总结或学伴间评价。第四，要能为学生自主学习能力的提高提供足够的操练机会，创建内涵丰富、高质量的语料库及试题库，使学生在做大量练习的过程中掌握复杂问题得以解决的内在规则，进而内化提升内隐学习的初衷。

最后，我们要完善对学生网络内隐学习能力的生态评价。目前对于学生开展的网络外语自主学习的教学评价大都是采用文本测试法，评价形式一般采用选择填空题及翻译写作题等。这样的评价方式只能要求学生选择表达所学知识，而不是全面操作所学知识。许多研究显示，文本测试形式的言语评估方法，对学习者的测量只是涉及外显知识，而对学生主动获得的内隐知识的能力与水平评价缺失，而这部分知识又在学生已掌握的知识中占有较大比重。内隐学习的知识获得往往体现在学生无意识的操作过程中，因此，对操作过程及能力的客观测量，才能体现内隐知识的真实水平。在网络自主学习的评价测试中，对于学生参与程度及操作能力的评价来自于教师的实时监督，教师可以创设虚拟的操作实践平台，将对语言基础知识的文本考察，转移为对语言实际运用能力的操作评价，并将形成性评价引入现有评价机制，弥补传统单一的终结性评价的不足，真正促进学生生态个体的持续成长并完善教育生态评价。

（三）情感干预补偿策略

随着计算机网络技术的不断发展，网络教学环境在促进学习者主动学习的同时，也为学习者的情感发展带来了一些负面影响，是课堂教学心理环境失衡的主要表现。有调查显示，学习者若长期生活在面对电脑的虚拟教学环境中，都会产生不同程度的情感缺失。具体表现为：由于精力和时间有限，加之缺乏有效的干预指导，面对浩如烟海且陌生的知识信息，部分学习者往往感到无所适从，甚至还会产生消极的焦虑情绪；由于所具备的信息甄别能力不同，部分学习者容易受网络流传的不良信息的冲击，以及产生学习方向迷失的严重后果；在网络营造的虚拟学习空间中，一些主动参与意识较差的学习者往往会感觉到来自现实的情感关怀严重缺乏，主要是由于独立自主的学习方式在一定程度上阻碍了学习者与教师及学伴的情感交流等。

《心理学大辞典》中界定：“情感是人对客观事物是否满足自己的需要而产生的态度体验。”积极丰富的情感能够促进人类的认识过程与意志培养，使个性得到综合、全面的发展。消极情感则反之。上述列举的网络教学环境下学习者的情感缺失问题，正是消极情感在教学中发生作用的后果，我们有必要对此加以重视并调节，因为成功的教学更依赖于师生的内在状况及彼此间的互动与交往。在计算机网络环境下的大学英语教学中，注重浸注情感教育，是合理优化生态型教学心理环境的主要手段。

（1）优化教学心理环境的意义：教学心理环境是课堂教学赖以生存的隐性环境，其优化意义最直接的体现，就是有助于促进教学活动的顺利进行，以及有利于学生身心的健康发展。

第一，融洽互助型英语课堂教学心理环境，能够在潜移默化中积极引导学生的心理向健康方向发展，有利于消除学生由于学习环境陌生、学习任务繁重和网络技术操作不熟练等原因而产生的过大的心理压力，以及由此造成的对此环境下英语学习的情感障碍，如胆怯、依赖、浮躁、焦虑等各种不良情绪，从而提高学生生态主体参与学习的主动性与积极性，维护课堂生态系统的正常运作。

第二，轻松愉快型英语课堂教学心理环境，会对学生学习过程中的动机发生、认知增长及成绩表现等均有显著影响，良好的课堂氛围促进师生交流，便于教师考虑学生需求及时调整教学内容及教学策略，做到因材施教。

第三，和谐共存型英语课堂教学心理环境，也会促使教师在教学过程中充满热情、责任心高，这会对学生的学习产生强烈的感召力，有利于师生互动和教学相长，师生的生态角色作用得以有效发挥。

这种互相影响、互相促进的教学环境氛围，促使英语课堂保持良性运转，良好地服务于课程整合的生态化进程。

（2）教学心理环境的具体优化措施：在计算机网络环境下的大学英语教学中，教师对课堂心理环境的优化，应积极给予人本主义理论观的情感干预与教学补偿，鼓励学生积极情感的释放，完善师生在整个生态教学系统中的各自生态位功能，提升混合式教学模式的应用效率。

第一，从人本主义教学理论出发，注重关注学生情感变化。

人本主义教学理论重视人类情感，强调课堂免受焦虑情绪的影响。它认为教育应适应人的自然本性和自然倾向；一切真正的知识都发源于感官从外部事物得来的感觉经验，并重视学习者内在自我的发展（戴俊霞，2001）。在以教师讲解为主的多媒体教学课堂中，教师是语言教学的主导，要充分发挥其作为方向引导者、动机激发者、需求分析者、活动合作者及学业评价者的积极作用，在授课过程中既要充分照顾到学生群体的主体意志与动机倾向，更要关注学生个体的心理情感变化，辅助学生进行自我规划，提高多媒体课堂教学的整体效率。特别注意的是，要尽可能地发挥教师在整个教学生态系统中的限制因子作用，对于学生在语言学习过程的积极表现要给予及时肯定，对于学生表现出的错误与不足要加以耐心引导。注意因材施教，帮助学生挖掘自身的优点与潜力，增强学生的自信心和学习动力。在语言教学中，教师要特别关注男生及来自农村等地区的外语学习弱势群体学生，给予他们更多的精神鼓励和锻炼机会，倾听并尊重他们的学习需求，帮助他们树立情感自信，最大限度地减轻他们对外语学习的焦虑。

第二，利用补偿策略手段，缓解学生网络自主学习焦虑。

我们在计算机网络环境下开展大学英语教学，由于信息技术的加入使得传统教学方法与手段受到冲击，在新环境中其促进教学的作用大打折扣。这就要求教师能够及时变通，宜时宜地选择其他教学方法与手段进行有效的教学补偿。在以学生为重要行为主体的网络自主学习中，学生学习的焦虑现象较为严重，究其原因，一方面是学生英语基础知识本身薄弱；另一方面则是缺乏有效的学习策略和技术指导。现有教学条件显示：既具备较高外语专业教学能力又精通信息技术的人员十分稀缺，这就不能为学生在学习过程中提供即时、高效的学习支持。但如果教师和教学辅助人员能够相互合作、及时为学生提供服务，即外语教师为学生进行专业知识和学习策略的辅导，负责管理自主学习机房的教学辅助人员为学生提供网络操作策略与技术指导，双方的共同努力就会在很大程度上补偿学生的需求缺失，还会因此提高学生进行网络自主学习的兴趣，缓解焦虑，促进个性化学习的开展。从某种程度上来讲，这也是对目前教学设备与后台管理的失调给予的有效调节，能够促进计算机网络技术与外语课程整合的生态化进程。

第四节 医学院校大学英语教育生态化设想

信息技术与大学英语课程的生态化整合现代信息技术的教育应用，主要经历了计算机辅助教学、计算机辅助学习、信息技术与课程整合三个阶段，当前处于第三阶段的纵深发展时期，即生态化整合阶段，具体表现为微课、翻转课堂、慕课等混合式教学理念和实践的推广应用。

信息技术与大学英语课程的生态化整合，意味着信息技术不再是辅助性教学媒介，而是大学英语生态系统必不可少的生态因子。信息技术既是培植和维护新型学习生态系统的工具（包括物质性学习环境和社会文化互动环境），也是学习者自主学习的认知工具与情感激励工具，同时也是多模态教学环境的创设工具，它便于学习者更积极地投入探究世界、获取信息、互动合作、构建知识等各项认知加工活动中，转变了“以教师为中心”的传统教学结构，有助于构建“主导—主体”相结合的新型教学结构。

建立自主学习中心，旨在将学习者自主学习和教师课堂面授有机结合，通过它们之间的信息传递和交换，形成一个更大的生态系统。然而，该目标在教学实践中并未完全实现。学习者自主学习能力的培养离不开教师的支持和指导，但许多教师对自主学习理论及自主学习模式下的教师角色认识不足，忽略了对学习者自主学习态度、能力、策略的指导，以及对学习者个性化学习过程的设计、监督和评价，自主学习中心演变成学生独立完成教师布置的学习任务的练习中心。学生缺少确定学习内容和进程的选择权，师生、学生和学生间缺少生态学所强调的信息传递和交换，中心管理人员与课堂教师之间缺少交流与合作，导致“基于计算机和课堂的大学英语教学模式”演变成学生基于自主学习中心的独立学习和教师基于课堂的面授教学的简单叠加，而非整合。课堂环境和自主学习中心环境处于分化状态，违背了教育生态学整体性原则。

（一）从练习中心向自主学习资源中心升级

学习资源是自主学习中心最重要的生态因子，资源的质量将在很大程度上决定中心的效益和自主学习的效果。因此，自主学习中心的升级必须以自主学习资源建设为基础，提高资源的多样性和丰富性，以满足学习者的个性化学习需求。

随着大学英语教学内容的转移，除出版社开发的网络学习软件外，专门用途英语资源的开发还应成为自主学习中心资源建设的重点和难点。我们应充分把握“大数据”网络资源环境为外语教学提供海量资源的机遇，对国际慕课平台、国家精品课程资源网及各类视频公开课网站等开放性课程资源网站提供的海量学习课程资源进行筛选、收集和改编，将其变成符合本校学生需求的教学资源。

在资源丰富性的基础上，自主学习中心应提供方便快捷的导航和检索工具，编制资源目录分类和引导系统，以提高资源的导学、助学、督学功能和利用率。自主学习中心资源的建设应以自主学习理论及二语习得理论为指导、以自主学习中心定位和大学英语课程内容为导向，同时还应引进学习者需求分析机制、多元化资源评估机制，建立资源的进入和退出机制，以解决自主学习中心“适应性失衡”及资源内容与使用主体之间“生态缺失”的问题。通过资源的丰富性、多样性和可用性实现自主学习中心由“练习中心”向“学习中心”的升级。

（二）从独立学习中心向互动支持中心升级

自主学习兼具个体性与社会性特征，自主学习能力的发展是学习者在与外部环境的互动中，通过个体间的相互接触、支持和依赖，逐步形成、发展和内化的过程。这意味着学习者自主学习能力的培养既离不开教师的介入和指导，又需要学习者之间的互动和合作，是一个从依赖走向自主的发展过程。然而，国内自主学习模式对其社会性重视不够，既存在教师主体位缺失，又缺少学习者之间的互动和合作，不利于学习者自主学习主动性和积极性的激发及自主学习能力的培养。

为此，我们应建立具备支持性环境的自主学习中心，确保自主学习环境下的师生、学生与学生互动学习和支持。首先，自主学习中心应设立供学生进行小组练习与讨论的实体空间或虚拟空间，通过突出“自主学习也是一个需要交流和合作的过程”的信息来鼓励学习者开展“合作—自主”学习；通过组织各种语言学习活动，如主题英语角、研讨会、竞赛、情景剧表演等，促进学伴间的互动学习；通过构建外语学习过程中的相互依赖关系建设性地解决外语学习中的问题与困难，从合作走向自主。其次，自主学习中心应从人员配置和培训方面强化中心的咨询服务功能，为学习者提供更多的关于资源选择、学习策略、学习计划的咨询、培训和支持，通过教师搭建学习者和学习环境之间的桥梁、师生互动和交流深入了解学习者的学习需求。

（三）兼顾中心的自主学习与自主测评功能

因大学英语课时和学分的压缩，许多高校难以同时满足学生通用英语和专门用途英语的学习需求。为此，我们可依托自主学习中心开展“专门用途英语+通用英语”混合教学。具体而言，依托自主学习中心的学习软件、测试系统和学习资源，学生可在自主学习中心完成通用英语课程内容的自主学习和测评，课堂面授以专门用途教学和通用英语辅导答疑为主。该模式有望在课时有限的情况下满足学习者的多样化学习需求，为专门用途英语教学争取学分和课时。自主测评则可将教师从出卷、阅卷等重复性劳动中解放出来，将更多的时间用于专门用途英语课程开发和教学设计。

（四）利用翻转实现中心和课堂的生态融合

近年来，翻转课堂已成为促进信息技术与教育深度融合的有效途径之一。翻转课堂教学模式重新分配课堂时间，提供结构化的教学视频（如微课）供学生课前自主学习，实现知识传授的课前化和自主化。翻转课堂的效果很大程度上取决于学习者课前的自主学习。但由于师生在空间上的分离及教师现场监督的缺位，翻转课堂的课前自主学习通常处于一种游离状态，加上网络环境下自主学习的孤独感，学习效果难以保证，严重影响翻转课堂实施的效果。为此，教师可利用自主学习中心的交互平台、资源平台和互动学习支持环境，灵活安排学习的时间、内容和进度，开展大学英语翻转课堂模式下的课前自主学习、探究学习和深度学习。

教师可借助自主学习中心的交互平台和监控系统，收集和分析学习者学习的大数据，对翻转课堂模式下的自主学习及时提供个性化的评价和反馈，进而提升翻转课堂教学模式的效果。自主学习中心为大学英语翻转课堂的知识传授提供了绝佳场所，翻转课堂则为转型期自主学习中心与大学英语课堂的生态融合提供契机。

运用教育生态学理论对大学英语转型进行解读，既有助于加深对大学语教学改革的认识，又有助于认清自主学习中心与转型期大学英语教学之间存在的生态失衡现象。为顺应大学英语教学改革趋势，自主学习中心必须重新定位其在大学英语教学生态系统中的生态位，通过专门用途英语资源建设和功能升级，实现基于课堂的面授学习与基于中心的自主学习的无缝对接，促进大学英语信息化课程生态系统的形成。

对未来教育及学习方式的畅想随着移动互联网、大数据、云计算等技术的发展，人们接收与反馈信息的方式会发生巨大变化，人类的学习模式也有可能因此改变。长远来看，教育产业必将为互联网所变革和重塑。我们不妨大胆地预测畅想未来。

1）“授课”模式一定是未来教育的选择吗？在线教育的未来应该是更多基于标准算法、系统模型、数据挖掘、知识库等为学生提供个性化、定制化学习服务。在这个过程中，教师授课的依赖会越来越小，并被技术部分取代。

2）教育的本质是服务吗？未来的学习过程，将由“以教师为中心”转向“以学员为中心”，为学员提供全方位、个性化、持续的学习服务，是教育机构的必然选择。

3）教育的本质是社交吗？对于没有强制力乃至没有真实互动的视频课程，其作用仅稍强于一本高质量的教辅书。强烈的学习氛围、强制化的学习状态、真实有效的互动都是教育培训中不可或缺的关键要素。没有互动环境的培训那就只是一个信息传递过程。未来教育电商更靠谱的活法不是卖课，而是打造一个汇聚更多优质课程的免费社区平台，在此基础上针对自制力和自学能力不强的受众提供可选择的个性化增值服务。

4）未来还会存在在线教育吗？在线教育在未来将不再被提起。因为，所有的教学过程都已经离不开互联网，所有的教学都将借助云计算、大数据、移动互联网等技术来实现。线上与线下只是不同的教学环境和教学手段而已，传统教育培训机构不接触互联网，则无前途可言。

5）个性化的学习是趋势吗？在线教育通过收集大量数据，可以全面跟踪和掌握学生特点、学习行为、学习过程，进行有针对性的教学，更准确地评价学生，提高学生的学习质量和学习效率。这才会出现真正的“因材施教”，大大提升人才的培养质量和成才率。

6）实现“优质教育资源平等共享”的理想。由于在线教育成本很低，优质教育资源将不再局限于高等学府，将有机会传遍全国和全球的每个角落，使每个人都有机会接触。

7）实现 4A（anytime、anywhere、anybody、anyway）原则。未来的教育，可以做到在任何时间，在任何地点，以任何方式，从任何人那里学习。未来教育将会颠覆传统的教与学的过程与规律。

8）教育娱乐化。如果玩网游就是一种学习，学习过程中不断挑战不断得到即时激励，那么学习过程还会那么枯燥吗？在线教育提供了学习趣味化的机会。

9）在线教育实现社会认证。多数人上大学、参加培训很重要一个目的就是为了获取一个认证，如名校毕业证、会计师从业认证等。未来的互联网教育模式下，人们自然希望也能获得相应的社会认可，与学习内容相匹配的社会认证显得十分必要。

10）互联网解构与重构学习模式与教育体系。

当前的在线教育产品，基本只做到了“互联网+教育”，或者“互联网×教育”，未来更具颠覆性的产品应该是“互联网÷教育”，即用互联网解构传统学习模式与教育体制，并且重新制订一套新的教与学互动模式，这将改变人类几千年以教师为中心的授课模式。虽然目前尚未有创业者探索，但这在不远的将来必然成为事实。

随着普适技术的不断发展，将进一步推动 1∶1 数字化学习向纵深发展，其发展趋势由 1∶1 的关系形态演变成多对一的关系，由学习资源保障演变成学习资源服务；由桌面交互模式演变成日常交互模式；由传统媒体到数字媒体，再到交互媒体；由课堂学习，到“e-learning”，再到“m-learning”，最终迈向“u-learning”学习时代。这一系列的变化将建立起以人为中心的计算环境，人们能够以自然的（语音、手势）或人性化的（兴趣、上下文关系）方式来控制或与学习环境进行交互。这不仅仅影响着学习交互范式，而且对整个教育领域都有着深刻的影响。普适技术在教育领域的运用，为未来教育发展与变革提供了新的契机。从现今的教育观、知识观、学习观、价值观到学校形态，无处不在地体现着变革的气息，而这种变革不再是局部性的，而是信息时代呼唤着整体性的教育变革。这正如美国计算机教育专家 Seymour Papert 对未来学校教育所倡导的那样：“我们未来教育的改革不应是对一个过时的教育体系加以完善，而是需要对整个教育系统进行全面的变革。”

参考文献

包涉涉，2011. 课堂生态环境中师生互动对英语写作的积极作用[J]. 南昌教育学院学报，26（8）：147.

保罗・弗莱雷著. 顾建新等译. 2001. 被压迫者教育学[M]. 上海：华东师范大学出版社.

鲍松彬，2013. 融合移动学习的大学英语教学新模式[J]. 实验室研究与探索，（4）：144-147.

蔡基刚，2009. 英语网考的写作效度和信度研究[J]. 外语界，（3）：52-58.

蔡基刚，2010a. 制约我国大学英语教学方向转移的因素分析[J]. 外语研究，（2）：40-45.

蔡基刚，2010b. 全球化背景下外语教学工具与素质之争的意义[J]. 外国语，（6）：33-40.

蔡基刚，2011. 我国大学英语教学目标设定研究[J]. 外语界，（1）：21-29.

蔡基刚，廖雷朝，2010. ELE 还是 ESP，再论我国大学英语的发展方向[J]. 外语电化教学，（9）：20-26.

蔡基刚，武世兴，2003. 引进多媒体网络技术改革传统的教学模式[J]. 外语界，（6）：2-7.

曹荣平，张文霞，周燕，2004. 形成性评价在中国大学非英语专业英语写作教学中的运用[J]. 外语教学，（5）：82-87.

柴阳丽，2014. 基于微信的非英语专业大学生英语听说学习诉求的实证研究[J]. 电化教育研究，（10）：66-72.

陈凤然，张燕，2009. 大学英语课堂问答行为内部结构和功能分析[J]. 中国成人教育，（24）：187-188.

陈坚林，2006. 大学英语教学新模式下计算机网络与外语课程的有机整合——对计算机“辅助”外语教学概念的生态学考察 [J]. 外语电化教学，（6）：3-10.

陈坚林，2008. 要求更完善，方向更明晰——对 07 版《大学英语课程教学要求》的新解读[J]. 外语电化教学，（1）：3-8.

陈坚林，2010. 计算机网络与外语课程的整合——一项基于大学英语教学改革的研究[M]. 上海：上海外语教育出版社.

陈坚林，张笛，2014. 外语信息资源的整合与优化建设——一项基于部分高校信息资源建设的调查研究[J]. 外语学刊，（5）：95-100.

陈静，2014. 基于微信的大学英语自主学习模式的建构[J]. 海外英语，（7）：33-34.

陈莉，郑飞中，2007. 护生英语学习成绩与其语言学习策略及成就动机的关系研究[J]. 护理学杂志，22（15）：4-6.

陈琰，2010. 浅谈大学英语课堂提问及策略[J]. 科技创新导报，（27）：154.

陈玉琨，2003. 教育评价学[M]. 北京：人民教育出版社.

程琪龙，2009. 体验式外语学习的认知功能探究[J]. 中国外语，（5）：66-75.

迟韧，2003. 浅谈如何在大学英语教学中激发和培养学生的学习兴趣[J]. 长春理工大学学报，（4）：68-69.

戴家干，2008. 改造我们的考试[M]. 北京：高等教育出版社.

戴俊霞，2001. 人本主义教学法综述[J]. 外语教学理伦与实践，（2）：17-21.

戴炜栋，2001. 构建具有中国特色的英语教学“一条龙”体系[J]. 外语教学与研究，（5）：322-327.

邓丽君，2010. 生态型大学英语写作课堂教学设计[J]. 广州番禺职业技术学院学报，09（5）：26-29.

邓小泉，杜成宪，2009. 教育生态学研究二十年[J]. 教育理论与实践，（13）12-16：.

丁蕾，2012. 郑州高校的生态化英语课堂研究[D]. 郑州：郑州大学.

丁琼，2010. 形成性评价在小班化教学中的应用[D]. 上海：华东师范大学.

丁志瑞，2005. 大学英语学习中形成性评价运用研究[D]. 吉林：吉林大学，30-34.

恩斯特·卡西尔，2008. 人论[M]. 光明日报出版社.

范国睿，1995. 美英教育生态学研究述评[J]. 华东师范大学学报（教育科学版），（2）：83-89.

范国睿，1999. 教育生态学[M]. 北京：人民教育出版社.

范国睿，2000. 教育生态学[M]. 北京：人民教育出版社.

范俊军，2005. 生态语言学研究述评[J]. 外语教学与研究，37（2）：110-115.

方炳林，1975. 生态环境与教育[M]. 中国台北：台湾维新书局.

方芳，2010. 教育生态学视域中的英语笔译教学[J]. 教育与职业，（20）：110-111.

房萍，2009. 论大学英语精读教学的生态化[J]. 四川教育学院学报，29（9）：106-108.

甘正东，2000. 反思性教学：外语教师自身发展的有效途径[J]. 外语界，（4）：12-17.

高慧，2015. 基于微信的实用英语移动学习应用研究[J]. 科技展望，（3）：296.

高翔，王蔷，2003. 反思性教学：促进外语教师自身发展的有效途径[J]. 外语教学，（2）：87-90.

高一虹，赵媛，程英，等，2003. 中国大学本科生英语学习动机类型. 现代外语，26（1）：28-38.

高照，张丽，2008. 对大学英语课改新模式的态度调查[J]. 电子科技大学学报（哲社版），10（3）：109-112.
顾明远，1997. 关于教育现代化的几个问题[J]. 中国教育学刊，(3)：10-15.
顾明远，2012. 试论教育现代化的基本特征[J]. 教育研究，(9)：4-10，26.
顾卫星，陆翔，2015. 共享文件夹——英语写作形成性评价的可选路径[J]. 外语测试与教学，(4)：54-64.
顾曰国，2005. 教育生态学模型与网络教育[J]. 外语电化教学，(4)：3-8.
关文信，2003. 西方教育生态学理论对课堂教学监控的启示[J]. 外国教育研究，（11）：1-4.
郭宝菊，2003. 中学英语教师话语状况调查与分析[J]. 中学外语教与学，(4)：59-62.
郭佳，包兰宇，王晓娟，等，2005. 大学英语体验式教学探讨[J]. 北京交通大学学报（社会科学版），(3)：76.
郭茜，杨志强，2003. 试论形成性评价及其对大学英语教学与测试的启示[J]. 清华大学教育研究，24（05）：103-108.
郭颖，2009. 医学院校本科生英语多媒体教学方法探讨[J]. 医学信息，22（7）：1155-1157.
韩宝成，赵鹏，2007. 高校学生英语作文自我评估与教师评估对比研究[J]. 外语界，(5)：28-37.
汉斯·格奥尔格·伽达默尔，2010. 真理与方法[M]. 洪汉鼎，译. 北京：商务印书馆.
郝兆杰，孙仲娜，2010. 给大学英语教学围上“围脖”[J]. 现代教育技术，(6)：63-65.
何高大，2004. 大学生对计算机辅助外语学习的态度和效果的调查报告[J]. 外语电化教学，(3)：69-73.
何克抗，1997. 建构主义的教学模式、教学方法与教学设计[J]. 北京师范大学学报（社会科学版），(5)：74-81.
何克抗，2002. 教学系统设计[M]. 北京：北京师范大学出版社：22.
何克抗，李文光，2005. 教育技术学[M]. 北京：北京师范大学出版社：245，246，247.
何旭良，2013. 句酷批改网英语作文评分的信度和效度研究[J]. 现代教育技术，23（5）：64-67.
贺春英，2004. 语言课程测试评估设计[J]. 外语研究，(3)：60-64.
贺祖斌，2005. 高等教育生态研究述评[J]. 广西师范大学学报，41（1）：123-127.
侯祥瑞，孟坤，刘成志，2007. 论形成性评价对大学英语教师的要求[J]. 中国成人教育，(12)：110-111.
胡加圣，冯青来，李艳，2010. 信息技术在与外语课程整合中的地位与作用解析——兼论外语教育技术的学科性[J]. 现代教育技术，20（12）：72-77.
胡玉辉，罗忠民，徐江清，2010. 从教育生态学视角看网络环境下的英语课堂教学[J]. 衡阳师范学院学报，31（2）：133-135.
胡壮麟，2004. 大学英语教学的个性化、协作化、模块化和超文本化[J]. 外语教学与研究，(5)：345-350.
胡壮麟，2007. 习得与学得 [J]. 中国外语，4（2）：147-148.
胡壮麟，2008. 谈 Siemens 的连接主义[J]. 外语电化教学，(5)：3-9.
户晓娟，2014. 大学英语教学中微信软件的应用探究[J]. 济南职业学院学报，(1)：83-85.
华维芬，2003. 关于建立自主学习中心的调查报告[J]. 外语界，（6）：43-48.
黄爱凤，2002. 试论英语教学中学生成绩评估体系新模式 [J]. 西安外国语学院学报，(3)：81-85.
黄静，张文霞，2014. 多元反馈对大学生英语作文修改的影响研究[J]. 外语界，(1)：51-56.
黄若妤，2000. 建构主义与多媒体外语教学模式[J]. 外语电化教学，(2)：16-19.
贾竑，隋晓冰，2014. 思维导图应用于我国外语教学研究综述分析[J]. 中国电力教育，(3)：189-191.
姜红梅，2013. 微信在大学英语教学中的应用[J]. 顺德职业技术学院学报，(2)：52-54.
姜琳，陈锦，2014. 书面纠正性反馈对英语冠词显性、隐性知识发展的作用[J]. 解放军外国语学院学报，(06)：48-56.
姜旭，姜燕今，2010. 对大学英语课堂提问教师反馈的反思性研究[J]. 东华大学学报，10（1）：45-50.
蒋学清，蔡静，唐锦兰，2011. 探析自动作文评价系统对大学生英语写作能力发展的影响[J]. 山东外语教学，(6)：36-43.
蒋艳，马武林，2013. 中国英语写作教学智能导师系统：成就与挑战：以句酷批改网为例[J]. 电化教育研究，(7)：76-81.
蒋祖康，1995. 语法习得次序与语法教学[J]. 外语教学与研究，(2)：43-47.
教育部，2001. 英语课程标准（实验稿）. 北京：北京师范大学出版社.
教育部，2004. 大学英语课程教学要求（试行）[M]. 上海：上海外语教育出版社.
教育部，2010. 国家中长期教育改革和发展规划纲要（2010—2020 年）[J]. 中国德育：5-22.
教育部高等教育司，2004. 大学英语课程教学要求（试行）[M]. 北京：外语教学与研究出版社.
教育部高等教育司，2007. 大学英语课程教学要求[Z]. 北京：高等教育出版社.
金江军，2012. 智慧教育发展对策研究[J]. 中国教育信息化（基础教育），(11)：18-19.
金艳，2008. 关于大学英语教学改革的思考：评价与教学[J]. 中国外语教育，1（3）：57-66.
金艳，2010. 体验式大学英语教学的多元评价中国外语[J]. 中国外语，(7)：68-111.
金晏旻，章国英，沈姝，2012. 从生态视角看混合学习应用于网上英语写作[J]. 开放教育研究，18（3）：99-104.

靖国平，2003. 从狭义智慧教育到广义智慧教育[J]. 河北师范大学学报（教育科学版），5（3）：48-53.
康淑敏，王雪梅，2003. 多媒体环境下专业英语教学模式研究[J]. 外语电化教学，(1)：37-42.
康英，2007. 多元文化护理中护士容易忽视的问题与对策[J]. 护理学杂志，22（20）：13-14.
克里希那穆提，2004. 一生的学习[M]. 北京：群言出版社.
孔庆炎，胡壮麟，桂诗春，等，2003. 关注《大学体验英语》[J]. 中国大学教育，(8)：39-41.
夸美纽斯，2010. 大教学论[M]. 傅任敢译. 北京：中国教育科学出版社.
雷静，2008. 任务型语言教学的实验研究——基于 CALL 环境[J]. 西南民族大学学报（人文社科版），29（6）：284-288.
雷霄，2005. 大学生学习观念与学习自主性的培养[J]. 外语界，（3）：68-74.
李炳德，2008. 教育科学研究方法[M]. 北京：人民教育出版社.
李聪明，1989. 教育生态学导论[M]. 中国台北：台湾学生书局.
李方，2001. 一般教学模式与学科教学模式[J]. 课程·教材·教法，(5)：21-26.
李芳媛，2011. 计算机网络环境下大学英语课程生态化探索[J]. 外语电化教学，(4)：39-44.
李炯英，林生淑，2007. 国外二语/外语学习焦虑研究 30 年[J]. 国外外语教学，(4)：57-63.
李清华，2012. 形成性评价的现状与未来[J]. 外语测试与教学，(3)：1-7.
李清华，2013. 当代形成性评价的理论与实践——《形成性评价手册》评述[J]. 外语测试与教学，(4)：60-64.
李清华，曾用强，2008. 外语形成性评估的效度理论[J]. 外语界，(3)：82-90.
李荣，张瑞芹，2010. 护理本科生护理专业英语学习需求分析[J]. 中国护理管理，10（10）：37-39.
李一鸣，2012. 谈角色体验式教学法在大学英语实践教学中的应用[J]. 教育探索，(5)：55-56.
李奕华，2015. 基于动态评估理论的英语写作反馈方式比较研究[J]. 外语界，(3)：59-67.
李玉峰，2013. 基于微信的大学道德教化信息的传播与优化[J]. 中国电化教育，(9)：133-136.
李振基，陈小麟，郑海雷，等，2007. 生态学[M]. 北京：科学出版社.
梁茂成，2011. 大规模考试英语作文自动评分系统的研制[M]. 北京：高等教育出版社.
廖晓翔，2004. 智慧教育：怀特海教育思想解读[J]. 教育导刊，(5)：50-52.
林林，2004. 体验英语：教与学新理念的辨析[J]. 中国大学教育，(2)：46.
刘春兰，郑友训，2012. 构建新型的教师权威[J]. 教师教育，基础教育研究，(15)：22-24.
刘丹，2013. 中外教师书面反馈对提高非英语专业大学生英语写作的有效性研究——以黑龙江大学为例[D]. 上海外国语大学.
刘浩，2014. 交互性英语课堂教师反馈研究——以“个性化英语学习”课程为个案[D]. 南开大学.
刘建达，2002. 大学生英文写作能力的自我评估[J]. 现代外语，(3)：242-249.
刘江坡，袁浩，毛颖颖，2007. 基于移动学习的“自主—探究—协作”学习模式探究[J]. 中国现代教育装备，(12)：141-143.
刘丽，刘梅华，2008. 大学生英语学习需求调查及其对英语教学的影响[J]. 外语研究（6)：68-73.
刘荣君，王娜邹，妍洵，2013. 基于网络学堂的大学英语写作教学实证研究[J]. 现代教育技术，23（8）：81-86.
刘润清，1999. 论大学英语教学[M]. 北京：外语教学与研究出版社.
刘向前，2005. 论课堂沉默[D]. 曲阜师范大学：45-47.
刘永厚，2015. 英语专业写作小组同伴反馈和教师反馈效果研究[J]. 外语界，(1)：48-55.
刘援，1995. 新一轮高校外语教材设计的三点思考[J]. 教学与教材研究，(5).
刘援，2003. 让英语语言能力在“体验”中升华[J]. 中国大学教学，(7)：43-44.
鲁子问，2002. 试论跨文化教育的实践思路[J]. 教育理论与实践，(4)：301
陆颖，顾曰国，2006. 网络教育生态学实证报告[J]. 外语电化教学，（6）：17-24.
路静，2011. 大学英语课堂提问的使用及其效果研究[J]. 邢台学院学报，26（1)：59-60.
罗国太，2010. 英语生态课堂的理论依据与构建路径[J]. 聊城大学学报（社会科学版），(2)：71-72.
罗烨，2012. 多媒体与网络环境下任务型写作教学模式的设计与实践[D]. 秦皇岛：燕山大学.
罗益明，2002. 外语教育工具论危害性及其对策[J]. 外语与外语教学，(3)：50-51.
罗永辉，梁楚竹，陈思源，2016. 移动学习在大学英语学习中的应用研究——以湖南工学院为例[J]. 海外英语，(6)：62-63.
马克斯·范梅南，2001. 教学机智——教育智慧的意蕴[M]. 北京：中国教育科学出版社.
马茂祥，2009. 大学英语教学的问题与前瞻[J]. 山东外语教学，(6)：33-37.
毛景焕，2003. 课堂评价的新视点：关于如何通过评价教师促进教师对学生评价的研究[J]. 教育理论与实践，(3)：27-31.
孟凡胜，2005. CALL——计算机辅助语言学习的角色定位及应用策略[J]. 外语电化教学，(2)：32-35.
苗宁，2016. 基于微信的大学英语移动学习策略研究[J]. 中国电化教育，(3)：136-140.

莫雷，2007. 教育心理学[M]. 北京：中国教育科学出版社，（8）.
牟佳，石红梅，2012. 教育生态学视阈下的高校英美文学教学体系的建构[J]. 牡丹江大学学报，（8）：153-155.
穆建亚，2015. 微信场域中高校学生教育管理长效机制的构建[J]. 中国电化教育，（7）：127-130.
娜敏，2012. 近十年我国多媒体辅助外语教学实证研究文献评析[J]. 内蒙古师范大学学报（教育科学版），（7）：112-116.
牛跃辉，赵婷，2007. 课堂生态观——一种新型的外语课堂观念[J]. 大学英语（学术版），4（2）：176-179.
纽南（Nunan D），2004. 体验英语教学[M]. 北京：高等教育出版社.
裴娣娜，2005. 现代教学论. [M]. 北京：人民教育出版社.
裴娣娜，2008. 教育研究方法导论[M]. 合肥：安徽教育出版社.
彭敏，2015. "翻转课堂"与微课教学在大学英语读写课中的应用研究[J]. 湖北经济学院学报（人文社会科学版），（12）：208-209.
钱俊生，余谋昌，2004. 生态哲学[M]. 北京：中共中央党校出版社.
钱学敏，2005. 略论复杂系统与大成智慧[J]. 系统辩证学学报，（4）：30-35.
任凯，白燕，1992. 教育生态学[M]. 沈阳：辽宁教育出版社.
任丽，2012. 多媒体环境下大学英语口译教学的生态化思考[J]. 外语电化教学，（2）：69-72.
任庆梅，2006. 个案研究反思性教学模式在外语教师专业发展中的作用[J]，外语界，（6）：57-64.
单岩，2007. 生态学视角下的大学英语课堂教学研究[J]. 中国成人教育，（19）：175-176.
尚玉昌，2003. 生态学概念. 北京：北京大学出版社.
佘新，李天贤，2008. 大学英语教师课堂提问模式探讨[J]. 湖北师范学院学报（哲学社会科学版），28（2）：144-146.
佘正荣，1996. 生态智慧论[M]. 北京：中国社会科学出版社.
盛群力，郑淑贞，2006. 合作学习设计[M]. 杭州：浙江教育出版社：32.
施良方，1992. 学习论——学习心理学的理论与原则[M]. 北京：人民教育出版社.
施良方，2007. 课程理论[M]. 北京：中国教育科学出版社.
史根东，徐顺意，吴丙寅，等，1994. 创建现代教育示范学校推进教育的现代化进程[J]. 教育导刊，（1）：7-9.
束定芳，2004. 外语教学改革：问题与对策[M]. 上海：上海外语教育出版社.
束定芳，2010. 大学英语课堂教学，我们教什么，怎么教[J]. 外语界，（6）：26-32.
束定芳，庄智象，1996. 现代外语教学理论、实践与方法[M]. 上海：上海外语教育出版社.
苏鸿，2001. 国内外素质教育的基本理论与经验[M]. 北京：中国少年儿童出版社.
孙春华，2010. SLA 视角下大学英语教师课堂提问模式研究[J]. 哈尔滨工业学报，31（5）：134-138.
孙辉，2014. 基于"微信"的大学英语实践教学初探[J]. 新闻知识，（5）：157-158.
孙培青，2008. 中国教育史（修订版）[M]. 上海：华东师范大学出版社.
孙树芳，2009. 生态视角下的外语计算机辅助语言教学[J]. 阜阳师范学院学报（社会科学版），（2）：98-101.
孙先洪，任连奎，2012. 网络博客与大学英语写作教学整合研究——以写作生态理论为视角[J]. 外语电化教学，（2）：52-55.
谭玮，2008.《大学英语课程教学要求》的教育生态学探析[J]. 中国大学教学，（10）：92-93.
汤菁菁，2010. 论生态化大学英语听说课堂及其构建[J]. 湖北经济学院学报，2007（12）：186-187.
唐雄英，章少泉，2007. 新型评价在大学英语教学中的实施和问题[J]. 外语与外语教学，（1）：14-19.
特里林·菲德尔，2011. 21 世纪技能：为我们所生存的时代而学习[M]. 天津：天津社会科学院出版社.
田中耕治，2011. 教育评价[M]. 北京：北京师范大学出版社.
汪霞，2004. 从生态后现代主义的视觉理解课程[J]. 教育理论与实践，（19）：41-45.
王初明，2001. 影响外语学习的两大因素和外语教学[J]. 外语界，（6）：8-12.
王海啸，2010. 体验式外语学习的教学原则——从理论到实践[J]. 中国外语，（7）：53-60.
王华，富长洪，2006. 形成性评估在外语教学中的应用研究综述[J]. 外语界，（4）：67-72.
王华，2010. 外语教学中形成性评价体系的建立[J]. 当代外语研究，（6）：52-27，66.
王健，张静，2008. 大学英语课堂沉默现象的解析与对策[J]. 中国大学教学，（1）：81-84.
王俊菊，2006. 总体态度、反馈类型和纠错种类——对大学英语教师作文书面反馈的探讨[J]. 国外外语教学，（03）：24-30.
王雷，2007. 体验式学习在初中英语教学中的应用研究[D]. 长春：东北师范大学.
王立非，袁凤识，朱美慧，等，2009. 体验英语学习的二语习得理论基础[J]. 中国外语，（5）：76-81.
王玲，胡涌，粟俊红，等，2009. 教育生态学研究进展概述[J]. 中国林业教育，27（2）：5-8.
王守仁，王海啸，2011. 我国高校大学英语教学现状调查及大学英语教学改革与发展方向[J]. 中国外语，（5）：1-5.
王守仁，2011. 关于高校大学英语教学的几点思考[J]. 外语教学理论与实践，（1）：1-5.

王淑雯，2011. 如何利用 Writing Roadmap 2. 0 进行在线英语写作反馈[J]. 现代教育技术，(3)：76-81.
王坦，2011. 合作学习——原理与策略[M]. 北京：学苑出版社.
王学锋，2011. 形成性评价反馈循环模式与英语写作教学评价原则及措施[J]，解放军外国语学院学报（1）：52-55.
王颖，刘振前，2012. 教师反馈对英语写作准确性、流利性、复杂性和总体质量作用的研究. [J]. 外语教学，(6)：49-53.
王月，2007. 英语课堂的生态思考[J]. 沈阳工程学院学报（社会科学版），3（2）：276-278.
魏晶，2010. 多媒体网络环境下外语学习者个体生态环境建构研究[J]. 外语电化教学，(6)：69-76.
魏晶，2012. 外语学习者计算机网络生态环境优化研究[D]. 上海：上海外国语大学.
魏瑞，2008. 课堂教学要注重形成性评价[J]. 内蒙古教育，(9)：49-51.
温红波，2008. 浅析大学英语课堂提问教学模式[J]. 首都师范大学学报（社会科学版）(34)：68-71.
温建新，2010. 专业英语口语的课堂生态学研究[J]. 湖北函授大学学报，23（1）：109-110.
文巧平，胡亮才，2010. 基于形成性评价的大学英语课堂主体发展途径[J]. 湖南城市学院学报，31（4）：57-60.
文秋芳，2011. 《文献阅读与评价》课程的形成性评价[J]. 外语测试与教学，(3)：39-49.
文秋芳，2014. 大学英语教学中通用英语与专用英语之争：问题与对策[J]. 外语与外语教学，(1)：1-8.
吴迪，2008. 教育生态学视角下的英语课堂建构[J]. 沈阳航空工业学院学报，25（6）：181-183.
吴鼎福，诸文蔚，1990. 教育生态学[M]. 南京：江苏教育出版社.
吴鼎福，诸文蔚，2000. 教育生态学[M]. 南京：江苏教育出版社.
吴晶，伍忠杰，2008. 计算机辅助模式下外语自主学习者的认知[J]. 现代教育技术，18（5）：37-41.
吴珺如，2009. 信息数字化环境下英语泛读教学新模式探索[J]. 外语电化教学，(6)：66-70.
吴炜，2015. 教师反馈焦点与反馈策略对英语写作修改效果的交互影响[J]. 解放军外国语学院学报，(2)：85-93.
吴秀兰，2008. 形成性评价在国内高校外语教学中的应用研究综述[J]. 外语界，(3)：91-96.
武思敏，1998. 全国教学交往问题理论研讨会纪要[J]. 教育研究，(7)：76.
谢晓燕，2011. 大学英语专业课堂教师反馈语研究[J]. 解放军外国语学院学报，34（2）：50-55.
谢元花，2006. 外语课堂学生沉默与教师的教学风格[J]. 广东外语外贸大学学报，17（1）：30-32.
熊艳，2012. 体验式学习与大学英语精读教学[J]. 外国语文，(3)：200-202.
胥兵，2007. 中等职业学校互动体验式英语教学研究[D]. 大连：辽宁师范大学：17，19.
徐强，2000. 交际法英语教学和考试评估[M]. 上海：上海外语教育出版社.
徐生，2009. 教育的功利主义与终极价值追求[J]. 理论研究，(4)：17-19.
徐士强，2007. 课堂评估：理论与实践[M]. 上海：华东师范大学出版社.
许峰，2003. 大学英语课堂提问的调查与分析[J]. 外语教学理论与实践，(3)：30-34.
许欢，2009. 关于大学英语课堂评价有效性与可靠性的思考[J]. 外语教学与研究，(39).
许悦婷，刘永灿，2008. 大学英语教师形成性评估知识的叙事探究[J]. 外语教学理论与实践，(3)：61-67.
薛建强，2014. 大学英语移动学习模式的构建与发展研究[J]. 实验技术与管理，(3)：176-179.
薛金祥，2011. 教育生态学视角下的商务英语专业课程体系构建[J]. 边疆经济与文化，(12)：87-89.
薛蓉，杨小慧，2006. 论外语教学评价体系的多元化[J]. 长沙大学学报，20（4）：128-130.
阳志清，杨烈祥，2006. 外语教学中的内隐/外显学习动态权衡观[J]. 外语与外语教学，(12)：23-25.
杨贝，2006. 学生课堂展示在研究生英语教学中的作用[J]. 国外外语教学，(3)：47-49.
杨桂兰，2008. 形成性评价在大学英语教学中的应用[J]. 通化师范学院学报，29（9）：96-99.
杨海燕，2003. 课堂情境中教师语言评价行为的研究[D]. 上海：华东师范大学.
杨华，文秋芳，2013. 课堂即时形成性评价研究述评：思考与建议[J]. 外语教学理论与实践，(3)：33-38.
杨华，文秋芳，2014. 目标在外语课堂即时形成性评价中的动态变化特征及方式[J]. 外语教学与研究，(3)：389-400.
杨惠中，桂诗春，2007. 语言测试的社会学思考[J]. 现代外语，30（4）：368-374.
杨继林，谢小琴，2013. 从教育传播学角度看数字教育的潜力[J]. 中国教育技术装备，(3)：30-32.
杨丽芳，2012. 移动学习在大学英语词汇学习中的应用[J]. 外语电化教学，(4)：54-58.
杨丽娟，杨曼君，张阳，2015. 我国英语写作教学三种反馈方式的对比研究[J]. 外语教学，(3)：64-67.
杨现民，余胜泉，2013. 生态学视角下的泛在学习环境设计[J]. 教育研究，(3)：103-110.
杨秀玲，宋立萍，黄美萍，等，2011. 护理本科生英语教学行动研究实施与评价[J]. 中国护理管理，11（12）：56-58.
杨永波，2010. 改革学生评价体系，优化大学英语课堂教学[J]. 民营科技，(5)：97.
杨永林，全冬，2011. 认知的理念，实用的视角——信息技术在外语教学中的应用[J]. 外语电化教学，(6)：47-61.

杨忠，2007. 培养技能，发展智能——外语教育工具性与人文性的统一[J]. 外语学刊，(6)：133-137.
尹恩德，2011. 加快建设智慧教育，推动教育现代化发展——宁波市镇海区教育信息化建设与规划[J]. 浙江教育技术，(5)：56-60.
英语课程标准研制组，2002. 英语课程标准解读. 北京：北京师范大学出版社.
于书林，2013. 教师反馈与同伴反馈——社会文化活动理论视角下的差异与融合[J]. 现代外语，(1)：70-76.
余华东，2008. 集大成，得智慧——试析钱学森的大成智慧学和大成智慧教育思想[J]. 太原师范学院学报（社会科学版），7（2）：1-4.
余嘉云，2006. 生态化教学的理论与实践研究[D]. 南京：南京师范大学.
余丽，王建武，曾小珊，2009. 教师的信息素养——信息技术与外语课程整合的关键因素[J]. 外语电化教学，(5)：70-74.
余胜泉，陶丹，2011. 技术推动的学习模式：美国国家教育技术规划（2010）及其启示[J]. 现代远距离教育，(3)：52-56.
余胜泉，2012. 推进技术与教育的双向融合——教育信息化十年发展规划（2011-2020 年）解读[J]. 中国电化教育，(5)：5-14.
余渭深，2009.《大学体验英语》对大学英语教师职业发展作用的问卷研究[J]. 中国外语，2006（6）：71-78，89.
袁洁婷，2013. 教育生态学理论研究综述[J]. 教育教学论坛，(41)：148-149.
袁磊，陈晓慧，张艳丽，2012. 微信支持下的混合式学习研究——以"摄影基本技术"课程为例[J]. 中国电化教育，(7)：128-132.
詹海宝，张立国，2016. 大学英语词汇锁屏移动学习软件的设计与应用[DB/OL]. http：//www. doc88. com/p-9425291862454. html，2016-01-18.
张红玲，朱晔，孙桂芳，等，2010. 网络外语教学理论与设计[M]. 上海：上海外语教育出版社，(10).
张金平，2011. 生态学视角下的大学英语网络多媒体教学——问题与对策[J]. 学术探索，(5).
张坤，杨雷，2007. 应用教育生态学理论指导网络外语教学系统建设[J]. 齐齐哈尔大学学报（哲学社会科学版），(2)：165-167.
张丽，2013. 基于形成性评价的课堂问答策略研究[D]. 成都：四川外国语大学.
张玲，2015. 生态化语文教学初探[D]. 山东师范大学.
张绍杰，2010. 全球化背景下的外语教学——行动与反思[J]. 外语与外语教学，(1)：9-12.
张思锐，杨跃，杨倩，2008. CALL 的建构主义实践[J]. 外语电化教学，(1)：34-37.
张雪梅，戴炜栋，2001. 反馈二语习得语言教学[J]. 外语界，(2)：2-8.
张亚红，2015. 基于微信的实用英语移动学习的内容的选取[J]. 实验室研究与探索，(1)：45-47.
张跃，王晶莹，2011. 国外关于课堂教学形成性评价的研究[J]. 比较与借鉴，(4)：61-64.
赵晨，2005. 不同水平英语教学中的教师纠正反馈语——一项基于语料库的研究[J]. 解放军外国语学院学报，28（3）：35-39.
赵树武，2000. 速读能力的训练与培养中小学英语教学与研究[J]. (5)：22-31.
赵晓红，1998. 大学英语阅读课教师话语的调查与分析[J]. 外语界，(2)：18-23.
赵学谦，2006. 教学模式辨[J]. 北京教育学院学报，20（3）：72-75.
郑树棠，2012. 新视野大学英语[M]. 北京：外语教学与研究出版社.
郑宇，2008. 测试型形成性评价在高中英语教学中的诊断功能研究[D]. 东北师范大学.
郑玉荣，欧阳铨，2008. 利用 CALL 软件提高大学英语学生口语流利性[J]. 中国外语，5（3）：56-59.
周娉娣，秦秀白，2005. 形成性评估在大学英语网络教学中的应用[J]. 外语电化教学，(5)：9-13.
周娉娣，秦秀白，2008. 形成性评价在大学英语网络教学中的应用[J]. 外语界，(3)：91-96.
周星，周韵，2002. 大学英语课堂教师话语的调查与分析[J]. 外语教学与研究，34（1）：59-68.
周燕，2010. 教师是外语学习环境下提高英语教学水平的关键[J]. 外语教学与研究，(4)：294-296.
周颖，2011. 在线形成性评价工具在英语写作中的应用——困难及对策探究[J]. 现代教育技术，(9)：88-93.
周越美，孙晓龙，张韧弦，2009. 写作课程的无纸化考试研究[J]. 外语界，(3)：59-65.
朱飞，2011. 大学英语课堂沉默现象的研究及建议[J]. 海外英语，(7)：158-159.
朱姝，2002. 大学英语教学与测试中的形成性评价[J]. 宁夏大学学报，24（5）：123-124.
朱武汉，2006. 多媒体辅助英语词汇教学探究——一项基于大学英语教改模式下的实证研究[J]. 外语电化教学，(3)：54-59.
朱岩岩，2014. 国内二语写作评估反馈研究调查（2000-2013）[J]. 北京交通大学学报（社会科学版），(2)：123-128.
朱永新，2010. 新教育[M]. 北京：文化艺术出版社.
曾文雄，2007. 任务教学法核心问题新探[J]. 教学与管理，(3)：118-120.
左焕琪，2007. 英语课堂教学的新发展[M]. 上海：华东师范大学出版社，(8).
Airasian P W，2004. Classroom Assessment：Concepts & Applications. （4th ed） [M]. London and New York：Routledge.
Anderson R C，Pearson P D，1984. A schema-theoretic view of basic processes in reading comprehension [A]. In Pearson P D（ed）. Handbook of Reading Research [C]. New York：Longman：255-287.

Angelo T A，Cross K P，1993. Classroom Assessment Techniques：A Handbook for College Teachers（2nd ed）. San Francisco：Jossey-Bass.

Attali Y，2004. Exploring the Feedback and Revision Features of Criterion [C]. Paper Presented at the Meeting of the National Council on Measurement in Education（NCME），San Diego，CA.

Attali Y，Burstein J，2006. Automated essay scoring with erater V. 2 [J]. Journal of Technology，Learning，and Assessment，4（3）. Available from http：//www. jtala. org.

B.约瑟夫·派恩，詹姆斯·H.吉尔摩，2008. 体验经济[M]. 北京：机械工业出版社.

Bachman L F，1981. Formative evaluation in specific purpose program development [A]. In Mackay R，Palmer J D. Language for Specific Purposes：Program Design and Evaluation[C]. Rowley，Mass：Newbury House：106-119.

Bachman L F，2000. Modern language testing at the turn of the century：Assuring that what we count counts [J]. Language Testing，17（1）：1-42.

Bandura A，1977. Self-efficacy：toward a unifying theory of behavioral change[J]. Psychological Review，（84）.

Barnes D，1966. Toward a Theory of Instruction [M]. Cambridge，MA：Harvard University Press.

Barnes D，1969. Language in the secondary classroom [A]. In D. Barnes et al（eds）. Language，the Learner and the school[C]. Harmondsworths：Penguin.

Barnes D，1976. From Communication to Curriculum [M]. Harmondsworth：Penguin.

Beane J A，1997. Curriculum Integration：Designing the Core of Democratic Education [M]. New York：Teachers College Press. Columbia University.

Bell B，Cowie B，2001. The Characteristics of Formative Assessment in Science Education [J]. Science Education，85（5）：536-553.

Bellack A A，Kliebard H M，Hyman R T，1966. The language of the classroom[M]//language of the classroom：Institute of Psychological Research，Teachers College，Collumbia University，1187-1189.

Bellack A A，Kliebard H M，Hyman R J，et al，2003. The Language of the Classroom [M]. New York：Teachers College Press.

Berwick R，Ross S，1989. Motivation after matriculation：Are Japanese learners of English still alive after exam hell? [J]. JALT Journal，11（1）.

Black P J，Wiliam D，2003. In praise of educational research：formative assessment [J]. British Educational Research Journal，29（5）：623-637.

Black P，2003. The nature and value of formative assessment for learning [J]. Improving schools，6（3）：7-24.

Black P，Harrison C，Lee C，et al，2003. Assessment for learning：putting it into practice [M]. New York：Open University Press.

Black P，Wiliam D，1998a. Assessment and classroom learning [J]. Assessment in Education，5（1）：7-71.

Black P，Wiliam D，1998b. Inside the black box：raising standards through classroom assessment [J]. Phi Delta Kappan，80（2）：139-148.

Black P，Wiliam D，2006. Assessment for learning in the classroom. In：Gardner J. London，UK：Sage：Assessment and learning：9-25.

Black P，Wiliam D，2009. Developing the theory of formative assessment [J]. Educational Assessment，Evaluation and Accountability，21（1）：5-31.

Blin F，1999. CALL and the development of learner autonomy [A]. In：Debski R，Levy M. World CALL：Global Perspectives on Computer-assisted Language Learning [C]. Lisse：Swets & Zeitlinger B. V.

Bloom B S，1981. Education to improve Learning [M]. New York：Mc Graw-Hill.

Bloom B S，Hastings J T，Madaus G F，1971. Handbook on Formative and Summative Evaluation of Student Learning [M]. New York：McGraw – Hill.

Brown H D，2001. Teaching by Principles：An Interactive Approach to Language Pedagogy [M]. White Plains，New York：Addison Wesley Longman.

Brown H D，2004. Language Assessment Principles and Classroom Practices [M]. New York：Longman.

Butler J，1995. Teachers judging standards in senior science subjects：fifteen years of the queensland experiment [J]. Studies in Science Education，26：135-157.

Brown J D，Hudson T，2002. Criterion-referenced Language Testing [M]. Cambridge：Cambridge University Press.

Bruner J S，1977. The Process of Education [M]. Cambridge，Mass：Harvard University Press.

Burden P R，Byrd D M，1999. Methods for Effective Teaching [M]. The United States of America：Allyn & Bacon.

Bruner J, 1996. The Culture of Education [M]. Cambridge, MA: Harvard University Press.
Chambers A, Bax S, 2006. Making CALL work: Towards normalization [J]. System, 34 (4): 465-479.
Chandler J, 2003. The efficacy of various kinds of error feedback for improvement in the accuracy and fluency of L2 student writing[J]. Journal of Second Language Writing, (12): 267-329.
Chapelle C. A, 2003. English Language Learning and Technology [M]. Amsterdam: John Benjamins Publishing Company.
Cheng L, Watanabe Y, Curtis A, 2004. Washback in Language Testing: Research Contexts and Methods [C]. Mahwah: Lawrence Erlbaum.
Chung G K, Baker E L, 2003. Issues in the reliability and validity of automated scoring of constructed responses[A]. In: Shermis M D, Burstein J. Automated Essay Scoring: A Cross-Disciplinary Perspective[C]. Mahwah: Lawrence Erlbaum.
Clark I, 2013. Efficacy of Formative Classroom Assessments in Theory and Practice [D]. A dissertation submitted in partial fulfillment of the requirement for the degree of Doctor of Philosophy. University of Washington.
Corder S P, 1967. The significance of learner's errors[J]. International Review of Applied Linguistics, 5 (4): 161-170.
Cremin L A, 1976. Public Education [M]. New York: Basic Books.
Crooks T J, 1988. The Impact of Classroom Evaluation Practices on Students. Review of Educational Research, 58 (4): 438-481.
Crosby A, 1995. A critical look: The philosophical foundations of experiential education [A]. In: Warren K, Sakofs M, Hunt J S, Jr. The Theory of Experiential Education [C]. Dubuque: Kendall/Hunt Publishing Company, 3-14.
D.A.库伯著. 1984. 王灿明等译, 2008. 体验学习——让体验成为学习与发展的源泉[M]. 上海：华东师范大学出版社.
Department for Education and Skills, 2006. Assessment for learning: Guidance for Senior Leaders. Retrieved on December 27, 2009. http: //nationalstrategies. standards. dcsf. gov. uk.
Dewey J, 1938. Experience and Education [M]. New York: Macmillan Company.
Dillendourg P, 1999. Collaborative Learning: Cognitive and Computational Approaches [M]. Oxford: Pergamon Press.
Dubin F, Olshtain E, 2002. Course Design [M]. Shanghai: Shanghai Foreign Language Education Press.
Ellis R, 1985. Understanding Second Language Acquisition [M]. Oxford: Oxford University Press: 75-77.
Ellis R, 1994. SLA Research and Language Teaching [M]. Oxford: Oxford University Press.
Ellis R, Yuan F, 2004. The effects of planning on fluency, complexity, and accuracy in second language narrative writing [J]. Studies in Second Language Acquisition, (26): 59-84.
Ene E, Upton T A, 2014. Learner uptake of teacher electronic feedback in ESL composition. System, 46: 80-95.
Eyring J L, 2006. Experiential and negotiated language learning [A]. In: Celce-Murcia M. Teaching English as a Second or Foreign Languae [C]. 北京：外语教学与研究出版社.
Farrell T S C, 2007. Reflective language Teaching from Research to Practice [M]. London: Continuum.
Feez S, 1998. Text-based Syllabus Design [M]. Sydney: National Center for English Teaching and Research.
Ferris D R, Roberts B, 2001. Error feedback in L2 writing classes: How explicit does it need to be? [J]. Journal of Second Language Writing, (10): 161-184.
Fill A, 2001. The ecolinguistics reader: language, ecology and environment [J]. London: Continuum, 296.
Fulcher G, Davidson F, 2007. Language Testing and Assessment [M]. London: Routledge.
Gardner D, Miller L, 2002. Establishing Self-Access---From Theory to Practice [M]. Shanghai: Shanghai Foreign Language Education Press.
Gardner R C, 1985. Social Psychology and Second Language Learning: The Role of Attitudes and Motivation[M]. London: Edward Arnold.
Gass S M, 1997. Input, Interaction, and the Second Language Learner [M]. Mahwah, New Jersey: Lawrence Erlbaum Associates.
Gibbs G, Simpson C, 2005. Conditions under which assessment supports students' learning[J]. Learning and Teaching in Higher Education, 1 (1): 3-31.
Gibson J J, 1986. The Ecological Approach to Visual Perception [M]. London: Lawrence Erlbaum Associates.
Goodlad J J, 1987. Ecology of School Renewal[M]. University of Chicago Press, Illinois.
Hargreaves E, 2001. Assessment for learning in the multigrade classroom [J]. International Journal of Educational Development, 21: 553-560.
Hargreaves E, 2005. Assessment for learning?Thinking outside the black box [J]. Cambridge Journal of Education, 35 (2): 213-224.
Harmer J, 2001. The Practice of English Language Teaching [M]. Essex: Pearson Education Limited.

Harris L D, Wambeam C A, 1996. The Internet-based composition classroom: a study in pedagogy [J]. Computers and Composition, (13).

Harris M, Cann P M, 1994. Assessment. Macmillan, Heinemann English Language Teaching.

Hattie J A, 1987. Identifying the salient facets of a model of student learning: a synthesis of meta-analyses. [J]International Journal of Educational Research, (11): 187-212.

Hattie J, Timperley H, 2007. The power of feedback[J]. Review of educational research, 77 (1), 81-112.

Hendrickson J, 1987. Error Correction in Foreign Language Teaching: Recent Theory, Research, and Practice[J]. The Modern Language Journal, 62 (7): 387-398.

Henning G, A Guide to Language Testing: Development, Evaluation and Research[M]. Beijing: Foreign Language Teaching and Research Press, 2001

Horwitz E, Horwitz M, Cope J, 1991. Foreign language classroom anxiety(A). In E. Horwitz & D. Young(Eds). Language Anxiety; form theory and research to classroom implications[M]. Englewood Cliffs, NJ: Prentice Hall, 27-39.

Hunston, Susan, 2002. Corpora in Applied Linguistics [M]. Cambridge: Cambridge University Press.

IEA Fact Sheet [OL]. 〈http: / /kt. Pearson assessments. com / download / IEA-Fact Sheet-20100401. pdf〉

Illich I, 1974. Deschooling Society [M]. Harmondsworth: Penguin.

Inbar-Lourie O, 2008. Constructing a language assessment knowledge base: a focus on language assessment courses [J]. Language Testing, 25 (3): 385-402.

Jay J K, Johnson K L. 2002. Capturing complexity: a typology of reflective practice for teacher education[J]. Teaching and Teacher Education, 18: 73-85.

Jin Y, 2010. The place of language testing and assessment in the professional preparation of foreign language teachers in China [J]. Language Testing, 27 (4): 555-584.

John D, 2004. From the Triangle to the Pentagon: Open Universities in the 21th Century [R]. Shanghai: The 18th Asian Association of Open Universities Annual Conference.

Johnson K, Johnson H, 2001. Encyclopedic Dictionary of Applied Linguistics: A Handbook for Language Teaching [C]. Beijing: Foreign Language Teaching and Research Press.

Jonassen D H, 2002. Engaging and supporting problem solving in online learning [J]. Quaterly Review of Distance Education, (3).

Kasper, L F, 2000. Content-based College ESL Instruction [M]. London: Lawrence Erlbaum.

Kathleen C, 1988. Classroom questioning [A]. North West Regional Educational Laboratory.

Kohonen V, Jaatinen R, Kaikkonen P, et al, 2001. Experiential Learning in Foreign Language Education [M]. New York: Longman.

Kohonen V, 1992. Experiential Language Leaning: Second Language Learning as Cooperative Learner Education. In: Nunan D. Collaborative Language Learning and Teaching [M]. Cambridge: Cambridge University Press.

Kolb D A, 1984. Experiential Learning: Experience as the Source of Learning and Development [M]. London: Prentice-Hall.

Kolb D A, 1997. The theory of experiential learning and ESL [J]. The Internet TESL Journal, 3 (9).

Kolb D A, 2000. Experiential learning theory: Preview research and new directions [A]. In: Sternberg R J, Zhang L F. Perspectives on Cognitive, Learning, and Thinking Styles [C]. New Jersey: Lawrence Erlbaum.

Kolb D, 1997. the Theory of Experiential Learning and ESL [J]. The Internet TESL Journal, 3 (4).

Koschmann T, 1996. CSCL: Theory and Practice of an Emerging Paradigm [M]. Mahwah, New Jersey: Lawrence Erlbaum Associates, Publishers.

Kramsch C, 1999. Context and Culture in Language Teaching [M] . Shanghai: Shanghai Foreign Language Education Press.

Krashen S, 1982. Principles & Practice in Second Language Acquisition [M]. Oxford: Pergamon Press.

Krashen S, 1985. The Input Hypothesis: Issues and Implication[M]. London: Longman.

Krashen S D, 1981. Second Language Acquisition and Second Language Learning [M]. Pergamon: University of Southern California.

Kunnan A J, 2004. Test fairness [A]. In: Milanovic M, Weir C, Bolton S. Europe Language Testing in a Global Context: Selected Papers from the ALTE Conference in Barcelona [C]. Cambridge: Cambridge University Press: 27-48.

Larsen-Freeman D, 2000. Techniques and Principles in Language Teaching [M]. Oxford: Oxford University Press.

Leather J, Van Dam J, 2003. Ecology of Language Acquisition [M]. Dordrecht: Kluwer Academic Publishers.

Lee I, 2008. Student reactions to teacher feedback in two Hong Kong secondary classrooms[J]. Journal of Second Language Writing, 17: 144-164.

Levy, M, Stockwell G, 2006. CALL Dimensions: Options and Issues in Computer-Assisted language Learning [M]. Lawrence Erlbaum Associates, Inc.
Lier L V, 2004. The Ecology and Semiotics of Language Learning–A Sociocultural Perspective [M]. Holland: Kluwer Academic Publishers.
Little D, 1999. Developing learner autonomy in the foreign language classroom: a social-interactive view of learning and three fundamental pedagogical principles [J]. Revista Canaria de Estudios Inglese, 38: 77-88.
Little D, Ridley J, Ushioda E, 2002. towards Greater Learner Autonomy in the Foreign Language Classroom [M]. Dublin: Authentic.
Long M H, 1985. Input and second language acquisition theory [A]. In: Gass S, Mudden C. Input and Second Language Acquisition [C]. New York: Newbury House. 377-393.
Long M H, 1996. The role of the linguistic environment in second language acquisition [A]. In: Ritchie W C, Bhatia T K. Handbook of Language Acquisition: Vol. 2. Second Language Acquisition[C]. New York: Academic Press: 413-468.
Long M H, Sato C J, 1983. Classroom foreigner talk discourse: Forms and functions of teacher's questions [A]. In: Seliger, H W, Long M H. Classroom-oriented Research on Second Language Acquisition[C]. Rowley, Mass: Neabury House.
Lyster R, Saito K, 2010. Oral Feedback in Classroom SLA-A Meta-Analysis. Studies in Second Language Acquisition, 32: 265-302.
MacIntyre P D, Gardner R, 1994. The subtle effects of language anxiety on cognitive processing in the second language[J]. Language Learning 44, pp. 283-305.
Means B, Ohters A, 1993. Using Technology to Support Education Reform. Documents by U. S. Department of Education.
Messick S, 1996. Validity and washback in language testing [J]. Language Testing, 13: 241-256.
Morrison G R, Lowther D L, 2005. Integrating Computer Technology into Classroom [J]. Pearson Education.
Nicol D J, 2007. Principles of good assessment and feedback: Theory and practice. Assessment design for learner responsibility, 29-31. May 07 http: //www. reap. ac. uk.
Nicol D J, 2010. From monologue to dialogue: improving written feedback processes in mass higher education. Assessment & Evaluation in Higher Education, 35 (5): 501–517.
Nicol D J, Macfarlane Dick D, 2006. Formative assessment and self-regulated learning: a model and seven principles of good feedback practice. Studies in Higher Education, 31 (2): 198-218.
Nunan D, 2001. Second Language Teaching and Learning [M]. Foreign Language Teaching and Research Press & Heinle & Heinele/ Thomson Learning Asia.
Nunan D, 2003. Tradition and Change in the ELT Curriculum. ELT in China 2001— Papers Presented at the 3rd International Symposium on ELT in China[C]. Foreign Language Teaching and Research Press.
O'Malley C, 1995. Computer Supported Collaborative Learning [M]. Berlin Heidelberg, Germany: Springer-Verlag.
Page E B, 2003. Project Essay Grade: PEG [A]. In: Shermis M D, Burstein J. Automated Essay Scoring: A Cross-Disciplinary Perspective [C]. Mahwah, NJ: Lawrence Erlbaum.
Pennington M C, 1992. Reflecting on teaching and learning: A developmental focus for the second language classroom [A]. In: Flowerdew J, Brock M. Perspectives on Second Language Teacher Education[C]. Kowloon: City Polythenic of Hong Kong: 57-65.
Polio C, Fleck C, Leder N, 1998. If I only had more time [J]. Journal of Second Language Writing, (7): 43-68.
Pryor J, Crossouard B, 2008. A socio -cultural theorisation of formative assessment [J]. Oxford Review of education, 34 (1): 1-20.
Ramineni C, Williamson D M, 2013. Automated essay scoring: psychometric guidelines and practices [J]. Assessing Writing, (18).
Richards J C, Farrell T C, 2005. Professional Development for Language Teachers [M]. Cambridge: Cambridge University Press.
Richards J C, Nunan D, 1990. Second Language Teacher Education [M]. Cambridge: Cambridge University Press.
Richards J, Renandya W, 2002. Methodology in Language Teaching [M]. Cambridge: Cambridge University Press.
Robert J Sternberg, 2001. Why schools should teach for wisdom: the Balance Theory of wisdom in educational settings [J]. Educational Psychologist, 36 (4): 227-245.
Rogers C R, 1961. On Becoming a Person: A Therapist's View of Psychotherapy [M]. Boston: Houghton Mifflin.
Rogers C R, 1961. On Becoming a Person: A Therapist's View of Psychotherapy [M]. New York: Houghton Mifflin Company.
Rogers C R, 1969. Freedom to Learn: A View of What Education Might Become [M]. Columbus, Ohio: Charles E. Merrill Publishing Company.
Rogers C R, 1982. Freedom to Learn for the 80s [M]. Colubus, Ohio: Charles Merrill.
Rogers Y, 2004. New Theoretical Approaches for Human-Computer Interaction [J]. Annual Review of Information, Science and

Technology.

Sadler R, 1998. Formative assessment: revisiting the territory [J]. Assessment in Education, 5 (1): 77-84.

Saito H, 1994. Teachers' practices and students' preferences for feedback on second language writing: a case study of adult ESL learners[J]. TESL Canada Journal, 11 (2): 46-68.

Schunk D, 1984. Self-efficacy perspective on achievement behavior. Educational Psychologist, 19: 48-58.

Schunk D, 1985. Self-efficacy and classroom learning. Psychology in the Schools, 22: 208- 223.

Scriven M, 1967. The Methodology of Evaluation [M]. Washington, D. C. American Educational Research Association.

Selinker, 1972. Interlanguage. International review of applied linguistics in language teaching, (10): 209-231.

Shermis M D, Burstein J C, 2003. Automated Essay. Scoring and Annotation of Essays with the Intelligent Essay Assessor [M]. NJ: Lawrence Erlbaum: 43-54, 87-112.

Shohamy E, 2001. The social responsibility of the language testers [A]. In: Cooper R L, Shohamy E, Walters J. New Perspectives and Issues in Educational Language Policy in Honor of B. D. Spolsky [C]. Amsterdam: John Benjamins Publishing Company.

Shute V J, 2008. Focus on formative feedback. Review of Educational Research, 78 (1): 153-189.

Silva T, 1993. Toward an understanding of the distinct nature of L2 writing: The ESL research and its implications [J]. TESOL Quarterly, (27).

Simpson M, 1999. Diagnostic and formative assessment in the Seottish classroom[A]. In T. G. K. Bryee and W. M. Humes (eds.) Seottish Edueation[M]. Edinburgh: Edinburgh University Press.

Skehan P, 1998. A Cognitive Approach to Language Learning [M]. Oxford: Oxford University Press.

Spolsky B, 1995. Measured Words [M]. Oxford: Oxford University Press.

Stahl G, 2000. Collaborative information environments to support knowledge construction communities [J]. AI & Society, 14 (1): 71-97.

Stern H H, 1983. Fundamental Concepts of Language Teaching [M]. Oxford: Oxford University Press.

Stiggins R, 2002. Assessment crisis: the absence of assessment for learning [J]. Phi Delta Kappan, 83 (10): 758-765.

Stiggins R, 2005. Student-involved Classroom Assessment. 4th ed. [M]. NJ: Merrill-Prentice Hall.

Tudor I, 2001. The Dynamics of the Language Classroom [M]. Cambridge: Cambridge University Press.

Ugurolu M E, Walberg H J, 1986. Predicting Achievement and Motivation[J]. Journal of Research & Development in Education, 19: 1-12.

Ur P, 1996. A Course in Language Teaching: Practice and Theory [M] . Cambridge: Cambridge University Press.

Ushioda E, 1996. Learner Autonomy 5: The Role of Motivation [M]. Dublin: Authentic.

VanLier L, 2004. The Ecology and Semiotics of Language Learning [M]. Boston: Kluwer Academic Publishers.

Vygotsky L S, 1987. Imagination and its development in Childhood[C]// In: Rieber R W, Carton A S. The collected works of L. S. Vygotsky, Vol. 1. New York: Plenum Press: 339- 350.

Walshe R D, 1979. What's basic to teaching writing? [J]. English Journal, 68 (9): 51-56.

Warschauer M, Grimes D, 2008. Automated writing assessment in the classroom [J]. Pedagogies: An International Journal, (3): 22-36.

Warschauer M, Healey, D, 1998. Computers and language learning: an overview [J]. Language Teaching, 31 (2): 57-71.

Warschauer M, Shetzer H, Melon C, 2000. Internet for English Teaching [M]. Maryland: TESOL.

Wiliam D, Lee C, Harrison C, et al, 2004. Teachers developing assessment for learning: impact on student achievement [J]. Assessment in Education, 11 (1): 49-65.

Williams M, Burden R L, 2001. Psychology for Language Teachers: A Social Constructivist Approach [M]. Cambridge: Cambridge University Press.

Willis J, 1996. A Framework for Task-based Learning [M]. London: Longman.

Wiseman D G, Hunt G H, 2001. Best Practice in Motivation and Management in the classroom [M]. Springfield, Illinois: Charles Thomas Publisher Ltd: 60-61.

Wolfe-Quintero K, Inagaki S, Kim H Y, 1998. Second Language Development in Writing: Measures of Fluency, Accuracy and Complexity [M]. Honolulu: University of Hawaii Press.

Wood R, 1993. Assessment and testing: A survery of researeh[M]. Cambridge: Cambridge University Press.

附　　录

附录 1

关于课堂问答的问卷调查

说明：本次问卷调查是为了了解大学英语课堂中教师提问和学生学习动机等基本情况，及其对形成性评价视角下大学英语教师课堂问答的影响。您的参与将会对本次调研提供更加优质、客观和准确的数据。且本次问卷所有数据仅用于统计研究，没有对错，请根据您的实际情况和真实想法回答问题（t=time）。

1. 你喜欢大学英语课吗？
A. 很喜欢　B. 比较喜欢　C. 不很喜欢　D. 很不喜欢
2. 你觉得学习英语的目的是什么？
A. 对英语很感兴趣，渴望了解外国文化　B. 挑战英语，以便获得自我满足感
C. 为了获得课程学分　D. 为了通过大学英语等级考试（四六级）
其他______________________
3. 你认为大学英语课堂和中学英语课堂的区别是什么？
A. 用英语交流多　B. 课堂互动多　C. 自主学习时间多　D. 没有区别
其他______________________
4. 你对现阶段大学英语教师的授课满意吗？
A. 非常满意　B. 比较满意　C. 不太满意　D. 完全不满意
5. 你喜欢教师上课提问吗？
A. 很喜欢　B. 比较喜欢　C. 不很喜欢　D. 很不喜欢
6. 你觉得英语教师的课堂提问属于以下哪种？
A. 有关词汇、短语考察的提问较多　B. 有关语法、句子结构的提问较多
C. 有关文章理解的问题较多　D. 没有确定答案的对话式的问题较多
7. 当你回答问题结束时，英语教师给你的反应是什么？
A. 简单的表扬　B. 表扬并给予点评　C. 只给予点评　D. 没有什么反应
8. 英语教师对你的回答会时常给予反馈吗？
A. 总是　B. 经常　C. 偶尔　D. 不会
9. 你如何评论教师课上的提问？
A. 很清楚，容易听懂问题　B. 比较清楚，较易听懂问题
C. 不太清楚教师所提问题　D. 完全听不懂教师问的什么
10. 当你不会回答问题时，英语教师给你的反应是什么？
A. 让他人回答　B. 会鼓励你，引导你回答
C. 直接给出问题答案　D. 不给任何反应
11. 你在英语课堂上说英语的时间是？
A. t≤5 分钟　B. 5 分钟≤t≤10 分钟
C. 10 分钟≤t≤15 分钟　D. 15 分钟≤t≤∞
12. 你的英语教师下课会与你们交流吗？
A. 经常　B. 偶尔交流　C. 极少交流　D. 不交流
13. 课后你会用多少时间来学习英语？
A. t≤30 分钟　B. 30 分钟≤t≤1 小时　C. 1 小时≤t≤1.5 小时　D. 1.5 小时≤t≤∞

14. 你认为自己在英语课堂上应该扮演什么样的角色？
A. 主动　B. 被动　C. 合作者　D. 自主学习者
15. 你认为英语教师在课堂上应该扮演什么样的角色？
A. 传授者　B. 组织者　C. 帮助者　D. 评价者

开放式问题（可多选）
16. 除上课外你会用哪些方式学习英语？
A. 参加英语社团活动　B. 看英文影视剧
C. 阅读英文书刊　D. 听英文歌曲
其他________________
17. 你认为目前英语教师教学该在哪些方面改进？
A. 教师口语发音　B. 课堂活动多一点
C. 给学生更多自学时间　D. 让学生多用英语交流
其他________________
18. 你认为什么是影响你学习英语的因素
A. 个人能力　B. 努力程度　C. 难度　D. 运气　E. 身心状况
其他

____

附录 2

关于课堂问答的访谈提纲

一、基于形成性评价的大学英语课堂问答访谈提纲（教师）
1. 您认为什么是形成性评价？
2. 您觉得形成性评价在课堂教学中有什么实际意义？
3. 您觉得课堂问答对学生有什么影响？
4. 您认为形成性评价对提高课堂教学效率有什么意义？
5. 您觉得“教师为中心”的传统教学模式对形成性评价活动的进行有什么影响？
6. 您认为如何通过课堂问答提高大学英语的教学效率？
二、基于形成性评价的大学英语课堂问答访谈提纲（学生）
1. 你知道什么是形成性评价吗？
2. 你觉得教师上课提问对你们的学习有什么帮助？
3. 你觉得什么样的提问内容或方式更能引起你的兴趣？
4. 你愿意参与教师设计的课堂活动吗？如果不愿意，为什么？
5. 你觉得“学生为中心”的教学模式对形成性评价活动的进行有什么影响？
6. 你认为教师怎么做才能提高课堂教学效率？
7. 你觉得做好自主学习规划重要吗？
8. 你是如何规划自己的业余学习的？

附录 3

大学英语学习动机调查问卷

说明：请您答题时尽量减少顾虑，认真答题。把您认为合适的答案划√。每一问题只能选择一个答案。

您学习英语是因为：

1. 我对英语一见钟情，说不出有什么特别的原因。

A. 很不同意 B. 不同意 C. 不确定（既不同意也不反对）
D. 同意 E. 很同意

2. 我开始学英语是因为父母/学校要我学。
A. 很不同意 B. 不同意 C. 不确定（既不同意也不反对）
D. 同意 E. 很同意

3. 上大学前学习英语，主要是为了升学考试。
A. 很不同意 B. 不同意 C. 不确定（既不同意也不反对）
D. 同意 E. 很同意

4. 上大学前，我学英语的劲头很大程度上取决于我的学习成绩。
A. 很不同意 B. 不同意 C. 不确定（既不同意也不反对）
D. 同意 E. 很同意

5. 上大学前，我学英语的劲头很大程度上取决于是否喜欢英语教师。
A. 很不同意 B. 不同意 C. 不确定（既不同意也不反对）
D. 同意 E. 很同意

6. 上大学后，我学英语的劲头很大程度上取决于我的学习成绩。
A. 很不同意 B. 不同意 C. 不确定（既不同意也不反对）
D. 同意 E. 很同意

7. 上大学后，我学英语的劲头很大程度上取决于是否喜欢英语教师。
A. 很不同意 B. 不同意 C. 不确定（既不同意也不反对）
D. 同意 E. 很同意

8. 上大学后，我学英语的劲头很大程度上取决于英语课的质量。
A. 很不同意 B. 不同意 C. 不确定（既不同意也不反对）
D. 同意 E. 很同意

9. 上大学后，我学英语的劲头很大程度上取决于所用的教材。
A. 很不同意 B. 不同意 C. 不确定（既不同意也不反对）
D. 同意 E. 很同意

10. 上大学后，我学英语的劲头很大程度上取决于是否喜欢我的英语班。
A. 很不同意 B. 不同意 C. 不确定（既不同意也不反对）
D. 同意 E. 很同意

11. 我学英语的一个重要目的是获取大学毕业证书。
A. 很不同意 B. 不同意 C. 不确定（既不同意也不反对）
D. 同意 E. 很同意

12. 我学英语的直接目的是在出国或国内升学、求职考试中取得好成绩。
A. 很不同意 B. 不同意 C. 不确定（既不同意也不反对）
D. 同意 E. 很同意

13. 学好英语对我很重要，因为它是当今社会非常有用的交流工具。
A. 很不同意 B. 不同意 C. 不确定（既不同意也不反对）
D. 同意 E. 很同意

14. 学好英语能让我获得成就感。
A. 很不同意 B. 不同意 C. 不确定（既不同意也不反对）
D. 同意 E. 很同意

15. 我学习英语，是为了更好地学习其他专业。
A. 很不同意 B. 不同意 C. 不确定（既不同意也不反对）
D. 同意 E. 很同意

16. 学好英语，将来我才可能找到一份好工作。
A. 很不同意 B. 不同意 C. 不确定（既不同意也不反对）
D. 同意 E. 很同意

17. 我学习英语是为了了解世界各国的经济、科技发展情况。
A. 很不同意 B. 不同意 C. 不确定（既不同意也不反对）
D. 同意 E. 很同意
18. 我学习英语是因为对英语国家的人及他们的文化感兴趣。
A. 很不同意 B. 不同意 C. 不确定（既不同意也不反对）
D. 同意 E. 很同意
19. 我对语言学习有特别的爱好。
A. 很不同意 B. 不同意 C. 不确定（既不同意也不反对）
D. 同意 E. 很同意
20. 对英语歌曲/电影的爱好使我对英语产生了很大兴趣。
A. 很不同意 B. 不同意 C. 不确定（既不同意也不反对）
D. 同意 E. 很同意
21. 我学习英语是因为我喜欢这门语言本身。
A. 很不同意 B. 不同意 C. 不确定（既不同意也不反对）
D. 同意 E. 很同意
22. 我学习英语是为了让世界了解中国。
A. 很不同意 B. 不同意 C. 不确定（既不同意也不反对）
D. 同意 E. 很同意
23. 对英语文学作品的爱好使我对英语产生了很大兴趣。
A. 很不同意 B. 不同意 C. 不确定（既不同意也不反对）
D. 同意 E. 很同意
24. 学好英语，我才能很好地为中国的富强尽力。
A. 很不同意 B. 不同意 C. 不确定（既不同意也不反对）
D. 同意 E. 很同意
25. 学好英语，我才能不辜负父母的期望。
A. 很不同意 B. 不同意 C. 不确定（既不同意也不反对）
D. 同意 E. 很同意
26. 我学习英语是为了出国寻找更好的受教育和工作机会。
A. 很不同意 B. 不同意 C. 不确定（既不同意也不反对）
D. 同意 E. 很同意
27. 我学习英语是为了出国亲身体验英语国家的文化。
A. 很不同意 B. 不同意 C. 不确定（既不同意也不反对）
D. 同意 E. 很同意
28. 我学习英语是为了最终移民外国。
A. 很不同意 B. 不同意 C. 不确定（既不同意也不反对）
D. 同意 E. 很同意
29. 英语是人生前进路上一块重要的敲门砖。
A. 很不同意 B. 不同意 C. 不确定（既不同意也不反对）
D. 同意 E. 很同意
30. 讲一口流利的英语，是教育程度和修养的象征。
A. 很不同意 B. 不同意 C. 不确定（既不同意也不反对）
D. 同意 E. 很同意

附录 4

形成性评价学期初调查问卷（学生）一

亲爱的同学，你好！

本调查问卷纯属调研性质，你的如实回答将为我们提供有建设性意义的信息。调查结果仅用做项目研究，绝对不用做其他目的。谢谢你的合作！

1. 在英语学习中，你哪方面欠缺，自己知道吗（学的较差的地方）？

____

2. 你在学习过程中哪方面有困难自己清楚吗（努力在学，自己却很难学明白的地方）？

____

3. 对于你在学习中出现的困难和问题，你觉得你的教师知道吗？

____

4. 你平时是通过什么途径让教师了解到你的学习情况？

____

5. 你当前主要使用什么样的评价方式？ ________________

6. 你们现在一学期大约考试多少次（包括所有记分的正式课堂考试）？

____

7. 你知道什么是形成性评价吗？

____

8. 你觉得教师上课提问对你们的学习有什么帮助？什么样的提问内容或方式更能引起你的兴趣？

____

9. 你愿意参与教师设计的课堂活动吗？如果不愿意，为什么？

____

10. 你觉得做好自主学习规划重要吗？

____

附录 5

形成性评价学期初调查问卷（学生）二

本次问卷调查是为了了解大学英语课堂中，形成性评价的影响。您的参与将会对本次调研提供更加优质、客观和准确的数据。且本次问卷所有数据仅用于统计研究，没有对错，请根据您的实际情况和真实想法回答问题（t=time）。

1. 你喜欢大学英语课吗？
A. 很喜欢　B. 比较喜欢　C. 不很喜欢　D. 很不喜欢
2. 你觉得学习英语的目的是什么？
A. 对英语很感兴趣，渴望了解外国文化，获得自我满足感　B. 为了获得课程学分
C. 为了通过大学英语等级考试（四六级）　D. 其他
3. 你对现阶段大学英语教师的授课满意吗？
A. 非常满意　B. 比较满意　C. 不太满意　D. 完全不满意
4. 你喜欢教师采用的哪一种评价方式呢？
A. 当堂表扬　B. 个别表扬　C. 考试成绩　D. 父母参与
5. 当你回答问题结束时，英语教师给你的反应是什么？
A. 简单的表扬　B. 表扬并给予点评　C. 只给予点评　D. 没有什么反应
6. 英语教师对你的回答会时常给予反馈吗？
A. 总是　B. 经常　C. 偶尔　D. 不会
7. 你如何评论教师课上的提问？
A. 很清楚，容易听懂问题　B. 比较清楚，较易听懂问题
C. 不太清楚教师所提问题　D. 完全听不懂教师问的什么
8. 当你不会回答问题时，英语教师给你的反应是什么？
A. 让他人回答　B. 会鼓励你，引导你回答

C. 直接给出问题答案　　D. 不给任何反应

9. 你在英语课堂上说英语的时间大约是？

A. t≤5 分钟　　B. 5 分钟≤t≤10 分钟

C. 10 分钟≤t≤15 分钟　　D. 15 分钟≤t≤∞

10. 你的英语教师下课会与你们交流吗？

A. 经常　　B. 偶尔交流　　C. 极少交流　　D. 不交流

11. 你学习中出现问题的时候，你会向教师反映询问吗？

A. 经常性，有问题就问　　B. 偶尔　　C. 不问，自己解决　　D. 解决不了就放下

12. 你觉得做考卷对提高英语水平有帮助吗？

A. 很有帮助　　B. 没有帮助　　C. 有点帮助，但不大　D. 没什么感觉

13. 课后你会用多少时间来学习英语？

A. t≤30 分钟　　B.　30 分钟≤t≤1 小时

C. 1 小时≤t≤1.5 小时　　D. 1.5 小时≤t≤∞

14. 你认为自己在英语课堂上应该扮演什么样的角色？

A. 主动　　B. 被动　　C. 合作者　　D. 自主学习者

15. 你认为英语教师在课堂上应该扮演什么样的角色？

A. 传授者　　B. 组织者　　C. 帮助者　　D. 评价者

16. 除上课外你会用哪些方式学习英语？

A. 参加英语社团活动　　B. 看英文影视剧和听英文歌曲

C. 阅读英文书刊　　D 其他

17. 你觉得除了考试以外，有没有其他的评价手段？

A. 有　　B. 可能有，但我不知道　　C. 没有　　D. 不清楚

18. 你认为目前英语教师教学该在哪些方面改进？

A. 教口语发音　　B. 课堂活动多一点

C. 给学生更多自学时间　　D. 让学生多用英语交流

19. 你认为什么是影响你学习英语的因素

A. 个人能力　　B. 努力程度　　C. 难度　　D. 运气　　E. 身心状况

附录 6

形成性评价学期末调查问卷（学生）三

亲爱的同学，你好！

本调查问卷纯属调研性质，你的如实回答将为我们提供有建设性意义的信息。调查结果仅用做项目研究，绝对不用做其他目的。谢谢你的合作！

1. 你知道什么是形成性评价吗？

____

2. 你自己会做自主学习规划吗？

____

3. 对于你在学习中出现的困难和问题，你觉得你的教师知道吗？

____

4. 你平时是通过什么途径让教师了解到你的学习情况？

____

5. 你愿意参与教师设计的课堂活动吗？如果不愿意，为什么？

____

6. 什么样的活动内容或方式更能引起你的兴趣？

____

7. 你觉得教师上课做活动对学习有什么帮助？

____

8. 你觉得教师的反馈对于学习有什么帮助？

____

9. 你觉得教师的哪种反馈方式更适合你的学习？

____

10. 你觉得同学之间的互评对于学习有什么帮助？

____

附录 7

形成性评价学期末调查问卷（学生）四

请您在所要选择的选项上画对号。

1. 我认为对大学英语学习的兴趣有所提高。

A. 同意　　B. 不确定　　C. 不同意

2. 我对大学英语学习的信心也有所提高。

A. 同意　　B. 不确定　　C. 不同意

3. 我会主动与同学交流学习经验和体会、交换学习方法的次数有所增加。

A. 同意　　B. 不确定　　C. 不同意

4. 我在英语学习上，特别是花费的时间比以前长。

A. 同意　　B. 不确定　　C. 不同意

5. 我主动与教师沟通学习中的问题，交流学习体会。

A. 同意　　B. 不确定　　C. 不同意

6. 我制订本学期英语学习计划，并在学习中不断摸索并改进学习策略。

A. 同意　　B. 不确定　　C. 不同意

7. 除了本学期的学习计划，我还会制订短期学习计划。

A. 同意　　B. 不确定　　C. 不同意

8. 我对自己在大学英语学习方面的优势和不足有比较清醒的认识。

A. 同意　　B. 不确定　　C. 不同意

9. 我喜欢教师新采用的教学与评价方法。

A. 同意　　B. 不确定　　C. 不同意

10. 我认为英语教师应该定期与我们交流以便了解我们的英语学习情况。

A. 同意　　B. 不确定　　C. 不同意

附录 8

形成性评价学期末调查问卷（教师）

尊敬的老师：您好!

感谢您参与此次问卷调查，请您选择一个合适的选项填在括号内或适当填写。

本次调查仅用于相关研究，不会对您产生任何负面影响，谢谢合作!

您的任教学科：__________

您的教龄：________年__________

您的职称：__________

您目前的任教年级：__________

您任教的班级人数：__________

请在括号内填入您认为合适的选项的序号，或在 E 选项后填写您自己的想法或做法

(　　) 1. 您认为对学生进行学习评价的主要目的是什么？
A. 为学生升学提供依据
B. 为教师改进教学提供依据
C. 使学生充分了解自己的学习状况，在教师的帮助下不断加以改善
D. 使家长知道孩子的学习成绩
E. ____________
(　　) 2. 您认为评价一个学生最重要的标准是什么？
A. 学习成绩是否优良　B. 是否有某方面的特长
C. 是否有良好的学习习惯　D. 是否有良好的心理品质
E. ____________
(　　) 3. 当您觉得自己任教的班级学生学习成绩不佳时，你会怎么办？
A. 将知识点反复讲解　B. 增加作业量
C. 从学生的作业和课堂反馈中寻找问题　D. 增加测验的次数
E. ____________
(　　) 4. 在教学过程中，您通常从哪个方面评价学生的学习？
A. 学习方法是否科学有效　B. 知识的掌握程度
C. 对学习的兴趣和热忱　D. 是否有持之以恒的精神
E. ____________
(　　) 5. 在教学中您最关注的是什么？
A. 学生掌握了什么　C. 学生具备了什么能力
B. 学生获得了哪些进步　D. 学生在哪些方面还有潜能
E. ____________
(　　) 6. 当您谈起学生时，通常集中在哪个话题？
A. 如何教学生与他人相处　B. 如何促进学生探究感兴趣的东西
C. 如何提高学生的学习成绩　D. 如何养成学生良好的习惯
E. ____________
(　　) 7. 您怎样看对学生的学习过程和方法，情感态度和价值观的评价？
A. 比较抽象，难以量化，所以基本不实施
B. 虽然很重要，但是实施起来难度很大，所以很少实施
C. 有一些评价的方法，但是工作量比较大，所以不常使用
D. 努力贯穿在教学过程中，与教学内容相结合，在适当的时候实施
E. ____________
(　　) 8. 对于您来说，使用频率最高的评价方式是什么？
A. 观察法　B. 档案袋评价法　C. 书面测验　D. 口试
E. ____________
(　　) 9. 您是如何对学生在学习过程中的各种表现进行记录的？
A. 没有做过记录　B. 做过零星的记录
C. 只对个别特殊学生做记录　D. 在心里记住，在必要时与学生或家长交流
E. ____________
(　　) 10. 您是如何组织学生自评和互评的？
A. 评价学生是教师的工作，一般不进行学生自评和互评
B. 在学期结束时针对《学生成长记录手册》中要求的部分，由学生自己打分和班干部打分
C. 除了《学生成长记录手册》外，在日常教学中根据教师制订的标准，由学生为自己打分和班干部打分
D. 在教学过程中，与学生共同制订评价标准后，组织小组成员为自己打分和互相打分
E. ____________

开放式问题：

11. 您认为什么是形成性评价？

____

12. 您觉得形成性评价在课堂教学中有什么实际意义？

____

13. 您认为如何通过形成性评价提高大学英语的教学效率？

____

14. 您认为形成性评价对提高课堂教学效率有什么意义？

____

15. 您觉得“教师为中心”的传统教学模式对形成性评价活动的进行有什么影响？

____

附录 9

学生英语能力自评/互评表（一般要求）

学年：　　　　学期：　　　　班级：　　　　组别：　　　　姓名：

请在右面“自评”栏中对自己的英语能力作出评估，能够做到的写“Y”，能够轻易做到的写“YY”；在“同学评”栏中请同学对你的英语能力用相同方式作出评估；在“追求目标”栏中，标出你认为重要但目前还不具备的英语能力，写“O”代表努力目标，写“P”代表优先考虑目标。在每项能力下的空中，按提示进行适当描述	自评	同学评	追求目标
Listening			
我能听懂英语授课，并能根据要求进行讨论、发言			
我能听懂和所学内容相关、语速稍慢（每分钟 130 词）的对话、短文、报告等音像材料，并能理解其要点			
我能听懂英语国家的慢速英语节目，如新闻、科学报道、历史故事、词汇典故等			
我能听懂指示语，如指路、如何做某事、操作指南等，能听懂数字（基数与序数）、时间、商品价格等概念			
我能听懂周围其他人的讨论主题，辨别出他们讨论的要点及支持要点的主要事实			
我能在听的过程中使用基本的听力技巧			
我听力练习的时间安排			
我听力练习的内容安排			
我听力练习的完成情况			
Speaking			
我能回答课上的提问，能用常用词汇和句型与同学进行主题式讨论			
我能介绍自己、同学、朋友等，并能对他人的介绍做出回应			
我能用简单的语言及手势帮助别人指路、购物、留言、提出申请等			
我能运用英语数字报告时间、询问商品价格、回答电话号码、电子邮件地址等			
我能与英语国家人士就日常话题进行简单交谈			
我掌握了基本会话策略，如开始、继续或结束会话，让人重复所说内容或放慢语速等			
我口语练习的时间安排			

续表

我口语练习的内容安排			
我口语练习的完成情况			
Reading			
我能借助词典读懂语言难度中等、一般性题材的文章，理解其大意及主要细节			
我能读懂生活中常见表格，如注册表、健康表、申请表、出入境表、问卷调查表等			
我能读懂指示语、产品说明书、广告、海报、邀请函及互联网上的信息等			
我能读懂涉及日常生活的个人信件或一般内容的商业信函			
我能基本读懂国内英文报刊，理解大意及主要细节			
我掌握了基本的阅读技能，如根据上下文猜测生词或习语的意思、寻读、略读等			
我阅读练习的时间安排			
我阅读练习的内容安排			
我阅读练习的完成情况			
Writing			
我能填写常见表格，如注册表、健康表、申请表、问卷调查表等			
我能写给或回复他人祝贺卡、生日卡、邀请信、便条、短信、通知等			
我能写出简单的指示语、个人广告、社团海报、个人简历等			
我能简单的描述个人经历、发生的事件，写出个人或公司的信函、电子邮件、传真等 我能就一定话题或提纲在 30 分钟内写出 120 词左右的短文，而且用词恰当、语篇连贯			
我能在一般写作或应用写作中恰当地使用各自的写作技能			
我写作练习的时间安排			
我写作练习的内容安排			
我写作练习的完成情况			
Translating			
我能借助词典对一般性题材的文章进行英汉互译，译文基本传达原文的意义，符合中英文表达习惯			
我能借助词典对于专业相关的文章、介绍、提要、广告、产品说明书等进行英汉互译			
我能使用基本的翻译技巧			
我翻译练习的时间安排			
我翻译练习的内容安排			

续表

我翻译练习的完成情况

附录 10

档 案 袋

1. 周学习计划 经过一个月的学习，目前我在大学英语学习中存在的问题 ____ 针对以上问题，我制订的周学习计划如下	
2. 档案收集表 资料收集一览表	
收集日期	
收集内容	
3. 小组讨论中组内成员互评表 小组讨论中组内成员互评表	
日期	
任务	
表现（等级）	成员姓名
A. 积极参加讨论，并带动小组其他	
B. 成员积极参加	
C. 积极参加讨论	
D. 能够参加讨论	
E. 不参加小组讨论	

附录 11

学生学习评价情况调查表（教师问卷）

尊敬的老师：您好!

感谢您参与此次问卷调查，请您选择一个合适的选项填在括号内或适当填写。

本次调查仅用于相关研究，不会对您产生任何负面影响，谢谢合作!

您的任教学科：

您的教龄：

您的职称：

您目前的任教年级：

您任教的班级人数：

A. 15～20 人　　B. 21～25 人　　C. 26～30 人　　D. 31～35 人　　E. 35 人

请在括号内填入您认为合适的选项的序号，或在 E 选项后填写您自己的想法或做法。

(　　) 1. 您认为对学生进行学习评价的主要目的是什么?

A. 为学生升学提供依据

B. 为教师改进教学提供依据

C. 使学生充分了解自己的学习状况，在教师的帮助下不断加以改善

D. 使家长知道孩子的学习成绩

E. ____________

(　　) 2. 您认为评价一个学生最重要的标准是什么？

A. 学习成绩是否优良　　B. 是否有某方面的特长

C. 是否有良好的学习习惯　　D. 是否有良好的心理品质

E. ____________

(　　) 3. 当您觉得自己任教的班级学生学习成绩不佳时，您会怎么办？

A. 将知识点反复讲解　　B. 增加作业量

C. 从学生的作业和课堂反馈中寻找问题　　D. 增加测验的次数

E. ____________

(　　) 4. 在教学过程中，您通常从哪个方面评价学生的学习？

A. 学习方法是否科学有效　　B. 知识的掌握程度

C. 对学习的兴趣和热忱　　D. 是否有持之以恒的精神

E. ____________

(　　) 5. 在教学中您最关注的是什么？

A. 学生掌握了什么　　B. 学生获得了哪些进步

C. 学生具备了什么能力　　D. 学生在哪些方面还有潜能

E. ____________

(　　) 6. 当您谈起学生时，通常集中在哪个话题？

A. 如何教孩子与他人相处　　B. 如何促进孩子探究感兴趣的东西

C. 如何提高孩子的学习成绩　　D. 如何养成孩子良好的习惯

E. ____________

(　　) 7. 您怎样看对学生的学习过程和方法，情感态度和价值观的评价？

A. 比较抽象，难以量化，所以基本不实施

B. 虽然很重要，但是实施起来难度很大，所以很少实施

C. 有一些评价的方法，但是工作量比较大，所以不常使用

D. 努力贯穿在教学过程中，与教学内容相结合，在适当的时候实施

E. ____________

(　　) 8. 对于您来说，使用频率最高的评价方式是什么？(　)

A. 观察法　　B. 档案袋评价法　　C.书面测验　　D. 口试

E. ____________

(　　) 9. 您是如何对学生在学习过程中的各种表现进行记录的？

A. 没有做过记录　　B. 做过零星的记录

C. 只对个别特殊学生做记录　　D. 在心里记住，在必要时与学生或家长交流

E. ____________

(　　) 10. 您是如何组织学生自评和互评的？

A. 评价学生是教师的工作，一般不进行学生自评和互评

B. 在学期结束时针对《学生成长记录手册》中要求的部分，由学生自己打分和班干部打分

C. 除了《学生成长记录手册》外，在日常教学中根据教师制订的标准，由学生为自己打分和班干部打分

D. 在教学过程中，与学生共同制订评价标准后，组织小组成员为自己打分和互相打分

E. ____________

附录 12

学生学习评价情况调查表（学生问卷）

同学，你好：

感谢你参与此次问卷调查，本次调查仅用于相关研究，不会对你或你所在的学校和教

师产生任何负面影响，谢谢合作!

你的年龄：

你的年级：

你所在的班级人数：A. 15～20 人 B. 21～25 人

C. 26～30 人 D. 31～35 人 E. ＞35

请在空格内填入你认为合适的选项的序号。

(　　) 1. 你认为影响今后自身发展的最重要的因素是

A. 个人能力　　B. 学习成绩　　C. 家庭背景　　D. 学校教育

(　　) 2. 在你的周围，________的学生最受到教师的喜爱

A. 在体育、艺术等方面有特长　　B. 心地善良、待人真诚

C. 学习成绩优良　　D. 善于沟通、组织能力强

(　　) 3. 每次考试后，教师通过________的方式，向学生反馈情况

A. 排名次，但只告知学生和家长

B. 排名次且公布成绩

C. 排名次，但只公布成绩优秀和进步明显的学生成绩，以资鼓励

D. 不排名次，但只告知学生或家长成绩

(　　) 4. 在你看来，教师认为你学习进步或退步的主要依据是

A. 课堂表现　　B. 作业完成情况　　C. 测验或考试成绩　　D. 学习方法

(　　) 5. 日常学习过程中，教师经常用____________的方式评价学生的学习

A. 分数　　B. 等级　　C. 评语　　D. 其他

(　　) 6. 你____________得到作业面批或者教师与你交流作业问题的机会

A. 经常　　B. 有时　　C. 偶尔　　D. 从未

(　　) 7. 你觉得学生成长记录手册上教师的评语_真实地反映你的学习情况

A. 能　　B. 基本能　　C. 部分能　　D. 不能

(　　) 8. 在日常学习中，教师________组织学生就课堂活动和知识技能掌握情况进行自评和互评

A. 经常　　B. 有时　　C. 偶尔　　D. 从未

(　　) 9. 教师________与学生讨论或交流如何评价课堂活动中学生的表现和知识技能掌握情况

A. 经常　　B. 有时　　C. 偶尔　　D. 从未

(　　) 10. 在你看来，教师对你的评价________

A. 大多是批评，使我很紧张

B. 大多是鼓励和肯定，使我对自己充满信心

C. 很中肯，为我提供改善的方法，使我受益

D. 泛泛而谈，没有什么帮助

附录 13

英语写作情况前测后测调查问卷

亲爱的同学们：

为了更好地为英语写作教学服务，为了了解你们在平时的英语写作过程中的情况，我们设置了一些问题，每个问题只有“是”“否”两个选择。请您根据自身情况，请如实填写。

1. 英语对我很重要	是	否
2. 我很喜欢写英语作文	是	否
3. 英语作文对我来说很困难	是	否

续表

4. 我非常喜欢英语写作	是	否
5. 我相信自己的英语写作能力	是	否
6. 我完成英语写作任务的态度是积极的	是	否
7. 我很满意教师的教学方法和方式	是	否
8. 英语教师的作文指导方法对我很适合	是	否
9. 英语作文对我来说，可以当堂完成	是	否
10. 我喜欢教师课堂上评价我的英语作文	是	否
11. 我觉得教师对我的英语作文的评分是正确的	是	否
12. 我经常给自己的英语作文评分	是	否
13. 我喜欢别人阅读我的英语作文	是	否
14. 我感觉同学认可我对自己作文的评分	是	否
15. 我喜欢教师批改我的英语作文	是	否

附录 14

关于大学英语教师反馈的访谈（学生）

1. 你认为本学期的单元写作任务难度如何？
2. 请说出本学期教师对于写英语作文的反馈有哪些？
3. 听了教师的修改建议再来写作文，会有哪些方面的提高？
4. 对于教师分享到班级群里的批改过的作文，你能够理解哪些信息？
5. 完成作文的原稿与修改稿以后，你分别有怎样的感受？
6. 你对网络修改作文的认识与看法有哪些？
7. 你认为本学期的单元口头回答任务难度如何？
8. 教师对于同学课堂回答问题的反馈有哪些？
9. 听了教师对于单元口头回答任务的讲解与提示再来组织答案，会有哪些方面的提高？
10. 本学期的英语课堂口头回答任务对于你的英语学习有怎样的帮助？
11. 你怎样理解本学期教师对于单元口头回答任务的补充与扩展？
12. 你能认识到同学们对于口头任务的回答影响到教师的教学吗？请给出具体的例子。
13. 本学期的英语教学能让你明确自己目前的状况与学习目标之间的差距吗？请描述一下这个差距是怎样的。
14. 你是怎样缩小自己目前的状况与学习目标之间的差距的？具体计划是什么？
15. 本学期的英语教学在哪些方面帮助你实施这个计划？
16. 教师是怎样利用完成口头回答任务、提供具体的作文修改建议来促进师生之间、学生之间的交流与对话的？
17. 本学期的英语教学在哪些方面能够鼓励师生之间、学生之间的互动？请给出具体的例子。
18. 本学期的英语教学能够支持并促进同学之间的合作学习吗？请给出具体的例子。
19. 本学期的教学能促进你课外主动学习英语吗？请给出具体的例子。
20. 本学期的英语教学是怎样促进你调整学习的？请给出具体的例子。
21. 同学们的作文错误普遍较多，教师没有针对这些错误进行批评，而是说还是有提高的，你怎样看待这种提高？在哪些方面有提高？
22. 有些同学的回答还不太完善，但教师还是会给予表扬与肯定，指出哪些方面需要进一步加强，你怎样看待教师这种肯定的反馈？
23. 本学期的教学能让你在哪些方面更愿意学习英语？请给出具体的例子。

24. 本学期的英语教学能够提高你对英语学习的兴趣吗？请给出具体的例子。
25. 本学期的英语教学能让你的自尊心受到保护吗？请给出具体的例子。

附录 15

关于大学英语教师反馈的调查问卷（学生）

2015 级 2015-2016 学年第一学期
专业________________　　性别________________　上学期英语成绩______________

您好！该问卷主要是了解一下本学期的英语授课情况。各项答案无所谓对错，所得结果只做团体性分析，不做个别呈现，对外绝对保密，请您务必放心答题，谢谢合作！（请在选项的字母代号下打√）

1. 你对本学期的单元写作任务要求清楚明白吗？
A. 非常清楚明白　B. 比较清楚明白　C. 一般
D. 比较模糊　E. 非常模糊
2. 你认为本学期的单元写作任务难度如何？
A. 非常简单　B. 比较简单　C. 一般
D. 比较难　E. 非常难
3. 完成单元的写作任务以后，有成就感吗？
A. 非常有成就感　B. 比较有成就感　C. 一般
D. 比较失望　E. 非常失望
4. 完成前面一个单元的写作任务以后，对随后的写作有帮助吗？
A. 非常有帮助　B. 比较有帮助　C. 一般
D. 比较无用　E. 非常无用
5. 以前经常通过网络修改自己的作文吗？
A. 经常　B. 比较经常　C. 一般
D. 偶尔　E. 从不
6. 通过网络修改作文以后，有怎样的感觉？
A. 非常有收获　B. 比较有收获　C. 一般
D. 比较失望　E. 非常失望
7. 了解了网络修改作文的缺点以后，再利用网络修改作文的时候，有怎样的感觉？
A. 非常有收获　B. 比较有收获　C. 一般
D. 比较失望　E. 非常失望
8. 你认为教师关于怎样修改作文的讲解有帮助吗？
A. 非常有帮助　B. 比较有帮助　C. 一般
D. 比较无用　E. 非常无用
9. 你喜欢本学期的单元讨论任务吗？
A. 非常喜欢　B. 比较喜欢　C. 一般
D. 比较失望　E. 非常失望
10. 你积极参与本学期的单元讨论任务吗？
A. 非常积极　B. 比较积极　C. 一般
D. 比较反感　E. 非常反感
11. 你对同学们课堂上的回答有怎样的感觉？
A. 非常满意　B. 比较满意　C. 一般
D. 比较不满意　E. 非常不满意
12. 你喜欢教师对同学们课堂上的回答做出逐一的、迅速的即时点评吗？
A. 非常喜欢　B. 比较喜欢　C. 一般

D. 比较反感　E. 非常反感

13. 你喜欢教师对同学们课堂上的回答稍后或下次上课再作出点评吗？

A. 非常喜欢　B. 比较喜欢　C. 一般

D. 比较反感　E. 非常反感

14. 课堂上，你能理解教师的参考答案要点吗？

A. 非常理解　B. 比较理解　C. 一般

D. 比较模糊　E. 非常模糊

15. 你对教师的讨论引导满意吗？

A. 非常满意　B. 比较满意　C. 一般

D. 比较不满意　E. 非常不满意

16. 关于单元讨论任务，你对教师的讨论总结满意吗？

A. 非常满意　B 比较满意　C. 一般

D. 比较不满意　E. 非常不满意

17. 根据教师的讨论总结再来完善自己的回答，又有怎样的感觉？

A. 非常有收获　B. 比较有收获　C. 一般

D. 比较失望　E. 非常失望

18. 你熟悉本学期所学的课文内容吗？

A. 非常熟悉　B. 比较熟悉　C. 一般

D. 比较模糊　E. 非常模糊

19. 你接受本学期所学的课文中作者的观点吗？

A. 完全接受　B. 比较接受　C. 一般接受

D. 比较反对　E. 非常反对

20. 你课后阅读相关的英文材料吗？

A. 经常　B. 比较经常　C. 一般

D. 偶尔　E. 从不

21. 课后阅读的过程中，能够运用课堂上学到的阅读技巧吗？

A. 经常　B. 比较经常　C. 一般

D. 偶尔　E. 从不

22. 课堂上，你理解课文的背景知识介绍吗？

A. 非常理解　B. 比较理解　C. 一般

D. 比较模糊　E. 非常模糊

23. 课堂上，你喜欢教师讲解词汇知识吗？

A. 非常喜欢　B. 比较喜欢　C. 一般

D. 比较反感　E. 非常反感

24. 你觉得教师讲解的词汇知识有助于自己的词汇学习吗？

A. 非常有帮助　B. 比较有帮助　C. 一般

D. 比较无用　E. 非常无用

25. 课堂上，你喜欢教师讲解语法知识吗？

A. 非常喜欢　B. 比较喜欢　C. 一般

D. 比较反感　E. 非常反感

26. 你觉得教师讲解的语法知识有助于自己的阅读理解吗？

A. 非常有帮助　B. 比较有帮助　C. 一般

D. 比较无用　E. 非常无用

27. 课堂上，你喜欢教师讲解与学习内容相关的英语言文化知识吗？

A. 非常喜欢　B. 比较喜欢　C. 一般

D. 比较反感　E. 非常反感

28. 教师讲解的语言文化知识能够帮助你理解正在学习的内容吗？

A. 非常有帮助　　B. 比较有帮助　　C. 一般
D. 比较无用　　E. 非常无用

29. 课堂上，你能顺利跟上教师的讲解进度吗？
A. 非常顺利　　B. 比较顺利　　C. 一般
D. 比较困难　　E. 非常困难

30. 课堂上，你喜欢教师对你的回答进行纠错吗？
A. 非常喜欢　　B. 比较喜欢　　C. 一般
D. 比较反感　　E. 非常反感

31. 课堂上，你喜欢教师对于同学的回答进行纠错吗？
A. 非常喜欢　　B. 比较喜欢　　C. 一般
D. 比较反感　　E. 非常反感

32. 课堂上，教师的讲解能够帮助你更加努力地学习英语吗？
A. 非常有帮助　　B. 比较有帮助　　C. 一般
D. 比较多余　　E. 非常多余

33. 课堂上，教师的鼓励能够帮助你保持英语学习的自信心吗？
A. 非常有帮助　　B. 比较有帮助　　C. 一般
D. 比较多余　　E. 非常多余

34. 对于自己目前的英语学习情况，你的态度是怎样的？
A. 非常满意　　B. 比较满意　　C. 一般
D. 比较反感　　E. 非常反感

35. 请写出对今后大学英语教学的建议。

____

____

附录 16

关于大学英语教师反馈的调查问卷（学生）

2015 级 2016—2017 学年第一学期

专业________________　　性别________________　　上学期英语成绩___________

您好！该问卷主要是了解一下本学期的英语授课情况。各项答案无所谓对错，所得结果只做团体性分析，不做个别呈现，对外绝对保密，请您务必放心答题，谢谢合作！（请在选项的字母代号下打√）

1. 你对本学期的单元写作任务要求清楚明白吗？
A. 非常清楚明白　　B. 比较清楚明白　　C. 一般
D. 比较模糊　　E. 非常模糊

2. 你认为本学期的单元写作任务难度如何？
A. 非常简单　　B. 比较简单　　C. 一般
D. 比较难　　E. 非常难

3. 完成单元的写作任务以后，有成就感吗？
A. 非常有成就感　　B. 比较有成就感　　C. 一般
D. 比较失望　　E. 非常失望

4. 完成前面一个单元的写作任务以后，对随后的写作有帮助吗？
A. 非常有帮助　　B. 比较有帮助　　C. 一般
D. 比较无用　　E. 非常无用

5. 以前经常通过网络修改自己的作文吗？
A. 经常　　B. 比较经常　　C. 一般
D. 偶尔　　E. 从不

6. 通过网络修改作文以后，有怎样的感觉？
A. 非常有收获　B. 比较有收获　C. 一般
D. 比较失望　E. 非常失望
7. 了解了网络修改作文的缺点以后，再利用网络修改作文的时候，有怎样的感觉？
A. 非常有收获　B. 比较有收获　C. 一般
D. 比较失望　E. 非常失望
8. 你认为教师关于怎样修改作文的讲解有帮助吗？
A. 非常有帮助　B. 比较有帮助　C. 一般
D. 比较无用　E. 非常无用
9. 写作文时，会有意识地注意第三人称单数吗？
A. 非常注意　B. 比较注意　C. 一般
D. 比较模糊　E. 非常模糊
10. 写作文时，会有意识地注意做到时态一致吗？
A. 非常注意　B. 比较注意　C. 一般
D. 比较模糊　E. 非常模糊
11. 写作文时，会有意识地注意标点符号的正确运用吗？
A. 非常注意　B. 比较注意　C. 一般
D. 比较模糊　E. 非常模糊
12. 写作文时，会有意识地注意运用关联词吗？
A. 非常注意　B. 比较注意　C. 一般
D. 比较模糊　E. 非常模糊
13. 写作文时，会有意识地注意运用相关从句吗？
A. 非常注意　B. 比较注意　C. 一般
D. 比较模糊　E. 非常模糊
14. 你课后搜集与写作任务相关的资料吗？
A. 经常　B. 比较经常　C. 一般
D. 偶尔　E. 从不
15. 写作文的时候能够想到教师的写作建议吗？
A. 经常　B. 比较经常　C. 一般
D. 偶尔　E. 从不
16. 修改作文的时候能够想到教师的写作建议吗？
A. 经常　B. 比较经常　C. 一般
D. 偶尔　E. 从不
17. 能够理解教师对于写作范文的标记吗？
A. 非常理解　B. 比较理解　C. 一般
D. 比较模糊　E. 非常模糊
18. 经过一个学期的写作训练，能感觉到在写作方面的提高吗？
A. 经常　B. 比较经常　C. 一般
D. 偶尔　E. 从不
19. 本学期口头任务的完成，对你写作的提高有帮助吗？
A. 非常有帮助　B. 比较有帮助　C. 一般
D. 比较无用　E. 非常无用
20. 作文总是有错误，影响你写作的自信心吗？
A. 非常有影响　B. 比较有影响　C. 一般
D. 比较模糊　E. 非常模糊
21. 教师对于作文的肯定与鼓励有用吗？
A. 非常有用　B. 比较有用　C. 一般

D. 比较无用　　E. 非常无用

22. 你理解本学期的单元讨论任务吗？

A. 非常理解　　B. 比较理解　　C. 一般

D. 比较模糊　　E. 非常模糊

23. 你喜欢本学期的单元讨论任务吗？

A. 非常喜欢　　B. 比较喜欢　　C. 一般

D. 比较失望　　E. 非常失望

24. 你积极参与本学期的单元讨论任务吗？

A. 非常积极　　B. 比较积极　　C. 一般

D. 比较反感　　E. 非常反感

25. 你能理解同学们课堂上的回答吗？

A. 非常理解　　B. 比较理解　　C. 一般

D. 比较模糊　　E. 非常模糊

26. 你喜欢教师对同学们课堂上的回答做出逐一、迅速的即时点评吗？

A. 非常喜欢　　B. 比较喜欢　　C. 一般

D. 比较反感　　E. 非常反感

27. 你喜欢教师对同学们课堂上的回答稍后或下次上课再作出点评吗？

A. 非常喜欢　　B. 比较喜欢　　C. 一般

D. 比较反感　　E. 非常反感

28. 课堂上，你能理解教师提供的关于口头任务的关键词吗？

A. 非常理解　　B. 比较理解　　C. 一般

D. 比较模糊　　E. 非常模糊

29. 你能理解教师对于口头任务的讨论引导吗？

A. 非常理解　　B. 比较理解　　C. 一般

D. 比较模糊　　E. 非常模糊

30. 教师的讨论总结已经针对同学的回答进行了纠正与完善，能够明确注意到这种纠正与完善吗？

A. 非常明确　　B. 比较明确　　C. 一般

D. 比较模糊　　E. 非常模糊

31. 你能够理解本学期教师通过重复、换说法等扩展的词汇吗？

A. 完全理解　　B. 比较理解　　C. 一般

D. 比较模糊　　E. 非常模糊

32. 课堂上，你喜欢教师讲解关于口头任务回答的词汇知识吗？

A. 非常喜欢　　B. 比较喜欢　　C. 一般

D. 比较反感　　E. 非常反感

33. 课堂上，你喜欢教师讲解与口头任务相关的语法知识吗？

A. 非常喜欢　　B. 比较喜欢　　C. 一般

D. 比较反感　　E. 非常反感

34. 课堂上，你喜欢教师讲解与口头任务相关的英语文化知识吗？

A. 非常喜欢　　B. 比较喜欢　　C. 一般

D. 比较反感　　E. 非常反感

35. 课堂上，你能顺利跟上教师对于口头任务的引导与启发吗？

A. 非常顺利　　B. 比较顺利　　C. 一般

D. 比较困难　　E. 非常困难

36. 课堂上，你喜欢教师对你和同学的回答进行纠错吗？

A. 非常喜欢　　B. 比较喜欢　　C. 一般

D. 比较反感　　E. 非常反感

37. 课堂上，你喜欢教师对于你和同学的回答进行换说法的纠正与拓展吗？
A. 非常喜欢　B. 比较喜欢　C. 一般
D. 比较反感　E. 非常反感
38. 你课前课后搜集与口头任务相关的材料吗？
A. 经常　B. 比较经常　C. 一般
D. 偶尔　E. 从不
39. 你经常把教师讲解的词汇知识运用到口头任务的完善吗？
A. 经常　B. 比较经常　C. 一般
D. 偶尔　E. 从不
40. 你经常把教师讲解的语法知识运用到口头任务的完善中去吗？
A. 经常　B. 比较经常　C. 一般
D. 偶尔　E. 从不
41. 你能够运用教师讲解的语言文化知识来理解正在学习的内容吗？
A. 非常有帮助　B. 比较有帮助　C. 一般
D. 比较无用　E. 非常无用
42. 课堂上，教师的引导与启发能够帮助你积极完成口头任务吗？
A. 非常有帮助　B. 比较有帮助　C. 一般
D. 比较多余　E. 非常多余
43. 关于单元讨论任务，你对教师的讨论总结满意吗？
A. 非常满意　B. 比较满意　C. 一般
D. 比较不满意　E. 非常不满意
44. 课堂上，教师的鼓励能够帮助你更加深入地理解口头任务吗？
A. 非常有帮助　B. 比较有帮助　C. 一般
D. 比较多余　E. 非常多余
45. 口头任务完成以后，对你英语学习方法方面有怎样的影响？
A. 非常积极　B. 比较积极　C. 一般
D. 比较消极　E. 非常消极
46. 口头任务完成以后，对你学习英语的兴趣有怎样的影响？
A. 非常积极　B. 比较积极　C. 一般
D. 比较消极　E. 非常消极
47. 请写出对今后大学英语教学的建议。

____

附录 17

体验式教学法访谈提纲

1. 你觉得体验式教学方式与上学期精读课的授课方式有什么不同？你是否能适应该教学方式？

2. 体验式教学方式对你的英语学习有什么影响？

3. 体验式教学对你的精读课程学习有什么帮助？体现在哪些方面？

4. 使用体验式教学方式后，你的英语水平有何变化？体现在哪些方面？

5. 体验式教学重点在于让学生参与体验，你对精读课程中的体验环节有什么看法？

6. 与以往相比，现在让你在精读课堂上用英语与同学和教师交流，你是否觉得更容易了？

7. 你认为精读课程中使用的体验式教学方式的优势有哪些？